Dr ANNE DE KERVASDOUÉ

AU BONHEUR DES FEMMES

La vérité sur les hormones

Odile Jacob
poches

15, rue Soufflot, 75005 Paris

www.odilejacob.fr

ISBN : 978-2-7381-2999-4
ISSN : 1621-0654

Introduction

L'idée de ce livre m'est venue au cours de l'année qui a suivi la publication d'une étude américaine[1]. Cet été 2003, bon nombre de femmes et leurs médecins basculèrent dans le doute et la peur. La nouvelle avait fait l'effet d'une bombe : le traitement hormonal de la ménopause pourrait être dangereux !

Le monde scientifique attendait avec impatience depuis des années les résultats de cette recherche, la plus grande jamais réalisée sur les hormones de la ménopause, la seule étude randomisée contre placebo sur ce sujet[2]. Elle venait de coûter plus de 600 millions de dollars et aucun autre pays au monde que les États-Unis n'avait pu investir une telle somme dans l'évaluation d'un traitement hormonal.

Le choc fut brutal. À la mesure de nos attentes et de nos espoirs.

La peur qui a germé chez les femmes, à cette période, n'a pas disparu, infiltrant insidieusement les esprits. Nombre d'entre

1. Il s'agit de l'étude WHI (Women's Health Initiative), dont je parlerai plus longuement dans le chapitre suivant.
2. Une étude randomisée contre placebo est une étude comparant la santé de deux groupes de femmes, l'une recevant un traitement (ici les hormones) et l'autre recevant un simple placebo, c'est-à-dire un produit inerte et sans effet conditionné comme le médicament. Les femmes ignorent à quel groupe elles appartiennent. Elle se fait par tirage au sort.

elles n'ont retenu qu'une information : le traitement hormonal de la ménopause (THS) augmenterait le risque de cancer du sein. Si bien qu'aujourd'hui, en France, 80 % des femmes ménopausées ne prennent aucun traitement hormonal.

Trente ans sans hormones !

Ce choix est lourd de conséquences pour la qualité de vie des femmes, leur sexualité, et même leur santé à long terme (notamment pour les artères et les os). Car aujourd'hui, dans les pays occidentaux, une femme ménopausée a, en moyenne, plus de trente ans de vie devant elle. Trente années sans ces hormones qui participent à une multitude de fonctions biologiques.

Certes, la ménopause n'est pas une maladie. À ce titre, elle n'impose pas de traitement médical. Il n'est pas médicalement indispensable de remplacer les hormones manquantes comme c'est le cas, par exemple, lorsqu'on n'a plus de glande thyroïde. Mais le tarissement hormonal de la sécrétion ovarienne provoque de vraies gênes pour les trois quarts des femmes, la moitié d'entre elles les ressentant de manière intense. Il suffit de regarder autour de soi.

Curieusement (et contrairement à toutes les prévisions), l'âge de la ménopause n'a pas varié au fil du temps. Il se situe toujours autour de 50 ans (la moyenne française étant de 51,3 ans) et rien ne laisse présager qu'il reculera dans les années à venir. Or l'allongement de l'espérance de vie – bonne nouvelle – contraint la population féminine à traverser plusieurs décennies sans le secours et le soutien de ces précieuses substances qui marquent leur féminité.

Bien souvent, après avoir reçu en consultation mes patientes ménopausées, je ne peux m'empêcher d'éprouver un sentiment de gâchis et même de régression devant ce qui m'apparaît comme une soumission au destin féminin. De surcroît, je suis scandalisée par l'exploitation éhontée que les médias ont faite de ces résultats, jouant d'abord sur la peur du cancer du sein dont on sait qu'il représente pour les femmes une véritable obsession. Car, si cette étude américaine est intéressante à bien des égards, tout ou presque y est contestable. Nous y reviendrons dans les chapitres suivants.

L'ère des progrès et de l'épanouissement

À la fin des années 1970, peu de femmes connaissaient le traitement hormonal. Une fois ménopausées, elles cessaient pour la plupart de consulter leur gynécologue. Leur fécondité s'était tarie et leur féminité ne méritait pas tant de soins ! Fatalistes, nombreuses se résignaient. Comme avant elles leur mère et leurs grands-mères, elles se soumettaient à cet ordre naturel qui imposait à leur corps un bouleversement profond. La ménopause marquait le début de la vieillesse. C'était ainsi, « naturel ».

Le traitement hormonal est venu bousculer ce qui était une fatalité. Il devenait possible, enfin, de combattre les maux de la ménopause et de rester plus longtemps alerte, joyeuse, tonique, sexuellement épanouie. Cette nouveauté coïncidait avec les revendications des féministes qui réclamaient plus de liberté et d'autonomie.

Progressivement (et malgré la publication d'une étude instillant déjà le doute quant au risque de cancer du sein[3]), le traitement hormonal n'a cessé de se perfectionner au cours des années qui ont suivi. De nouvelles formules ont été mises sur le

3. Voir chapitre 1, page 19.

marché : patchs, gels… Et même un spray nasal très performant qui n'a pas eu le temps, hélas, de trouver sa place. De nombreuses études sont venues ultérieurement confirmer les effets bénéfiques de ce traitement sur les symptômes désagréables (bouffées de chaleur, insomnies, fatigue, troubles de l'humeur, baisse de libido…) et son action protectrice sur les os et les artères.

Au printemps 2002, juste avant la publication de l'étude WHI, plus de la moitié des femmes ménopausées se sentaient confiantes et suivaient le traitement. Les recommandations de leurs médecins étaient relayées par l'enthousiasme des médias. Le traitement hormonal soulageait effectivement leurs symptômes de manière spectaculaire, leur rendant équilibre et sérénité. Elles vieillissaient, certes, mais en douceur. Et nous, les médecins qui les suivions, restions prudents mais confiants.

L'ère du recul et de la régression…

Puis vint l'été 2002. La publication de cette première étude américaine WHI provoqua un incroyable séisme, malmenant le traitement hormonal, ses utilisatrices et ses prescripteurs. Ses résultats alarmants résonnèrent comme un coup de tonnerre. Un an plus tard, au plus chaud de la canicule, une étude anglaise renforça encore les méfiances et l'angoisse : cancer du sein et accidents cardio-vasculaires guettaient les femmes qui cédaient à la tentation du traitement hormonal ! Les médias se firent largement écho de cette information. Tous les acteurs se sentaient concernés : les femmes, les médecins prescripteurs, les laboratoires, les agences de sécurité du médicament… Même les plus enthousiastes étaient ébranlés.

Une panique s'est alors emparée des femmes du monde entier. Elles abandonnèrent en masse leur traitement.

Aujourd'hui, **seule une femme ménopausée sur cinq en bénéficie**. Les autres ont renoncé, qu'elles l'aient interrompu ou qu'elles n'aient pas osé le commencer. Ainsi, au cours des consultations, j'entends les femmes approchant de la cinquantaine m'expliquer : « Tout le monde autour de moi me le déconseille », « Je ne veux pas d'hormones car j'ai lu des articles terrifiants », « Je ne veux pas mettre ma vie en péril »...

Paralysées par ces « on-dit », elles s'efforcent d'accepter leur sort. À ceci près qu'aujourd'hui, les femmes de 50 ans ne se contentent plus de garder leurs petits-enfants. Elles veulent vivre dans de bonnes conditions car elles travaillent et n'ont aucune envie de subir ces sueurs nocturnes qui troublent leur sommeil et ces vapeurs qui empoisonnent leurs journées. Elles se résignent mal à cette fatalité biologique. Elles se sentent jeunes (et elles le sont !). Elles ont des adolescents et même parfois des enfants à la maison. Elles veulent encore plaire et ont besoin pour tout mener de front de leur énergie physique et mentale.

Pendant une bonne vingtaine d'années, le traitement hormonal a alimenté le mythe d'une longue sinon éternelle jeunesse. Brutalement, ce mythe s'est effondré. Et les femmes cherchent d'autres solutions. Alors, à défaut d'hormones (puisque « les hormones donnent le cancer »), elles essaient d'autres thérapeutiques. Les plus gênées par les symptômes consultent des spécialistes (homéopathes, acupuncteurs, phytothérapeutes...), achètent toutes sortes de produits (compléments alimentaires, plantes...), souvent peu efficaces. Elles dépensent du temps, de l'énergie et de l'argent pour tenter en vain de retrouver un certain bien-être, alors qu'il existe toujours une solution simple et efficace dont on connaît de mieux en mieux les limites et dont on peut pallier les défauts : le traitement hormonal substitutif.

Les inégalités du traitement

En tant que médecin gynécologue médicale, j'ai aujourd'hui parfois l'impression d'être revenue trente ans en arrière. « Au secours, la ménopause revient ! » ai-je envie de crier lorsque je vois mes patientes se transformer sous mes yeux. En quelques années à peine, je les retrouve fatiguées par les nuits sans sommeil, déprimées, d'humeur instable, résistant de plus en plus mal aux stress de la vie quotidienne, invalidées par les bouffées de chaleur et les douleurs articulaires. Dans un article publié en 2003 dans le quotidien *Le Monde*[4], j'écrivais : « À force de rechercher le risque zéro, les médecins, par lassitude ou peur des risques, vont abdiquer et les femmes se retrouver vingt ans en arrière. » Nous y sommes, plus radicalement que prévu.

Cependant, toutes les femmes ne sont pas égales face à cette régression. J'ai pu constater que les plus favorisées socialement et intellectuellement bénéficient en priorité du traitement hormonal. Attentives à leur corps, entretenant des rapports de confiance avec leur médecin, capables de comprendre la nature des arguments de la controverse, elles osent braver les diktats. Certaines affirment qu'elles préfèrent vivre quelques années de moins, mais vivre pleinement, même si parfois quelques-unes de leurs amies les traitent de « folles ». En contrepartie, elles sont souvent surmédicalisées, subissant toutes sortes d'examens de contrôle, allant parfois même jusqu'à les solliciter plus souvent que nécessaire.

4. L'article intitulé « Oui au THS ! » est paru au mois de novembre 2003.

À l'autre extrémité du spectre, les femmes les plus défavorisées sont peu ou mal informées. Elles ne retiennent alors qu'un seul message : les hormones donnent le cancer. Comme elles renoncent à ce traitement, elles s'imaginent qu'elles sont protégées et négligent la prévention et l'hygiène de vie indispensables pour se prémunir contre cette maladie essentiellement plurifactorielle.

Entre ces deux extrêmes, d'innombrables femmes hésitent, désemparées, partagées entre leur désir d'être soulagées de leurs maux et la peur de prendre une décision qu'elles risqueraient de regretter. L'atmosphère qui règne ne fait rien pour les aider. Les rumeurs qui circulent entre femmes, les propos excessifs de certains médias, et parfois les hésitations et même les mises en garde de leurs médecins contribuent à rendre leur décision difficile. Le traitement hormonal a été stigmatisé. Les passions l'ont emporté sur la raison.

Par quels détours ce traitement est-il devenu, dans l'imaginaire populaire, l'unique responsable du cancer du sein ? Devant de telles absurdités, j'en suis réduite à constater que l'information est davantage interprétée que diffusée. On peut faire dire tellement de choses aux chiffres ! Le scientifique régresse au profit d'un repli pseudo-écologique, d'une croyance aux bienfaits de la nature qui ouvre la porte à tous les excès.

L'espoir renaît…

Depuis 2004, pourtant, l'espoir commence timidement à renaître. Les experts ont analysé les études ligne après ligne, notamment la WHI dont ils ont dévoilé les faiblesses. Ils ont regroupé les grandes analyses réalisées ces dernières années pour en faire des synthèses (méta-analyses). Nous disposons également de deux études d'observation actuellement en cours en France (E3N et Mission[5]), qui publient régulièrement des résultats encourageants, voire rassurants pour peu que l'on suive un traitement reposant sur des hormones les plus « naturelles » possibles.

Soyons clairs : je me garderai bien ici et dans les pages qui suivent de radicaliser ma position et de généraliser mon propos. Le traitement hormonal demande à être adapté à chaque patiente, au cas par cas. Des inconnues demeurent quant à ses éventuels effets néfastes, qui sont étroitement liés aux modalités du traitement et à la réactivité de chaque patiente. Les chercheurs américains nous ont montré l'exemple à ne pas suivre, en assénant les résultats de leurs études comme autant de vérités universelles. Sans le vouloir, ils ont conduit à une remise en question salutaire de la sélection du profil des femmes susceptibles d'être traitées, du choix des produits, de la détermination des doses et des voies d'administration, et surtout du timing du traitement par rapport à la date de la ménopause.

Le choc a été rude, mais il s'est finalement avéré profitable. Maintenant que la tempête s'est apaisée, il est aujourd'hui urgent de renouer avec le bon sens. Nous portons tous en nous une part d'irrationnel qui peut, parfois, prendre le pas sur la raison. C'est pourquoi je ne tenterai pas de convaincre les femmes persuadées que les hormones substitutives vont provoquer chez elles un cancer du sein. Ce livre est destiné à toutes les autres : celles qui veulent s'informer et comprendre les mécanismes des hormones ; celles qui souffrent mille maux mais sont prisonnières de la peur ; celles qui subissent des influences contradictoires...

5. Ces études sont exposées plus en détail dans le chapitre 2, p. 43.

J'ai envie de leur dire haut et fort : **avant de refuser systématiquement un traitement hormonal de la ménopause, réfléchissez ; pesez bien le pour et le contre avant qu'il ne soit trop tard**. Fuyez les discours obscurantistes qui diffusent une peur inutile, voire nocive. Soyez rationnelles. Écoutez les arguments scientifiques et cliniques. Faites confiance à un médecin qui aura à cœur de vous aider sans vous faire prendre de risques et ensuite décidez !

PREMIÈRE PARTIE

Une controverse aux effets dévastateurs

CHAPITRE PREMIER

Scénario de la polémique

J'ai reçu un jour dans mon cabinet une femme de 84 ans, dotée d'une grande vitalité et d'une forte personnalité. Son gynécologue avait refusé de prolonger le traitement hormonal qu'elle prenait depuis sa ménopause et qui lui convenait très bien, sous prétexte qu'elle allait inévitablement avoir un cancer. Ébranlée, elle avait obtempéré. Mais très vite, les symptômes désagréables étaient revenus. Elle était retournée voir son médecin, qui avait à nouveau refusé de prescrire des hormones sauf si elle acceptait de signer une décharge. Furieuse, elle était venue me consulter dans l'espoir que je renouvellerais son traitement. Elle me dit : « Vous comprenez, docteur, c'est la première fois de ma vie que je me sens vieille ! »

Quelques semaines plus tard, une de mes patientes sous THS depuis trois ans m'a raconté l'entretien qu'elle avait eu avec son médecin de famille. Apprenant qu'elle suivait un traitement hormonal, et sachant l'amour qu'elle portait à ses petits-enfants, ce médecin lui avait dit : « Si vous continuez à prendre ce traitement, vous ne les verrez plus grandir ! » Très angoissée, cette femme m'a expliqué : « Vous comprenez ma frayeur et celle de mon mari, docteur ! Alors, j'ai arrêté. Mais depuis, je ne suis plus la même. » Cette femme avait eu si peur qu'elle n'a plus jamais osé reprendre son traitement hormonal, malgré ses malaises.

Nous sommes alors en 2004 peu après la publication de l'étude américaine et de l'étude anglaise (qui ont enflammé les médias, effrayé l'opinion publique et perturbé une partie du corps médical.) Comme ces patientes, des milliers de femmes renoncent chaque jour au mieux-être que pourrait leur apporter un traitement hormonal, à cause d'une peur fantasmatique car, aujourd'hui encore, une forte pression les empêche d'y avoir recours.

Pourquoi des médecins persistent-ils à les priver d'une solution qui pourrait les aider ? D'où vient cette suspicion tenace vis-à-vis du traitement hormonal de la ménopause ?

Pour le comprendre, il faut retracer les principales étapes de la polémique qui a débuté après la publication des premiers résultats de l'étude WHI en 2002. Mais l'histoire avait commencé bien avant…

PROLOGUE
Soixante années d'espoir pour les femmes

Il faut remonter aux années 1930 pour trouver les premières traces de ce traitement. Sa première version a été mise sur le marché aux États-Unis en 1942. À partir de 1950, les prescriptions se sont intensifiées. Pendant les décennies suivantes, il s'est peu à peu répandu, prenant un véritable essor au début des années 1970 en même temps que les femmes revendiquaient leur autonomie. Rappelons que le traitement consistait alors à prendre des doses massives d'œstrogènes d'origine équine (au sens propre des œstrogènes provenant d'urines de jument), souvent seules et parfois associées à des progestatifs de synthèse.

Au début des années 1990, la cause semblait entendue. Quelques études confirmaient les bénéfices de ce traitement et des millions de femmes à travers le monde se félicitaient de ne plus être obligées de subir le sort de leurs mères et de leurs grands-mères, perturbées par la fatigue, les bouffées de chaleur, les troubles du sommeil et de l'humeur, la fragilité osseuse et les maladies cardio-vasculaires. Le risque de cancer du sein était évoqué, mais encore timidement : aucune étude ne l'avait clairement mis en évidence.

Le THS s'est peu à peu imposé en France. Pourtant, l'école gynécologique française s'est vite démarquée du courant anglo-saxon.

Tout d'abord, la « gynécologie médicale » est une spécialité française. Dans les autres pays occidentaux, tous les gynécologues sont obstétriciens. Ils focalisent l'essentiel de leur activité sur la grossesse et la naissance, pratiquent des interventions chirurgicales gynécologiques et des césariennes, mais s'intéressent assez peu aux questions hormonales en général et à la ménopause en particulier. À l'inverse, les gynécologues médicaux se concentrent sur les aléas de la vie génitale et hormonale des femmes depuis leur adolescence et s'efforcent de préserver leur bien-être au fil des années, y compris après la ménopause.

Durant les premières décennies, le THS a été prescrit en France par les obstétriciens et les gynécologues médicaux, et même parfois par les médecins généralistes. Mais lorsque la polémique s'est enflammée, les obstétriciens et les généralistes ont été plus nombreux à cesser leurs prescriptions.

C'est en France que le premier service hospitalier entièrement consacré à la gynécologie médicale fut créé à l'hôpital Necker en 1963 sous la direction du Dr Albert Netter. Il a tout d'abord suivi le modèle américain en préconisant des doses importantes et uniformisées. Il tentait ainsi, en association avec les laboratoires pharmaceutiques, de valider le bien-fondé du traitement hormonal de la ménopause en s'appuyant sur des prescriptions standardisées.

En 1974, le Dr Netter fut remplacé par un endocrinologue et chercheur le Pr Mauvais-Jarvis, qui mit au point avec le laboratoire Besins Iscovesco le premier œstrogène par voie cutanée, l'Œstrogel sorti en 1975 qui fit directement concurrence au Premarin américain. Il offrait, outre l'avantage d'éviter le passage de la barrière du foie, la possibilité d'adapter sa posologie au cas par cas afin d'en limiter au besoin les inconvénients. C'est ainsi qu'au fil des ans, une partie de la communauté gynécologique a modifié ses habitudes et prescrit des œstrogènes par voie transdermique (gel) associés à de la progestérone naturelle micronisée par voie orale. Les deux écoles, l'une exclusivement « voie cutanée-progestérone naturelle » présentée ultérieurement comme l'« exception française », l'autre plus proche des habitudes de prescription américaines mais défendant le principe de multiples voies d'administration, se sont opposées pendant très longtemps.

Malgré leurs différences, le traitement hormonal de la ménopause continuait à améliorer la vie quotidienne des femmes des deux côtés de l'Atlantique. En 1990, on estime que 28 % des Américaines ménopausées en bénéficiaient contre seulement 8 % des Françaises. Cet écart s'est réduit au cours de la décennie suivante jusqu'à se stabiliser.

Entre 1995 et 1999, les prescriptions de traitement hormonal avaient presque doublé.

L'évolution semblait inexorable.

ACTE 1
Les premières suspicions…

En 1993, une grande étude est lancée aux États-Unis. Financée par le National Institute of Health[1] (qui y investit

1. Institut national de la santé, équivalent de l'Inserm (Institut national de la santé et de la recherche médicale) français.

plus de 620 millions de dollars) et soutenue par les mouvements féministes, la Women's Health Initiative (WHI[2]) rassemblait 16 608 femmes âgées de 50 à 79 ans.

Le principe était de donner à certaines d'entre elles un traitement hormonal et d'observer l'évolution de leur état de santé et de le comparer aux femmes qui n'en prenaient pas. Ces femmes devaient être suivies pendant une très longue période afin que les résultats de l'étude aient une vraie valeur scientifique. Les initiateurs entendaient démontrer, une fois pour toutes, les bénéfices du THS.

En 1997, la revue médicale britannique *The Lancet* publie les résultats d'une méta-analyse baptisée HERST. Les auteurs de ce travail avaient rassemblé 90 % des études disponibles à l'époque sur les relations entre le traitement hormonal et le cancer du sein[3].

Les résultats montraient une légère augmentation du risque de cancer du sein chez les femmes traitées, principalement chez les femmes très minces. Mais ce risque régressait rapidement à l'arrêt du traitement pour disparaître au bout d'un an. Ces cancers étaient d'un bien meilleur pronostic que ceux développés par les femmes n'ayant jamais suivi de traitement hormonal, et le taux de mortalité global n'était pas affecté.

Parallèlement, cette étude montrait que le traitement hormonal n'était pas forcément protecteur sur le plan cardiovasculaire. Il pouvait même augmenter le risque de thrombose veineuse lorsqu'il était administré à distance de la ménopause (plus de cinq ans après l'arrêt des règles).

Les médias ne se sont pas beaucoup intéressés à ces résultats et n'en ont parlé que beaucoup plus tard. Les médecins en ont pris acte, tout en faisant remarquer que les femmes observées,

---

2. Programme pour la santé des femmes.
3. Ce qui représente 51 études, venant de 21 pays différents.

les Américaines, ne suivaient pas le même type de traitement que les Françaises. L'exception française faisait déjà parler d'elle.

Cela n'empêchait pas les femmes médecins ménopausées de prendre, elles-mêmes, un traitement hormonal. Les enquêtes confirment les résultats de différentes études sur ce sujet témoignant toutes du plus grand usage du traitement hormonal substitutif dans la population médicale que dans la population générale. Dans une étude suédoise[4], les auteurs rapportent que si 35 % des Suédoises de 55 ans utilisent un THS, ce pourcentage monte à 68 % chez les femmes conjointes de médecins généralistes, 72 % chez les femmes médecins généralistes, 86 % chez les conjointes de gynécologues et même 88 % chez les femmes gynécologues. Une enquête britannique[5] révèle que les femmes médecins britanniques qui se traitent suivent le traitement plus longtemps : 71 % plus de cinq ans, et 58 % plus de dix ans.

Ces enquêtes publiées avant 2003 montrent que l'adhésion au THS des femmes médecins ou exerçant une activité paramédicale est beaucoup plus forte traduisant une bonne information et un accès facilité aux soins. En 2004, après la publication des deux études anglo-saxonnes, une enquête réalisée par l'AFEM[6] auprès de femmes gynécologues confirme l'enthousiasme pour le THS, avec seulement 9 % d'abandon.

4. D'Andersson et Mattson en 1998.
5. Issacs.
6. Association française d'étude de la ménopause.

ACTE 2
Une étude américaine crée la panique

Le 10 juillet 2002, dans la torpeur du début des vacances d'été, une annonce brutale déclenche un séisme : les chercheurs qui avaient lancé l'étude WHI annoncèrent qu'ils y mettaient fin au vu des risques que faisaient courir les hormones aux femmes qui suivaient le traitement.

Pourtant, remarquons-le, ce n'est pas le cancer du sein qui était incriminé mais les risques cardio-vasculaires. L'effet protecteur supposé n'existait pas ; en revanche apparaissait chez des femmes traitées un risque supplémentaire de développer des pathologies circulatoires et cardiaques.

« C'est la bombe la plus énorme qui ait jamais explosé au cours de mes trente années de carrière », a déclaré le Dr Utian, directeur de la société nord-américaine de la ménopause.

Les médias se sont immédiatement emparés de l'affaire, publiant à la une des titres accrocheurs suivis d'articles très alarmistes. En Europe, les quotidiens britanniques furent les premiers à réagir en titrant « le THS augmente les risques de cancer et d'attaques cérébrales[7] » ou « Des millions de femmes menacées par le THS[8] ». La peur chassait les espoirs féminins et la confiance.

D'autres titres encore, toujours au Royaume-Uni : « Alerte au cancer : des essais dangereux mis au rebut[9] » ou « Gigantesque augmentation des risques de maladies meurtrières[10] ». Pour le *Daily Star*, « la moitié des femmes sous

7. Dans *The Daily Telegraph*, juillet 2002.
8. Dans *The Daily Express*, juillet 2002.
9. Dans *The Daily Mirror* du 15/07/2002.
10. Dans *The Sun* du 20/07/2002.

THS (sont) deux fois plus susceptibles d'avoir un cancer du sein ».

En Allemagne, Bruno Müller-Oerlinghausen, président de la Commission nationale de sécurité des médicaments affirmait par voie de presse que le traitement hormonal était une « tragédie nationale et internationale, similaire à celle du Distilbène[11] », et que « l'usage naïf de ces médicaments perçus comme naturels et optimaux ont provoqué beaucoup de décès non justifiés parmi les femmes ».

La France n'était pas en reste : dans un article intitulé « Le THS n'en finit pas de dévoiler ses faiblesses », un journaliste du *Figaro*[12] évoquait « l'arrêt en catastrophe de l'étude WHI » parce que le traitement hormonal « accroît les risques d'infarctus au lieu de les amoindrir ». On a même pu lire dans un journal de santé alternative : « Ménopause : les traitements substitutifs tuent[13] ! » Les auteurs de l'étude concluent qu'« au cours des dix dernières années, l'usage du traitement hormonal de la ménopause par les Anglaises a pu être à l'origine de 20 000 cancers du sein ».

Le laboratoire pharmaceutique Wyeth, principal diffuseur du traitement, était pris à partie dans un article intitulé « Le triomphe du marketing sur la science ». On pouvait y lire : « Manufacturez un besoin chez le consommateur ; inventez un produit de consommation pour satisfaire un nouveau besoin créé de toutes pièces ; vendez le produit. Voilà, en clair, l'histoire du capitalisme. Mais c'est une chose quand le nouveau produit de consommation est une pierre fétiche ou un soda bleu. C'est tout à fait autre chose quand le produit est pharmaceutique, quand il met en jeu la vie et la mort. »

---

11. Propos relayés dans *Le Figaro* du 02/10/2003.
12. L'article, signé Cyrille Louis, est paru dans *Le Figaro* du 12/08/2003.
13. Paru dans *Santé Pratique* du 15/11/2003.

Un peu plus loin, dans le même article citant Cynthia Pearson alors directrice du *National Women's Health Network*, l'auteur poursuit : « Les compagnies pharmaceutiques ont usé de miroirs et d'écrans de fumée pour promouvoir des bienfaits infondés, minimiser les risques et désinformer les médecins pour les enrôler dans le marketing d'un traitement néfaste aux femmes en bonne santé. [...] L'idée que les hormones constituent une bonne médecine préventive a été le triomphe du marketing sur la science. »

Dans le *Times*[14], le ton était tout aussi virulent. L'article titrait « Alerte au THS après la mort de mille femmes ! » et se poursuivait dans le corps de l'article par : « De nouvelles preuves démontrent que le THS augmente le risque du cancer ovarien avec mille morts depuis 1991. »

Les journalistes, et surtout ceux des grands quotidiens nationaux occidentaux, ont sciemment joué sur la corde émotionnelle et attisé la peur par la manière dont ils ont présenté les risques relevés dans l'étude, les traduisant en pourcentages et non en risques relatifs[15] ou en nombre de cas. Et cela, au mépris de la conclusion des auteurs de l'étude, qui remarquaient eux-mêmes : « Le risque absolu de danger individuel pour la femme est minime. »

Car les résultats de l'étude étaient bien plus mesurés. Le THS était rendu responsable, pour **10 000 personnes traitées**, de : 7 infarctus du myocarde supplémentaires ; 8 accidents vasculaires cérébraux ; 8 embolies pulmonaires ; 8 cancers du sein. De plus (mais personne n'en parla), les auteurs de l'étude avaient noté 6 cancers du côlon et 5 fractures du fémur en moins.

En France, certains médias se sont montrés plus objectifs. Les magazines féminins et la presse médicale, notamment, ont

14. Numéro du 14/04/2007.
15. Voir les explications dans le chapitre « Cancer du sein et THS » p. 90 et 127.

fait appel à l'avis de gynécologues pour mettre ces résultats en perspective. Certains médecins ont relevé que les femmes participant à l'étude étaient souvent porteuses de pathologies pouvant expliquer le taux des accidents vasculaires cérébraux : 35 % souffraient d'hypertension artérielle traitée ; plus de 12 % d'un excès de cholestérol sanguin ; 34 % étaient obèses (IMC supérieur à 30) ; un peu plus de 4 % étaient diabétiques ; un peu moins de 8 % avaient des antécédents cardio-vasculaires.

Quant aux risques liés au cancer du sein, on sait aujourd'hui que 16 % des femmes de cette étude présentaient un antécédent familial et que 10 % n'avaient jamais eu d'enfants. Deux éléments qui sont associés à l'apparition d'un cancer du sein même lorsque la femme ne suit pas de traitement hormonal.

S'ajoute à cela le fait que le protocole de traitement américain n'avait pas changé. On prescrivait toujours des œstrogènes d'origine équine par voie orale et des progestatifs de synthèse à des doses bien supérieures à ce qui se fait en France.

Pourtant, dès le lendemain du 10 juillet 2002, les dégâts étaient irréparables.

Les femmes du monde entier appelaient leur médecin en catastrophe, saturant les standards des centres et des associations spécialisés. Le corps médical ébranlé s'interrogeait : et si, après tout, il y avait du vrai dans tout ça ?

À la Bourse, la valeur de l'action WYETH plongeait…

ACTE 3
Une étude anglaise relance la polémique

Nous voilà le 9 août 2003, un an à peine après le maelström de la WHI.

De nouveaux résultats sont publiés, confirmant ceux de l'étude précédente : la prise régulière du THS augmente le risque de cancer du sein et de maladie cardio-vasculaire.

Baptisée Million Women Study, cette étude britannique repose sur un principe très différent de la WHI. Cette fois, il s'agit d'une étude de cohorte, initiée par le National Health Service Breast Screening Programme (NHSBSP[16]). Toutes les femmes âgées de 50 à 64 ans, inscrites dans les registres de cet organisme et n'ayant aucun antécédent médical, ont été invitées à subir un dépistage systématique du cancer du sein et à répondre régulièrement à un questionnaire.

Au total, ce sont 1 084 110 femmes qui ont été ainsi suivies par questionnaires pendant trois ans. L'âge moyen de ces femmes au début de l'étude était de 55,9 ans, et la moitié d'entre elles avait pris ou prenait encore un traitement hormonal.

Les résultats de cette étude confirment ceux de la WHI. Mais, malgré ce qu'en retient l'opinion, les rapporteurs sont plus nuancés. D'une part, la mortalité à cinq ans est la même dans les deux groupes, même si le nombre de cancers du sein est supérieur chez celles qui suivent un traitement. Ces cancers sont donc de pronostic favorable. D'autre part, le risque s'atténue rapidement et disparaît à l'arrêt du traitement, même chez les femmes l'ayant suivi pendant une très longue durée (dix ans et plus).

Cette étude, dont on peut contester la méthodologie, a frappé les esprits à cause du très grand nombre de femmes impliquées et de sa forte résonance avec les résultats de la WHI. Pendant l'été 2003, sans attendre les commentaires des médecins, les médias se sont donc à nouveau déchaînés en Europe, rivalisant de titres dramatiques. On a pu lire à cette époque : « Le THS rend fou » ; « Le THS augmente de 300 % le risque de cancer du sein » ; « L'usage naïf de ces médicaments perçus comme naturels et optimaux a provoqué beaucoup de décès non justifiés chez les femmes »…

---

16. Observatoire national de la santé des seins.

Dans *Le Progrès*, un journaliste écrit : « Le traitement hormonal accroît le risque de cancer du sein. 20 à 50 % des femmes de 45 à 70 ans de la population occidentale sont concernées, selon l'étude britannique à l'origine de cette conclusion. »

Dans *Le Nouvel Observateur*, un autre dénonce « les dangers du mythe de Jouvence[17] », alors que sa consœur s'en prend dans *Le Point*[18] à « l'approche cosmétique » du traitement hormonal, précisant qu'elle était désormais condamnée par la science. Et la journaliste d'ajouter : « C'est le marketing qui a fait de la ménopause un passage terrifiant vers la vieillesse », balayant d'un revers de main la souffrance clairement manifestée par une bonne moitié des femmes ménopausées dans les pays occidentaux[19] !

Dans un quotidien belge[20], le journaliste Jacques Poncin va encore plus loin : « Les inconvénients de la ménopause (bouffées de chaleur, sécheresse vaginale, irritabilité) traités efficacement par le THS (ce que personne ne conteste) sont-ils à ce point insupportables que l'on doive faire courir un risque, fût-il minime, de cancer du sein ? » Les troubles de la ménopause étaient ramenés au rang d'inconvénients mineurs, et le traitement hormonal assimilé à un simple traitement de confort pour femmes trop « sensibles ».

Dans un article de juillet 2005, un journaliste écrit dans *Libération* : « Le scandale qu'a constitué pendant vingt ans le THS n'a pas fait vraiment de vagues. Alors que dans ce dossier, des études ont été cachées, des industriels ont engrangé des for-

---

17. 21/08/2003.
18. 12/12/2003.
19. La perception de la ménopause est très variable selon les cultures, et les symptômes, même s'ils sont les mêmes partout, sont beaucoup mieux supportés par les femmes lorsque le terme de leur fécondité les fait accéder à un statut social plus enviable (voir chapitre sur la ménopause, p. 137).
20. *Le Soir*, 26/08/2003.

tunes et des médecins en ont profité largement. [...] Les sceptiques sont vite réduits au silence, toute critique les cataloguant de réactionnaires ou d'antiféministes. » Le journaliste met en cause l'Association française pour l'étude de la ménopause (AFEM), la disant financée par des industriels qui ont « manipulé pendant des années les résultats des études de manière à les présenter de la façon la plus favorable possible ».

La déontologie médicale était directement mise en cause, et les médecins soupçonnés de cacher à leurs patientes les dangers gravissimes qu'elles couraient, dans le simple but d'engraisser les laboratoires pharmaceutiques. Ils étaient suspectés de faire sciemment le jeu des lobbies et de leurs profits, au mépris du serment d'Hippocrate qui stipule qu'avant tout, le médecin ne doit jamais nuire à son patient (*Primum non nocere*). Les journalistes prenaient souvent un ton moralisateur pour rappeler aux médecins l'essentiel de leur mission : améliorer la santé de leurs patients sans leur faire courir de danger.

Je ne fus pas la seule, à cette époque, à osciller entre sidération, interrogations et inquiétude. Une fracture s'est peu à peu dessinée dans le corps médical. D'un côté, les plus convaincus dont je suis, principalement des gynécologues médicaux, ont peu modifié leurs prescriptions aux femmes les plus motivées et à celles qui présentaient les symptômes les plus invalidants. De l'autre, ceux qui connaissaient moins bien le maniement des hormones ont arrêté d'office de prescrire le THS, même chez les femmes les plus motivées qui ont souvent mal réagi à cet arrêt intempestif. Certains, même, ont contacté leurs patientes pour leur demander d'arrêter le traitement en cours sans se soucier de savoir si elles souffraient de troubles liés à la carence en œstrogènes !

Du côté des femmes, c'était l'incompréhension, le doute et le désarroi. Le clivage qui existait déjà n'a fait que se creuser davantage ; d'un côté celles qui considéraient le traitement hormonal comme une libération, une victoire de la médecine contre les symptômes désagréables ont décidé avec beaucoup de détermination de faire confiance en leurs médecins spécialisés : « Il n'est pas question d'arrêter ! Docteur, je vous fais confiance ! » ; de l'autre, les adeptes du « tout naturel » profitèrent de cette occasion pour dénoncer les méfaits des hormones – de la pilule au THS –, les abus de l'industrie pharmaceutique et du pouvoir médical et vanter les bienfaits du soja et des compléments alimentaires. Deux camps de femmes se sont affrontés. Entre les deux, les autres, désorientées, ne savaient plus qui croire…

L'une d'entre elles raconte son périple dans un magazine féminin : « Le THS, pfff… je ne sais plus qu'en penser ! En cinq ans, j'ai changé trois fois de spécialiste : le premier avait trop dosé le traitement, le deuxième l'a rééquilibré, et le troisième l'a supprimé. J'ai fini par me mettre sous phyto-œstrogènes. »

ACTE 4
Le traitement est diabolisé

Contrairement à ce qui se passe souvent, cette campagne alarmiste n'a rien eu d'un feu de paille. Les médias, semble-t-il convaincus, ont continué à multiplier les messages d'alerte au fil des mois qui ont suivi, attisant toujours davantage l'inquiétude.

L'effet ne s'est pas fait attendre outre-Atlantique : 60 % des femmes traitées ont renoncé au traitement dans l'année qui a suivi la publication de l'étude WHI.

En Europe, les réactions ont été plus mesurées et progressives. Cela n'a pas empêché le nombre de Françaises traitées de régresser de façon spectaculaire : près de 50 % des femmes ménopausées prenaient un traitement hormonal en 2002, elles n'étaient plus qu'environ 20 % en 2006.

Certaines ont mis fin à leur traitement de leur propre initiative, préférant se tourner vers des solutions plus « naturelles » (et beaucoup moins efficaces[21] !) ou choisissant stoïquement de supporter leurs maux, comme l'avaient fait avant elles leur mère et leurs grands-mères. D'autres étaient poussées par leurs proches qui s'inquiétaient à la lecture de la presse.

En 2005, la bataille médiatique faisait toujours rage. Une gynécologue et journaliste, Martine Perez, publiait un livre intitulé : *Ce que les femmes doivent savoir : THS, la fin d'un mythe*[22]. Interviewée au moment de la sortie de l'ouvrage dans le magazine *Vivre !* elle expliquait : « Il n'y a plus de doute sur la nocivité du THS [...]. On a inventé des concepts totalement faux, comme l'augmentation du risque cardio-vasculaire à la ménopause et les bénéfices du THS. Tout cela n'a jamais été prouvé ! »

Elle accusait les laboratoires d'avoir « inventé des concepts délirants », affirmant que le THS « n'empêche pas de vieillir et n'améliore pas la qualité de vie » et s'insurgeait contre le fait que « les hormones ont été autorisées sur des dossiers très pauvres ».

Le plus curieux, c'est que lors d'une interview publiée à la sortie du livre, à la question : « Prescririez-vous un THS à une femme qui présente des symptômes ? », elle répondait : « Oui, je le prescrirais... »

Dans un article pour le quotidien *Le Figaro*[23], elle écrivait déjà deux ans plut tôt sous le titre « Les hormones élèveraient le risque de démence » : « Les femmes ont-elles été victimes d'un grand coup de bluff ? Le THS sur lequel reposait leur espoir de vieillir moins vite, de réduire le risque d'ostéoporose,

---

21. J'analyse plus en détail les racines de ces réticences dans le chapitre suivant.
22. Éditions Robert Laffont, 2005.
23. 28/05/2003.

d'Alzheimer et de maladies cardio-vasculaires n'est-il qu'une vaste fumisterie ? Pourquoi a-t-il fallu attendre vingt-cinq ans après le lancement de ce traitement utilisé en France par 3 millions de femmes pour qu'on commence enfin à mesurer sérieusement les risques ? »

Dans *France Soir*[24], une journaliste s'exprime en ces termes : « Toute femme qui suit un médecin sérieux sait, depuis plusieurs années, que l'accroissement dramatique du nombre de cancers du sein est provoqué par des dérèglements hormonaux. La pilule anticonceptionnelle et les traitements pour limiter les effets de la ménopause sont à l'origine de la plupart de ces dérèglements. Mais ces informations essentielles ont été jusque-là recouvertes d'une chape de plomb provoquant sans doute la maladie et la mort de dizaines de milliers de femmes sous-informées. »

Les femmes se retrouvaient alors placées devant un choix impossible. Soit elles renonçaient au traitement, résolues à supporter leurs maux quotidiens, soit elles continuaient à le prendre, mais au risque que leur mieux-être soit terni par l'angoisse de prendre des risques inconsidérés.

Les médecins, de leur côté, subissaient la pression des femmes, leurs questions, leurs frayeurs. Mis en cause dans les médias, accusés de malhonnêteté et d'inconscience, blessés, beaucoup ont fait machine arrière à cette époque et renoncé à prescrire un traitement si décrié, invoquant un « principe de précaution » brandi comme protecteur contre toute responsabilité.

Parallèlement, le marché des produits naturels (notamment ceux à base d'isoflavones de soja[25]) explosait, les femmes qui avaient arrêté leur traitement cherchant à le remplacer par un substitut « plus près de la nature ». La ménopause continue d'être

24. Novembre 2004.

25. Voir chapitre intitulé « Les alternatives au traitement hormonal », p. 213 et le dernier chapitre du livre.

un « marché », dans lequel se sont engouffrés de nombreux laboratoires de compléments alimentaires naturels, alors même que ces produits n'avaient pas fait la preuve de leur efficacité.

Pourtant, certaines voix se faisaient déjà entendre pour défendre l'« exception française » et réclamer un peu plus de discernement. Le Dr Georges-Fabrice Blum, membre du Collège national des gynécologues et obstétriciens, déclarait ainsi par voie de presse : « Pas de panique, pas d'affolement ! Il n'y a rien de changé concernant le THS, je continue à le prescrire, tout le monde continue. » Il établit des comparaisons : « Une femme qui fume un paquet de cigarettes par jour entre 20 et 40 ans multiplie par 17 le risque de cancer du poumon, et celle qui boit un verre de whisky par jour multiplie par 40 le risque de cancer de l'œsophage. » Ce qui est infiniment supérieur au risque de cancer du sein induit par le THS évalué par l'ensemble des études à 1,26 après cinq années de traitement !

« En vérité, poursuivait-il, il n'y a pas de traitement médical sans risque. Si l'aspirine était inventée aujourd'hui, on pourrait l'interdire ! Le THS, ce n'est pas un bonbon que l'on prend, c'est un raisonnement médical qui tient compte du rapport entre le risque et le bénéfice escompté. »

Un médecin italien, le Dr Andrea Genazzani, allait même jusqu'à affirmer : « Le traitement des femmes ménopausées est un droit de la femme et un devoir du médecin prescripteur. »

En mars 2004, une journaliste écrivait au cours d'un article humoristique dans *Côté femmes* : « Les femmes boudent les hormones, les gynécologues tâtonnent et s'inquiètent de la fréquentation de leur cabinet. Un petit pas en arrière pour la science. Un grand pas en arrière pour la femme. »

Pour continuer, on peut citer la réflexion d'un sénologue[26] : « 41 % d'accidents vasculaires cérébraux supplémentaires, 50 %

---

26. Article publié par M. Escoute, dans *La Lettre du sénologue* de janvier 2004.

de phlébites, 20 000 cancers du sein liés au THS en Angleterre... 300 % d'augmentation de risque de cancer du sein pour les femmes sous THS... 6 cas de cancer du sein avec le THS... 8 cas pour 10 000 après dix ans... 30 occurrences supplémentaires pour 10 000... Si 2 millions de Françaises avaient pris leur traitement hormonal pendant dix ans, c'est 32 000 nouveaux cas... Lorsqu'on voit cette avalanche de chiffres abscons, on peut se demander si les experts, en tapant sur leurs petites calculettes, n'étaient pas en pleine poussée d'arthrite digitale ! Alors, imaginez la sémillante quinquagénaire face à ces chiffres terroristes. »

Ces joutes médiatiques ont poussé l'agence française compétente, l'Afssaps[27], à réagir après avoir envisagé d'interdire le THS en France ! Après mûres réflexions, l'Afssaps a fini par émettre des recommandations allant dans le sens de la prudence. « Antécédents familiaux et personnels, ampleur des symptômes, style de vie, autant d'éléments déterminants pour que chacune fasse son choix raisonnablement », résume le Dr Michèle Lachowski vice-présidente de l'AFEM (Association française d'étude de la ménopause). En résumé :

- les médecins sont invités à réserver le traitement hormonal aux femmes qui ont des symptômes désagréables ;
- ils doivent préférer l'association d'œstrogènes par voie cutanée (gel ou patch) et de progestérone naturelle micronisée ;
- il leur est demandé d'opter pour la dose minimale efficace et de suspendre le traitement le plus tôt possible.

À cela s'ajoute une surveillance étroite, notamment des seins et de l'utérus, ainsi qu'une recherche systématique des éventuels facteurs de risque et contre-indications.

Ces recommandations ont été confirmées dans un rapport d'orientation publié le 11 mai 2004, consécutif à une « audi-

27. L'Agence française de sécurité sanitaire des produits de santé est un organisme officiel.

tion publique sur le bon usage des THS de la ménopause en France[28] ».

Les autorités françaises avaient donc décidé de calmer le jeu. Mais la partie était loin d'être gagnée…

ACTE 5
Des études françaises redonnent espoir

Depuis la publication de la WHI et de la MWS, médecins et chercheurs français regrettaient publiquement qu'aucune étude française ne soit venue atténuer la polémique construite sur des travaux anglo-saxons avec, nous l'avons vu, des prescriptions d'une autre nature.

En novembre 2004, furent publiés les résultats de la première grande étude de cohorte française baptisés E3N[29]. Cette étude a débuté dès 1990 et se poursuit actuellement. Son objectif était d'analyser le rôle de certains facteurs hormonaux, alimentaires et génétiques dans la survenue des cancers, en particulier du sein et du côlon. Elle rassemblait 54 548 femmes ménopausées, non traitées au moment de leur recrutement. 29 420 d'entre elles se sont vu prescrire un traitement hormonal, alors que 25 128 n'en ont pas pris.

Pendant dix ans, ces femmes ont répondu régulièrement à un questionnaire. Les résultats ont ensuite été analysés, recoupés, regroupés, jusqu'à leur publication.

Il en ressort que le risque de cancer du sein lié au traitement hormonal dépend du type de traitement suivi. **L'association**

28. Cette audition publique a été organisée par l'Afssaps, l'Anaes (Agence nationale d'accréditation et d'évaluation en santé) et l'Inserm (Institut national de la santé et de la recherche médicale).
29. Cette étude, toujours en cours, est financée par la Mutuelle générale de l'Éducation nationale (MGEN).

d'œstrogènes par voie cutanée et de progestérone micronisée (traitement à la française) n'augmente pas le risque de cancer du sein.

À la même époque, l'étude ESTHER[30] a analysé les répercussions du traitement hormonal sur le système cardio-vasculaire. Elle montre que seuls les œstrogènes pris par voie orale augmentent le risque d'accidents thromboemboliques veineux. **Plus globalement, le traitement à la française n'augmente donc pas le risque cardio-vasculaire.**

L'étude Mission[31], enfin, est toujours en cours. Contrairement aux études anglo-saxonnes, elle prend en compte la durée d'utilisation du traitement, et surtout le type de produits. Pour l'instant, **elle ne montre aucune différence entre les femmes traitées et non traitées, même après plus de cinq ans de traitement.**

De leur côté, les Américains ont publié fin 2003 une nouvelle analyse des résultats de la WHI, plus fine et incluant de nouveaux critères (tranches d'âges notamment). Il en ressort que **le traitement hormonal exerce bien un rôle préventif sur les maladies coronariennes, à condition d'être prescrit dès le début de la ménopause**, mais ce rôle devient aggravant si des plaques d'athérome instables ont déjà eu le temps de se déposer sur les parois artérielles, comme on l'observe chez les femmes à risque ou plus âgées.

Le traitement hormonal « à la française » sort blanchi de ces nouvelles études. Cela confirme ce qu'avait déclaré le Pr Mauvais-Jarvis dès le début des années 1980, lorsqu'il dénonçait les risques liés à la prise d'œstrogènes par voie orale et aux surdosages des produits prescrits par les Américains.

---

30. *Estrogen and Thrombo Embolism Risks*. Cette étude française cas-témoin a évalué les risques de phlébite et d'embolie pulmonaire selon le type d'hormone utilisée.
31. Cette étude est menée par la Fédération nationale des collèges de gynécologie médicale (FNCGM).

Pourtant, la réhabilitation médiatique tarde à venir.

En septembre 2006, l'hebdomadaire *Paris Match* titrait encore « Traitement hormonaux de la ménopause : la prudence s'impose ». Dans le mensuel *Que Choisir ?*, le message était plus ambigu puisque le titre, « Traitements à risque », introduisait un article plutôt rassurant faisant état des résultats encourageants des deux études françaises. Mais encore fallait-il ne pas s'arrêter au titre pour s'en apercevoir.

L'Express se voulait mesuré et prudent : « Le THS comporte des contre-indications, des effets secondaires et des dangers propres, surtout sur le long terme. Selon le profil des patientes, les produits utilisés et leur durée de prise, il existe un plus grand risque de survenue de certains cancers et de problèmes cardio-vasculaires. Des risques relativement faibles à mettre en balance avec les bénéfices attendus d'une telle prise en charge. Des inconvénients bien réels et qui doivent donc être pris en compte ».

Dans *Le Monde*[32], un article consacré à l'étude E3N, pourtant favorable au THS, commençait par souligner les points négatifs : « Il ne reste plus guère de place au doute : le THS de la ménopause, par une combinaison d'œstrogènes et d'un progestatif de synthèse augmente le risque de cancer du sein. » C'est seulement ensuite que son auteur détaillait l'étude, décrivait la différence entre les progestatifs de synthèse et la progestérone micronisée, et concluait : « L'élévation du risque de cancer du sein n'a pas été mise en évidence dans le groupe de femmes prenant de la progestérone micronisée », et cela pendant huit ans.

De toute évidence, la défense du THS ne soulevait pas l'enthousiasme.

---

32. Novembre 2004.

ACTE 6
La réhabilitation définitive ? Victoire du THS à la française ?

Il restait un doute sur l'augmentation des accidents vasculaires cérébraux avec le THS. Tout récemment, la publication en juin 2010 des résultats du *British Medical Journal*[33] nous rassure pleinement. Au terme de dix ans de suivi de femmes âgées de 50 à 79 ans dans 400 centres de médecine générale britannique, 15 710 femmes victimes d'un AVC ont été appariées à 59 558 cas-contrôles. **Il est apparu que le traitement utilisant des œstrogènes transdermiques à doses « normales » en association avec la progestérone naturelle ou son dérivé ne provoquait aucune augmentation du risque d'AVC contrairement à la voie orale.** Les risques relatifs passent respectivement de 0,81 pour la voie transcutanée à 1,28 pour la voie orale.

Ce bon résultat ne surprend par l'« école française » qui a toujours dénoncé les risques du passage par le foie des hormones : modification de la pression artérielle, thromboses veineuses ou artérielles.

ÉPILOGUE
Quand le mal est fait…

Le dernier chapitre de l'histoire du traitement hormonal n'est pas encore écrit… Chaque mois, de nouvelles informations sont publiées. Chaque fois, le mode opératoire s'affine,

33. Samy Suissa, « Transdermal and oral hormone replacement therapy and the risk of stroke : A nested case-control study », *BMJ*, 03/06/2010.

on cerne mieux les risques, on identifie mieux les prédispositions et les contre-indications. Mais les mauvaises réputations ont la vie dure !

D'autant que jamais les médias grand public n'ont clairement réhabilité le traitement hormonal depuis les articles de 2002-2003, malgré les résultats positifs des études postérieures. Même si certains articles, notamment dans les magazines féminins et la presse médicale dans son ensemble, ont tenté de faire le point de manière un peu plus sereine et nuancée, fournissant beaucoup d'informations sans affoler les femmes afin qu'elles puissent juger par elles-mêmes.

Après avoir connu une flambée (les ventes ont augmenté de 30 % par an entre 2003 et 2005), les produits dits naturels pour soulager les maux de la ménopause ont été boudés par les consommatrices. La multiplication des composés (plantes, vitamines…), des marques (plus de 60) et des promesses n'a pas suffi à ancrer ces produits dans les habitudes de consommation des femmes. Les ventes ont reflué régulièrement au cours des années suivantes.

Un rapport de l'Afssaps paru en mai 2004 n'a sans doute pas été étranger à ce reflux. Il disait : « Nous attirons votre attention sur les dérivés du soja. La fiabilité de ces produits n'est pas garantie et leur sécurité n'a pas été évaluée. Nous déconseillons donc d'en prendre pour le traitement de vos troubles tant qu'ils n'auront pas reçu l'autorisation des autorités sanitaires. »

Mais aujourd'hui encore, huit ans après le début de ce tsunami médiatique, des médecins continuent à refuser de prescrire un traitement hormonal à leurs patientes, des femmes se privent, de leur propre volonté ou sous l'influence de leurs proches, des bienfaits de ce traitement. Le mal est fait…

C'est donc aux femmes, maintenant, de parcourir un bout du chemin. Cette responsabilité est lourde à porter pour celles qui ne disposent pas de toute l'information nécessaire pour se forger sereinement une opinion. C'est tout l'objet de ce livre que de les aider à s'y retrouver, à identifier les informations justes et à relativiser les messages alarmistes. Pour, enfin, choisir en toute connaissance de cause.

CHAPITRE 2

D'où viennent les résistances ?

Cette tempête médiatique fait écho à des résistances déjà installées, venant des femmes et de l'ambivalence de leurs attentes, mais aussi des médecins et de leurs interrogations et des autorités sanitaires. Le principe de précaution, la désaffection de l'artificiel et du « chimique » au profit du « naturel » accompagnent ce mouvement.

Le rôle ambigu des femmes et des mouvements féministes

On comprend mieux les réactions féminines lorsqu'on passe en revue l'histoire du THS. Dans un article très intéressant intitulé « Ménopause + hormones = cancer. Anatomie d'un débat[1] », les auteurs racontent l'évolution du traitement hormonal depuis les années 1930. À cette époque, le nombre des produits hormonaux de la ménopause mis sur le marché

1. Par Ilana Lowy et Jean-Paul Gaudillière dans *Grands Articles*, oct., nov., déc. 2005.

atteignait 39 (contre 10 seulement en 1950). En France, on comptait alors 23 laboratoires commercialisant des traitements hormonaux de la ménopause (8 français et 15 étrangers). Chaque publication d'un résultat d'étude pointant l'augmentation d'un risque faisait réagir vigoureusement les femmes et la presse.

Les féministes américaines ont joué un grand rôle dans l'initiation, la promotion et... l'anéantissement du THS. Au départ, elles ont accueilli favorablement la pilule qui, comme l'écrivent les auteurs de l'article, « n'a pas été perçue comme une invention douteuse d'industriels, mais comme une conquête importante du féminisme ». Dans un premier temps, le THS a bénéficié de cette même aura car il améliorait notablement le bien-être des femmes à la ménopause. Elles ont alors soutenu et encouragé l'industrie du médicament. Ce sont elles qui ont convaincu les pouvoirs publics de financer une grande étude sur « le THS et la santé des femmes ». C'est donc sous leur impulsion que fut lancée la WHI.

Puis vint le temps des déceptions. Les pilules, trop fortement dosées (elles contenaient dix fois plus d'hormones que maintenant !), ont entraîné des complications cardio-vasculaires sérieuses. Les jeunes filles d'aujourd'hui ne se doutent pas du combat mené à l'époque pour contraindre l'industrie pharmaceutique à diminuer les doses et à développer des minipilules (plus sûres, plus efficaces et moins nocives).

Côté ménopause, les femmes prirent d'abord conscience de l'augmentation du nombre de cancers de l'endomètre, en raison de l'habitude qu'avaient les médecins américains de ne pas associer de progestatifs aux œstrogènes. Il est vrai que près de la moitié des Américaines avaient subi l'ablation de leur utérus avant la ménopause (alors qu'en Europe, cela ne concernait que 20 % des femmes et en France 7 % !), ce qui ne rendait pas obligatoire la prescription de progestatifs. Mais pour les autres, le risque était amplifié.

Par ailleurs, les posologies trop élevées provoquaient des douleurs mammaires, des hémorragies, des lourdeurs dans les jambes et une prise de poids…

Les féministes ont réagi en forçant les politiques à accroître le droit des usagers, dès lors qu'il s'agissait de traiter des personnes en bonne santé qui devaient être averties des éventuels effets délétères afin de prendre leur décision en toute connaissance de cause. Ainsi en 1977, on vit apparaître, sur les notices explicatives des boîtes de pilules ou de traitement hormonal, des informations sur leurs possibles effets secondaires.

« Contrairement à ce qui se passait aux États-Unis, la critique de la pilule est restée en France très limitée, » poursuivent les journalistes. « Plusieurs raisons expliquent cette différence. **La nature des liens entre structure de la profession médicale et mouvement féministe a joué un rôle essentiel. Dans les années 1950 et 1960, la gynécologie médicale a été très impliquée dans les luttes pour le droit à la contraception et à l'avortement. »**

Il n'en a pas été de même du traitement hormonal de la ménopause. Il faut remarquer qu'attaquer en France le THS, c'est se tromper d'époque et de pays. Les Anglo-Saxonnes (surtout les Américaines) avaient de véritables raisons d'être en colère contre leurs médecins, qui leur prescrivaient massivement des traitements standardisés, à hautes doses, sans leur donner d'explications ni de choix possible, sans tenir compte de leurs réactions ni répondre à leurs questions. Il semble que les Françaises ont eu la chance de pouvoir choisir entre plusieurs molécules et bénéficier de traitements plus adaptés. **D'une manière générale, les reproches que la presse grand public a adressés au THS (et aux médecins qui le prescrivent) entre 2003 et 2009 étaient injustes. Ils ne s'appliquaient pas à la situation française.**

Les gynécologues médicaux, en majorité des femmes, ont choisi cette spécialité pour prendre leur distance avec les grands patrons de gynécologie et d'obstétrique, généralement conservateurs et natalistes. Nous avons toujours été peu nombreux et nous le sommes encore aujourd'hui (nous ne sommes plus que 1 000 en France !). Nous avons privilégié les traitements non chirurgicaux et le recours aux hormones. Notre engagement a profondément marqué la manière dont nous avons été perçus par les femmes : avant tout comme des alliés dignes de confiance. L'industrie pharmaceutique, en revanche, n'a pas été marquée par une aussi profonde bienveillance.

Au départ, les laboratoires américains ont voulu faire du THS un médicament « à la recherche d'une maladie », se fondant sur le fait que la ménopause est associée à de nombreux symptômes pénibles (bouffées de chaleur, troubles de l'humeur...). Certaines femmes avaient, à juste titre, l'impression qu'on leur « forçait la main ».

Un expert américain en vogue à l'époque, le Dr Wilson, a sans conteste exagéré en appelant à élargir le THS à l'ensemble des femmes ménopausées (y compris celles qui ne se plaignaient de rien), invoquant le fait qu'elles souffriraient toutes d'une pathologie : la carence en œstrogènes. Cette thèse fut développée dans un livre intitulé *Feminine for Ever*[2], qui devint un best-seller outre-Atlantique. Il y présentait le THS comme une cure de jouvence, le traitement des maladies du vieillissement. En France, cette position fut reprise par le Dr Anne Denard-Toulet, dans un ouvrage fortement influencé par les positions du Dr Wilson[3].

Les féministes, très agacées, ont tout d'abord critiqué ces positions en rappelant que **la ménopause n'était pas une maladie**. La généralisation du traitement n'était donc pour

2. Ce qui signifie *Éternellement femmes.*
3. *La Ménopause effacée*, Paris, Presse Pocket, 1982.

elles qu'une invention destinée à doper les chiffres de vente des laboratoires et comportait des risques.

Les Françaises, ont d'abord été moins critiques que les féministes américaines car elles avaient établi une relation de confiance avec leur gynécologue[4], lequel leur avait fourni des explications rassurantes et prescrit des produits proches des hormones naturelles à des doses mieux adaptées. Elles sont donc restées plus longtemps attachées à leur traitement : 19 % l'ont abandonné en 2003, mais un quart d'entre elles l'ont repris un peu plus tard à des doses plus faibles. Pourtant, leur détermination n'a pas résisté très longtemps et la désaffection s'est poursuivie petit à petit.

Aujourd'hui, il semble que nous passions par un processus d'apprentissage au cours duquel professionnels et usagers, experts et contre-experts, apprennent, nuancent leurs positions et modifient leurs pratiques. Mais ces nouveaux comportements arrivent bien tard. Les femmes ont eu le temps de ruminer leur insatisfaction. Leur confiance dans le monde médical s'est émoussée (du moins pour nombre d'entre elles) et elles se sont détournées de l'idée même d'un traitement de la ménopause.

Le monde médical est longtemps resté majoritairement masculin, ce qui n'a pas manqué de provoquer des réactions tranchées dans les rangs des féministes. **Certaines ont interprété l'efficacité des hormones comme la réparation d'une injustice flagrante, mais d'autres y ont vu une expression supplémentaire du pouvoir masculin**. Cette colère à l'encontre du corps médical était particulièrement vive aux États-Unis, où les médecins obstétriciens en charge du suivi gynécologique des femmes ménopausées sont plus volontiers

---

4. Observation notée dans le rapport de recherche pour le MIRe DREES, « Au bénéfice du doute », septembre 2004.

interventionnistes, ne perdent pas leur temps en explications et délivrent des prescriptions standardisées.

Parmi les femmes moins engagées, certaines (même en France) se sont révoltées contre le fait que le traitement hormonal instaurait, par rapport au médecin, une dépendance qu'elles n'estimaient plus nécessaire après la ménopause. Ce en quoi elles se trompaient, **car l'arrêt des règles ne dispense pas d'une surveillance médicale. Au contraire !** Le tarissement des hormones provoque dans l'organisme des transformations qui peuvent s'avérer dangereuses à terme[5].

Il faut ajouter à cela la contrainte que représente, pour certaines femmes, le fait de devoir prendre un traitement quotidien. L'ensemble donne à ces femmes l'impression d'être transformées en patientes (donc en personnes malades ou potentiellement malades) sous prétexte qu'une carence hormonale « naturelle » perturbe leur quotidien.

Aux États-Unis, c'est le même laboratoire qui produisait la plupart des préparations hormonales, (essentiellement le Premarin) et qui a financé une partie de WHI. En France et en Europe, une vingtaine de firmes se livraient à une concurrence féroce, ce qui explique pourquoi aucune étude d'envergure n'a pu y être réalisée. Tous ces revirements et ces polémiques entre experts, laboratoires et féministes, ont brouillé le paysage et contribué à entretenir la méfiance des femmes à l'égard des hormones.

Parallèlement se sont développées d'autres angoisses, à commencer par la peur du cancer du sein. Cette maladie ne cesse de se développer dans notre société mais peu de personnes réalisent que, étant liée à l'âge, l'allongement de l'espérance de vie entraîne forcément une augmentation des cas. Il nous faut apprendre à « composer » avec ce cancer que l'on

---

5. Voir les explications dans le chapitre « Les bienfaits du THS », p. 169.

détecte de plus en plus tôt et que l'on guérit de mieux en mieux. Une chose est sûre : le THS n'en est pas le responsable[6]. Mais il peut agir comme un accélérateur sur une lésion qui existe déjà.

Cette polémique autour du THS nous enseigne que la vérité scientifique importe peu et que seules comptent les croyances.

L'histoire du THS est celle d'un amour déçu. Les femmes, se sentant trahies de toutes parts, reviennent à mère Nature. **La ménopause n'est pas une maladie mais un phénomène biologique normal lié au tarissement des hormones et au vieillissement des ovaires. Il serait donc « contre nature » de vouloir s'y opposer**.

Cet argument s'inscrit dans un mouvement sociétal global. Dans son livre *Le Conflit*[7], Élisabeth Badinter explique : « La crise économique à rebond qui suivit la première crise pétrolière (1973) fut propice à la résurgence d'une idéologie oubliée : le naturalisme. [...] À vouloir dominer la nature et faute de l'écouter, nous aurions perdu notre boussole et courrions à notre perte. »

Par ailleurs, la période de crise que traversent les sociétés occidentales génère un climat d'insécurité. Certains chercheraient à se réfugier dans une sorte de « sein maternel » personnifié par la nature ; cette nature meurtrie de nos erreurs et de nos excès. L'amalgame est alors facile : tout ce qui procède de l'homme est mauvais, tout ce qui résulte de la nature elle-même est bon.

« Devant tant de bouleversements et d'incertitudes, la tentation est forte de s'en remettre à notre bonne vieille mère Nature et de fustiger les ambitions aberrantes de la génération

6. Voir chapitre « Cancer du sein et THS », p. 81.
7. Paris, Flammarion, 2010.

précédente, poursuit Élisabeth Badinter. Tentation auréolée du voile de la modernité et de la morale qui a pour nom le naturalisme. Cette idéologie qui prône tout simplement un retour au modèle traditionnel pèse de tout son poids sur l'avenir des femmes et sur leurs choix. »

Nombre de mes patientes renoncent au traitement hormonal en invoquant le fait que « ce n'est pas naturel » et qu'il « ne faut pas contrarier la nature ». Que cet ordre naturel soit devenu de plus en plus injuste au cours des siècles intervient très peu dans ce raisonnement. Pourtant, en 1800, l'espérance de vie moyenne de la population était approximativement de 38 ans. La ménopause était donc un phénomène extrêmement rare, aussi exceptionnel que pouvait l'être à l'époque une longévité féminine de plus de 50 ans. **Aujourd'hui, dans notre pays, une femme peut espérer vivre jusqu'à 84 ans. Pourtant, la nature n'a en rien modifié l'âge de la ménopause qui se situe toujours autour de 50 ans.** Les femmes n'auraient qu'à supporter ce fardeau pendant les trente-quatre années qu'elles peuvent encore espérer vivre, puisqu'il est « naturel » !

« En ligne de mire, poursuit Élisabeth Badinter, la malheureuse chimie accusée de tous les maux puisqu'elle incarne l'"artificiel", par définition ennemie du "naturel". [...] On oublie tout ce qu'on lui doit – notamment l'allongement de notre espérance de vie – pour la soupçonner du pire. Circonstance aggravante : elle est parmi toutes les sciences l'une des plus directement soumises au productivisme des groupes industriels mondiaux, donc dénuée de toute moralité. »

De là découle, à l'égard de cette « chimie », une méfiance généralisée qui fait le lit des dérives naturalistes. « L'écologie, les sciences du comportement qui s'appuient sur l'éthologie[8], et

8. Étude du comportement des animaux, destinée à éclairer la dimension archaïque du fonctionnement de l'Homme.

un nouveau féminisme essentialiste font cause commune pour le bien-être de l'humanité », écrit Élisabeth Badinter. Pour elle, les femmes sont les premières à pâtir de cet amalgame. Le mouvement de libération, qui était à son apogée au début des années 1970, n'a cessé de refluer depuis. Elle évoque à cet égard les disparités professionnelles, familiales, affectives…

« Dorénavant, insiste-t-elle, la nature est un argument décisif pour imposer des lois ou dispenser des conseils. Elle est devenue une référence éthique difficilement critiquable auprès de laquelle le reste fait grise mine. À elle seule, elle incarne le Bon, le Beau et le Vrai chers à Platon. Par-dessus tout, la philosophie naturaliste détient le pouvoir suprême de culpabilisation, capable de changer les mœurs. »

Les femmes ignorent, la plupart du temps, les bases de leur fonctionnement biologique[9]. Cette méconnaissance nourrit les amalgames, les peurs irrationnelles et l'obscurantisme rampant véhiculé par les rumeurs. Il en est ainsi de la ménopause comme de la maternité, du stérilet, de la pilule, de la péridurale… **À chaque « avancée », des polémiques naissent et des résistances s'instaurent** : certaines femmes se sentent « dépossédées de leur corps » à la maternité ; elles refusent la péridurale et préfèrent connaître les sensations de l'accouchement pour mieux ressentir de la joie ensuite ; elles ne supportent pas la dictature des médecins et des établissements hospitaliers ; elles boudent la pilule qui fait grossir, crée un dérèglement hormonal et risque de les rendre stériles… De même, elles se détournent du traitement hormonal qui favorise le cancer du sein et les maladies cardio-vasculaires…

C'est vrai, les femmes mènent de longs combats pour obtenir des droits, des traitements, des améliorations de vie. Elles

9. Mais qu'ont donc fait les professeurs de sciences naturelles ? Personne ne semble avoir retenu les cours de première et de terminale !

revendiquent une égalité avec les hommes. Et une fois qu'elles ont obtenu ce qu'elles veulent, elles revendiquent autre chose. Par moments, moi qui ai suivi de près le combat des femmes pour la pilule et la péridurale, j'avoue rester perplexe devant ces jeunes femmes qui veulent tout et son contraire. Elles ne manifestent plus en faveur de l'avortement, pourtant en pratique menacé en France et encore interdit dans beaucoup de pays. Même acquis, ces droits restent fragiles et il faut continuer à se battre. *In extremis*, Roselyne Bachelot a doublé le montant du remboursement de l'IVG. Il était temps…

Les femmes occidentales ont encore du mal, souvent, à se départir d'un sentiment d'infériorisation. C'est inscrit dans la Bible : Ève est l'instigatrice de ce geste fatal qui a entraîné la chute de l'humanité. Certaines femmes traînent, aujourd'hui encore ce fardeau. En se soumettant à l'ordre naturel, elles se replacent toutes seules – sans que les hommes aient besoin d'intervenir – dans cet « état d'infériorité » que les mouvements féministes ont pourtant longuement combattu. **Comme elles supportent les douleurs de l'enfantement en refusant l'anesthésie péridurale, elles subissent les symptômes de la ménopause en renonçant au traitement hormonal.** Elles ont du mal à faire le choix de leur propre confort. Pourtant, pour la première fois dans leur histoire, elles ont aujourd'hui la possibilité de « se » choisir et d'opter pour leur bien-être.

Néanmoins elles n'entendent pas renoncer à la garantie illusoire du « 100 % sécurité ». Beaucoup ont peur et refusent de prendre le moindre risque. Là encore, les temps ont changé : autrefois, les vaccins étaient bien acceptés même s'ils provoquaient parfois des accidents graves (voire des morts) car l'on avait conscience des ravages causés par les maladies infectieuses. Aujourd'hui, on ne tolère plus le moindre effet secondaire, même s'ils continuent à sauver des millions de vies. Il en est de même pour la quasi-totalité des traitements, dont celui de la ménopause.

On laisse penser qu'un bon médicament devrait être totalement bénéfique et dénué de tout effet secondaire. Pourtant, **il n'existe pas de traitement sans risque ni de médicament sans effet secondaire**. C'est une erreur et une illusion ! Prenez la banale aspirine : c'est le médicament le plus vendu et consommé au monde ; elle échappe en partie au contrôle médical puisqu'on peut l'acheter sans ordonnance ; pourtant, prise à trop fortes doses ou par des personnes à risque, l'aspirine peut provoquer des saignements, voire des hémorragies graves. Le médicament idéal n'existe pas.

Plus nous avons la liberté de choisir, plus nos décisions impliquent des responsabilités. C'est pourquoi **il est normal que les femmes se posent des questions avant de décider de suivre un traitement hormonal. Il est légitime qu'elles s'informent, se renseignent, hésitent**... À condition qu'elles ne soient pas perturbées par un discours ambiant trompeur qui manie la peur du cancer du sein comme une épée de Damoclès.

Les conclusions hâtives de certains médecins

Depuis qu'est apparu le traitement hormonal substitutif, les gynécologues-obstétriciens (accoucheurs et chirurgiens) limitent le plus souvent leur prescription des traitements hormonaux pour raison médicale (ostéoporose) ou lorsque la femme insiste en raison de bouffées de chaleur insupportables. Le reste leur semble de peu d'importance. Leurs prescriptions sont en majorité rapides, simples, si possible standardisées (en comprimé unique associant œstrogènes et progestérone) et ils attendent des résultats immédiats.

Ils balaient discrètement d'un revers de main l'avalanche de questions concernant les modalités de prise, les effets secondaires et les risques. Dès qu'ils perçoivent la moindre angoisse, le moindre problème, ils conseillent de suspendre le traitement, et ce d'autant plus rapidement que ces femmes, en multipliant les questions, rendent les consultations beaucoup plus longues.

Cette attitude d'hommes d'action peut convenir à certaines femmes qui ne veulent pas s'éterniser sur la question. Mais elles sont loin d'être les plus nombreuses. Les exigences de bien-être des femmes (et même des hommes) et surtout le désir de comprendre ne cessent de croître. Dans les années 1980, j'ai passé deux ans à l'institut Gustave-Roussy, à Villejuif, dans un service consacré essentiellement aux cancers gynécologiques. À cette occasion, j'ai pu constater la résignation des femmes devant les dégâts occasionnés par la chirurgie mutilatrice du sein, la radiothérapie et la chimiothérapie (qui n'avaient rien à voir avec ce qu'elles sont maintenant). Le traitement était une question de vie ou de mort. Seule importait la guérison. La nature des demandes a évolué depuis.

Les médecins ont été formés pour soigner et guérir un mal, pas pour assurer en plus le bien-être de leurs patients. Certains ont accompagné cette évolution, d'autres s'y sont pliés avec résignation. Quelques-uns ont toujours du mal à y parvenir : les exigences concernant l'esthétique, le confort et la sexualité leur paraissent anecdotiques au regard de l'enjeu réel. **Mais l'époque a changé. Nous vivons plus longtemps, et chacun désire le faire, même malade, dans les meilleures conditions possibles.**

Quant aux généralistes qui prescrivaient le THS, la majorité a craint de continuer après la publication de WHI. Pour l'essentiel d'entre eux, moins formés à l'endocrinologie et aux prescriptions des hormones, moins au fait des derniers développements des études, ils ont dit ou suggéré à leurs patientes : « Arrêtez tout. Il y a trop de risques de cancer du sein ! »

Même les plus convaincus ont été ébranlés à l'annonce des résultats de la WHI, et de ce risque cardio-vasculaire auquel ils ne s'attendaient pas. La prudence a prévalu et ils ont limité les indications et les dosages. Ils ont consacré plus de temps à informer, rassurer, expliquer les résultats de l'étude et ses biais de sélection… Dans un premier temps, ils ont continué à prescrire le THS, surtout aux femmes ayant des os en mauvais état, et aux plus motivées qui leur disaient : « Je préfère vivre quelques années de moins, mais pour rien au monde je ne veux arrêter ce traitement qui me fait du bien ».

Il va sans dire que **l'introduction du principe de précaution dans la constitution, même s'il concerne spécifiquement l'environnement, a incité nombre de médecins non seulement à la prudence mais aussi à la crainte des poursuites**. Il faut être vraiment convaincu du bien-fondé de ce que l'on fait pour prescrire dans ces conditions ! Notre société s'est engagée dans une voie sécuritaire qui tourne parfois à la dérive car elle laisse entendre qu'elle peut nous protéger de tous les risques. En revanche nous devons pouvoir les mesurer et les choisir, en tenant compte des bénéfices. C'est ainsi que l'on parvient à prendre la décision d'appliquer ce traitement, mais aussi que l'on peut en préciser les modalités, la posologie et la durée adaptées à chaque patient.

Le principe de précaution mal compris, mal interprété mais aussi mal appliqué selon Bernard Accoyer, « est considéré maintenant comme un instrument de protection absolue ». Il regrette que l'évaluation des avantages n'ait pas été prévue dans le texte au même titre que celui des risques et ajoute : « D'un simple principe de gestion environnementale, ce principe s'est imposé progressivement comme un principe cardinal de gestion des risques, réclamé par l'opinion publique, invoqué par les autorités publiques et les médias sans qu'il ne soit tenu compte de sa définition juridique précise[10]. »

---

10. Cité dans *Le Quotidien du médecin*, 08/06/2010.

Mais la majeure partie des médecins hésite encore, laissant les patientes dans un « flou » angoissant : « Madame, faites comme vous voulez, c'est vous qui décidez ! » Les femmes se sentent seules face à cette indétermination. Elles sont obligées, comme l'écrit la sociologue Virginie Vinel[11], de « prendre leur décision en fonction d'informations contradictoires et lacunaires, selon les professionnels qu'elles rencontrent et auxquels elles accordent ou non leur confiance ». Indécises, elles en parlent à leurs amies, lisent des magazines spécialisés, consultent d'autres thérapeutes (homéopathe, ostéopathe, acupuncteur...). Elles prennent des compléments alimentaires ou des produits à base de plantes qui ne les soulagent pas toujours, mais leur paraissent inoffensifs car ils sont « naturels ».

Si les femmes trouvent dans leur entourage féminin des informations sur les produits susceptibles de les aider, elles parlent peu de leur ménopause à leur mère, contrairement à ce qui se passe lorsqu'elles sont enceintes. Ces mères semblent « ne pas avoir transmis de savoirs spécifiques à la ménopause et sont restées discrètes sur ce passage physiologique ». Ainsi, la majorité « bricole » elle-même leur médication, et résiste à la prise en charge de leur corps par l'institution médicale. « Ce bricolage, conclut la sociologue, est le résultat de l'instabilité et de l'insécurité dans lesquelles elles se trouvent soumises à l'injonction d'apporter un soulagement à leurs gênes, face à un savoir mouvant. »

Les femmes qui souffrent de la carence en œstrogènes multiplient les consultations pour tenter de soulager leurs symptômes : rhumatologue pour leurs douleurs articulaires, cardiologue pour stabiliser la hausse de leur taux de cholestérol sanguin, neurologue pour soulager leurs angoisses, leur irritabi-

11. Dans un article de la *Revue internationale sur le médicament* (vol. 2, 2008) intitulé « Pluralisme thérapeutique de femmes françaises en période de ménopause ».

lité et leurs insomnies... Elles accumulent les examens, associent différents traitements médicamenteux au risque parfois de créer des effets indésirables, et tout cela sans obtenir le résultat du traitement hormonal, en termes de confort immédiat comme de prévention au long cours. L'alternative est coûteuse pour leur santé et pour les comptes de l'assurance-maladie.

Le rôle des autorités sanitaires

Ces instances officielles sont composées d'experts qui peuvent avoir des avis divergents. Elles délivrent leurs conclusions en fonction des résultats d'études plus ou moins bien faites et qui ne peuvent pas toujours être adaptées à la France en matière de pratiques de santé.

Ainsi, dans le cas de WHI, l'annonce des chiffres à l'état brut a failli faire vaciller l'Afssaps. Les épidémiologistes, les gynécologues référents et les autres experts faisaient valoir des points de vue très différents. Leurs dissensions ont donné lieu à des batailles féroces. Certains auraient voulu appliquer la décision qui leur semblait s'imposer au vu des risques : l'interdiction. Heureusement, d'autres ont argumenté, s'appuyant sur l'âge des patientes recrutées, leur surpoids, leur hypertension, les produits utilisés différents de ceux prescrits en France... Finalement, c'est la modération qui a prévalu.

À chaque nouvelle publication, à chaque nouvelle expertise, les membres de l'Afssaps se réunissent pour en débattre et modifier leurs recommandations, qui sont rapidement diffusées par voie de presse. Pour le public comme pour les médecins, ce sont autant de tergiversations qui entretiennent la méfiance à l'égard des hormones. Cependant, leurs conclusions sont beaucoup plus prudentes depuis que le principe de précaution figure dans la Constitution !

Le pouvoir des médias

Je vous ai déjà parlé des excès de la presse. Nous pourrions multiplier les exemples… Je préfère relever certains points communs dans la démarche des journalistes.

Lorsqu'on reprend l'**historique des réactions et du rôle des médias** concernant la pilule et les traitements de la ménopause, on observe la même constante : les hormones ont toujours fait l'objet de désaccords et de polémiques.

Dans un rapport récent[12], on découvre que « ces polémiques empruntent presque toujours le schéma suivant :

1. les résultats d'une étude mettent en avant les risques associés à la consommation des hormones ;
2. la presse française généraliste et quotidienne se fait écho de ces résultats ; ce faisant elle déclenche le désaccord public ;
3. une poignée de médecins, gynécologues médicaux et endocrinologues, conteste publiquement, via différents supports de presse, la pertinence des résultats de l'étude et réaffirme les vertus des traitements hormonaux ».

L'auteur du rapport poursuit : « La presse quotidienne généraliste – *Le Monde*, *Le Figaro*, *Le Parisien*… – relaie l'information sur les risques mis en évidence par une étude : elle donne en quelque sorte l'alerte. De l'autre coté, et à l'inverse, la presse hebdomadaire – *L'Express*, *Le Nouvel Observateur*, *Le Point*, les magazines féminins… – dédramatise en soulignant les limites ou la non-pertinence de ces informations. » Ces derniers pratiquent un journalisme d'enquête, compilent les avis des protagonistes, restituent les différentes positions, relativisent les ris-

12. Rapport de recherche pour le MIRe DREES ; « Au bénéfice du doute », septembre 2004.

ques. Ce qui les conduit à adopter une position plus favorable au THS.

« La connaissance des sources d'information choisies par les journalistes est une clef de compréhension du caractère plus ou moins dramatique de l'information restituée », écrit encore l'auteur du rapport. **Le problème, c'est que « les études d'épidémiologie sont réalisées dans des pays où les produits ne sont pas les mêmes que ceux qui sont prescrits aux femmes françaises.** Les articles de la presse quotidienne qui révèlent les résultats de ces études ne prennent pas en compte cette différence de produits et alarment à tort les médecins et les femmes ». Je vous rappelle ici que les médecins français ont privilégié les molécules plus proches des hormones naturelles à des dosages inférieurs, leur administration par voie transdermique, et ont davantage sélectionné leurs patientes. **C'est pourquoi le bénéfice du doute a toujours été accordé au THS en France.**

Ce à quoi on pourrait ajouter que les agences sanitaires procèdent de la même façon, jusqu'à preuve du contraire. Or peu d'études avec une méthode appropriée et une cohorte suffisante ont été réalisées en France, en partie à cause de la multiplicité des produits.

Le rôle de l'industrie pharmaceutique

Enfin, les grands laboratoires pharmaceutiques ont exercé leur influence sur ce « bouclier » de résistances. Ce sont eux qui, avec l'aide de médecins chercheurs, ont mis au point les molécules hormonales. Ce sont eux qui n'ont cessé de les modifier ensuite.

Les laboratoires ont fait l'objet d'attaques virulentes. Pour leur défense, je dirais que la plupart ont agi avec sincérité, persuadés que leurs traitements hormonaux amélioraient la vie des femmes.

Rappelons encore qu'aux États-Unis, le Premarin (œstrogène conjugué équin, à base d'urine de jument enceinte) est sorti en 1971. C'est ce produit qui est utilisé par l'immense majorité des Anglo-Saxonnes et qui a servi de base à presque toutes les études portant sur le THS. Outre-Atlantique, le Premarin est en situation de quasi-monopole. Les médecins n'avaient quasiment pas d'autres choix à proposer et les femmes ne pouvaient que refuser ou accepter sans discussion. On comprend leur hargne et leurs accusations de mercantilisme à la parution des résultats de l'étude WHI.

En France, le cheminement des laboratoires a été différent. En 1975, un œstrogène par voie cutanée, l'Œstrogel, a fait son apparition sur le marché. Il avait été mis au point par le Pr Mauvais-Jarvis, avec le laboratoire Besins Iscovesco, et faisait directement concurrence au Premarin. Les deux produits ont ouvert le marché. Puis est sorti, en 1988, le premier patch. À partir de cette date, un nouveau produit a fait son apparition chaque année. **Les laboratoires français sont les plus nombreux à produire des hormones. La multiplicité des produits dans notre pays est vraisemblablement liée à l'essor de la gynécologie médicale**, qui instaure une pratique thérapeutique différente de ce qui se fait aux États-Unis.

Le Pr Mauvais-Jarvis a défendu, en pionnier, l'idée que la voie cutanée était préférable à la voie orale : un œstrogène naturel micronisé en gel évite aux œstrogènes de passer par la barrière du foie, ce qui prévient de nombreux risques, notamment celui de thrombose. Il s'opposait ainsi, depuis les années 1970, au Dr Netter. Ce dernier, plus proche des habitudes américaines, avait toujours défendu le principe des voies d'administration multiples, afin de pouvoir contenter le maximum de femmes.

Les deux écoles se sont opposées pendant longtemps. Les résultats **des études récentes donnent raison au Pr Mauvais-Jarvis quant aux avantages de la voie cutanée et de la progestérone naturelle micronisée.** En revanche, ils lui donnent tort sur le pouvoir protecteur systématique des progestatifs sur les seins, surtout après la ménopause.

Nous allons voir que les risques associés au traitement hormonal de la ménopause ne sont pas nuls, mais qu'ils sont faibles et qu'ils peuvent être neutralisés par la personnalisation du traitement, le choix du dosage et du mode d'administration, et la surveillance accrue qui permet de détecter très rapidement les éventuels problèmes.

Entre les femmes qui ont résisté à la pression médiatique pour continuer à prendre leur traitement, et celles qui le refusent de toutes leurs forces, l'immense majorité du public féminin ne sait plus qui croire. Elles oscillent entre l'envie de voir disparaître leurs symptômes et la peur de commettre une erreur irréparable. Le choix n'est pas simple ! Ce sont elles qui, le plus souvent, se ruent sur les « compléments alimentaires naturels » (notamment à base de soja), alors même que leur innocuité n'a pas encore été prouvée !

Aujourd'hui, **il est donc du devoir des médecins, et tout particulièrement des gynécologues de ville, de leur fournir une information de qualité et de créer avec elles une relation de confiance.** Afin d'adapter le traitement à chacune et de respecter une bonne démarche thérapeutique : examens, dépistage des contre-indications, évaluation des risques…

CHAPITRE 3

Que reproche-t-on exactement au traitement hormonal ?

Cette tourmente, dont nous venons d'analyser la trame, repose sur une mauvaise, pour ne pas dire abusive, interprétation des chiffres publiés dans la presse. Nous y reviendrons dans le chapitre suivant.

Mais qu'en est-il des arguments scientifiques ? Le traitement hormonal augmente-t-il vraiment le risque de maladies cardio-vasculaires ? Influence-t-il la formation de cancer ?

Voici les principaux éléments opposés par les détracteurs des traitements hormonaux aux femmes ménopausées désireuses de soulager leurs maux. Des arguments suffisants pour dissuader les patientes, mais qui ne résistent pas longtemps au regard scientifique.

Le THS augmenterait le risque de cancer du sein

C'est l'accusation la plus importante portée contre le THS, celle qui fait frémir les femmes et hésiter les médecins. J'ai consacré un chapitre entier[1] à ce sujet sensible. La controverse aux accents polémiques perdure depuis près de vingt ans notamment à la suite de publications faisant état d'une augmentation du risque de ce cancer avec la prise par voie orale du THS, habituellement utilisé dans les pays anglo-saxons, mais aussi, dans une moindre mesure, en France.

Récemment, la polémique vient d'être relancée à la suite du constat aux États-Unis, et pour la première fois, d'une diminution de l'incidence du cancer du sein depuis 2002 rapidement après l'arrêt du THS chez environ la moitié des femmes (en réalité avant la publication des résultats de WHI). Cette baisse a atteint 12 % en 2003 puis s'est stabilisée à un niveau inférieur en 2004.

La baisse de l'utilisation du THS explique-t-elle la diminution de l'incidence des cancers du sein depuis 2005 ?

En France, la diminution des cancers du sein n'est apparue qu'en 2005, alors que la prise de THS avait chuté de 60 %. Par ailleurs, cette diminution n'a concerné que les cancers sensibles aux hormones et les tumeurs de petite taille, et cela chez les femmes de 50 à 59 ans. Toutefois, un certain flou semble régner sur les chiffres car un récent rapport communiqué à l'Académie de médecine[2] parle plutôt de stabilisation de l'incidence des cancers du sein en France alors que celle-ci avait baissé de 11 % aux États-Unis.

Il était tentant d'établir une liaison de cause à effet entre cette baisse et la diminution de la consommation du traitement hormonal. Le quotidien *Le Monde* du 20 février 2008 a publié un communiqué de l'Académie nationale de médecine, pointant le lien entre la baisse du nombre de cancers du sein

---

1. Chapitre « Cancer du sein et THS ».
2. Écrit par les Prs Henri Rochefort, Jacques Rouëssé, Hélène Sancho-Garnier et Maurice Tubiana.

depuis 2005 et la désaffection vis-à-vis du traitement hormonal de la ménopause, alors que le dépistage par mammographie a augmenté dans le même temps de 335 %.

Une telle analyse est-elle plausible ? Elle est, en tout cas, vivement critiquée car la réalité est plus complexe. Aux États-Unis, cette baisse avait été observée deux ans avant la publication de WHI et ne peut donc être attribuée à la désaffection vis-à-vis du traitement.

Il semblerait que la fluctuation de ces chiffres soit liée à l'évolution du dépistage (avec un effet de saturation) et à la chute du nombre de mammographies (du moins aux États-Unis).

Par ailleurs, s'il existe vraiment un lien de cause à effet, il plaide en faveur d'un effet promoteur du traitement sur une tumeur existante, et non d'un effet initiateur. Il n'est pas impossible que le THS accélère la croissance d'un cancer débutant invisible jusque-là, qui n'aurait été détecté qu'un ou deux ans plus tard en l'absence de traitement. C'est la raison pour laquelle je fais toujours pratiquer une mammographie avant d'instaurer un THS, et une autre un an plus tard afin d'établir une comparaison. Peut-être va-t-on assister à une élévation plus tardive des cancers du sein dans les années à venir ?

Ensuite, la publication de l'étude WHI a probablement modifié la prescription des médecins qui ont remplacé le progestatif de synthèse par la progestérone naturelle. Par ailleurs, ils ont veillé à mieux sélectionner les patientes susceptibles de recevoir le THS et à diminuer les doses d'hormones. En outre, après avoir arrêté leur traitement parce que la polémique les avait effrayées, un bon tiers des femmes n'ont plus été suivies par leur médecin, ou de façon plus espacée. Cela pourrait expliquer en partie la moindre incidence du cancer.

Tous ces éléments réunis peuvent expliquer, au moins en partie, pourquoi le cancer du sein semble (c'est à confirmer) régresser légèrement depuis 2005, sans que cela incrimine la consommation du traitement hormonal de la ménopause. Une chose est sûre : cette baisse, si elle se confirme, est une excellente nouvelle !

Le THS augmenterait le risque de cancer de l'utérus

Il faudrait plutôt parler de « cancer de l'endomètre », ou de « cancer du corps utérin » (par opposition au col de l'utérus). L'endomètre est le nom donné à la muqueuse qui tapisse l'intérieur de la cavité utérine. Elle peut parfois abriter des tumeurs malignes qui constituent la troisième cause de cancer féminin, après le cancer du sein et le cancer colorectal.

Cette maladie se manifeste très rarement avant 40 ans, l'âge moyen de son apparition est de 69 ans. C'est un cancer de pronostic favorable, la survie à cinq ans étant de 93 % pour les tumeurs dépistées au début de leur formation (stade 1), et de 75 % pour les cancers plus avancés. Son incidence reste stable : il est globalement huit fois moins fréquent que le cancer du sein et trois fois moins que le cancer colorectal.

On sait que l'excès d'œstrogènes fait partie des facteurs de risques du cancer de l'endomètre. Mais ce n'est pas le seul puisque l'obésité, le diabète, l'absence d'enfant ou la ménopause tardive le sont également. En revanche, la pilule, si elle est prise pendant au moins dix ans protège notablement contre ce cancer car elle évite la prolifération anormale de la muqueuse utérine.

Au premier regard, il n'est donc pas absurde d'imaginer que le traitement hormonal, qui apporte un surplus d'œstrogènes après la ménopause, puisse favoriser l'apparition de ce type de cancer. Mais tout n'est pas si simple ! Avant la ménopause, pendant toute la période de fertilité, les œstrogènes qui favorisent le développement de l'endomètre et la progestérone qui régule ce processus sont en synergie. Le traitement hormonal de la ménopause doit respecter cet équilibre et apporter des œstrogènes, qui fournissent l'essentiel des effets bénéfiques, mais aussi de la progestérone aux femmes qui ont conservé leur utérus pour éviter une prolifération excessive de la muqueuse. Seule, la progestérone n'a que peu d'effets sur les autres symptômes.

Or les médecins américains ont pris l'habitude, au début, de prescrire des œstrogènes sans leur associer de progestérone, ce qui augmente la prolifération de la muqueuse utérine (hyperplasie) sans que la progestérone ne vienne la freiner. Le risque de cancer de l'endomètre s'en trouve alors augmenté : on estime qu'il est multiplié par quatre ou cinq au bout de cinq années de traitement à base d'œstrogènes uniquement.

En France, nous avons toujours eu l'habitude d'associer de la progestérone ou ses dérivés aux œstrogènes pour prévenir les risques cancéreux. Constatant que cela faisait baisser le nombre de cancers de l'endomètre, les médecins américains ont fini par suivre l'exemple des Européens. Ces hormones permettent non seulement de contrebalancer l'effet prolifératif des œstrogènes, mais aussi de corriger les lésions préexistantes qui prédisposent au cancer.

Pour que le risque disparaisse totalement, il faut prendre de la progestérone au moins douze jours par mois, la bonne moyenne étant de douze à quinze jours pour un progestatif de synthèse et de quinze à vingt jours pour la progestérone naturelle. L'étude E3N[3] a en effet démontré que la progestérone

---

3. Voir le chapitre « Scénario de la polémique », p. 37.

naturelle micronisée protège moins efficacement que les progestatifs contre la prolifération des cellules de l'endomètre, alors que ses effets sont neutres sur les seins et le système cardio-vasculaire. C'est pourquoi la durée de prise mensuelle doit être légèrement supérieure pour obtenir le même résultat.

Dans ces conditions (association œstrogènes et progestérone/doses équilibrées/durée mensuelle suffisante), l'augmentation du risque de cancer de l'endomètre disparaît. Toutes les études le confirment. Le traitement hormonal est alors hors de cause. En outre, les femmes qui ont suivi un traitement hormonal bien équilibré et qui développent malgré tout un cancer de l'endomètre (dû à d'autres facteurs de risque) ont un taux de survie plus important que les femmes jamais traitées.

Le THS augmenterait le risque de cancer de l'ovaire

Le cancer de l'ovaire est la quatrième cause de décès par cancer chez la femme[4]. Son pronostic est plutôt défavorable (la survie à cinq ans est d'à peine 45 %) et son diagnostic souvent tardif. Parmi ses facteurs de risques, le principal est génétique et concerne 10 % des cas. Il survient alors avant 60 ans. En revanche, on sait que la prise de la pilule, les grossesses, l'hystérectomie et la ligature des trompes exercent un effet protecteur.

Une étude publiée en 2001 par des chercheurs américains montrait une augmentation du risque de cancer de l'ovaire lorsque le THS était pris pendant plus de dix ans. Mais d'autres études plus récentes ont abouti à des résultats tout à

4. On a compté un peu plus de 3 000 décès par cancer des ovaires en France en 2008.

fait opposés en concluant à l'absence de risque. C'est le cas de l'étude E3N. Cependant, nous ne disposons pas encore d'un nombre suffisant d'études sur le long terme pour que l'on puisse s'engager avec certitude.

Il est sûr, en revanche, qu'aucun mécanisme connu ne permet d'expliquer comment la prise d'hormones pourrait influencer le développement du cancer de l'ovaire. D'ailleurs, la surveillance préconisée pour les femmes ménopausées est la même qu'elles prennent ou non un traitement hormonal. Dans tous les cas, il est conseillé de pratiquer régulièrement une échographie pelvienne (tous les un à deux ans en moyenne selon l'âge et les facteurs de risque) afin de vérifier l'état des ovaires ; et lorsqu'une image suspecte apparaît, les dosages de marqueurs tumoraux permettent d'orienter le diagnostic.

Le THS augmenterait les risques d'infarctus et d'accidents vasculaires cérébraux

Cette accusation mérite qu'on s'y attarde. Rappelez-vous : dans un premier temps, les médecins ont mis longtemps en avant les effets protecteurs de ce traitement sur le système cardio-vasculaire. Mais, en 2002, la grande étude WHI[5] lancée plusieurs années auparavant a été arrêtée avant son terme, car ses organisateurs ont observé une augmentation anormale des événements coronariens et des accidents thrombo-emboliques. On a ainsi relevé sept accidents coronariens et huit accidents vasculaires cérébraux de plus pour 10 000 personnes (et par an).

5. Voir chapitre sur « Scénario de la polémique », p. 25.

Ce qui était une mesure de prudence de la part des organisateurs de l'étude s'est transformé en une accusation violente dans les médias, où ces chiffres se sont trouvés amplifiés jusqu'à atteindre des sommets[6]. Ces résultats surprirent et déçurent le corps médical, car le bénéfice cardio-vasculaire était considéré comme acquis. En outre, c'est surtout l'association d'œstrogènes et de progestatif qui était mise en cause.

La situation semblait inextricable. Mais, après un temps de réflexion, des voix s'élevèrent pour faire remarquer que ces résultats aussi n'étaient pas extrapolables en France, pour plusieurs raisons. D'abord, comme je vous l'ai déjà expliqué, **les produits utilisés outre-Atlantique étaient différents** des nôtres. Le Premarin (œstrogènes) notamment, fabriqué à partir de l'urine de juments enceintes, n'a ni la même composition, ni le même mode d'action, ni les mêmes effets que les œstrogènes utilisés en France. Quant au progestatif impliqué dans l'étude, il était déconseillé par l'ensemble des prescripteurs français.

Par ailleurs, ces deux substances étaient prises **par voie orale**, à dose fixe, identique, et relativement élevée pour toutes les femmes participant à l'étude. Or on sait que ces hormones prises par voie orale passent par le foie, activent la coagulation sanguine, ce qui favorise le risque de thrombose et augmente le nombre d'accidents cardio-vasculaires.

Ensuite, **la population américaine choisie pour l'étude ne correspondait pas à la population traitée en France**[7], que ce soit au niveau de l'âge ou au niveau des antécédents médicaux et des contre-indications : 21 % avaient plus de 70 ans, 34 % étaient obèses et 35 % en surpoids, 35 % étaient hypertendues, 70 % étaient ménopausées depuis plus de quinze ans…

---

6. *Idem*, p. 25 et suiv.
7. Voir chapitre 1, p. 28.

Comme les femmes participant à cette étude appartenaient en majorité à des milieux défavorisés, elles avaient plutôt une mauvaise hygiène de vie et un état de santé fragile. Elles appartenaient donc à des « catégories à risque », ce qui a contribué à fausser les résultats. N'oublions pas qu'aux États-Unis, avant la réforme Obama, 45 millions de personnes n'avaient pas de protection sociale. Participer à une telle étude représentait, pour ces femmes, à la fois un challenge et une aubaine puisqu'elles avaient l'occasion de suivre un traitement jugé bénéfique, sans débourser un centime.

Si les femmes incluses dans l'étude étaient si âgées, c'est que **les médecins avaient sélectionné volontairement des patientes ne souffrant plus de bouffées de chaleur**. Cela s'explique : l'étude se faisait en double aveugle et les femmes ne devaient surtout pas savoir si elles prenaient des hormones ou un placebo[8]. Il ne fallait pas qu'elles puissent le deviner sous peine d'arrêter et d'être « sorties » de l'étude. Or l'immense majorité des femmes ressent des bouffées de chaleur pendant les premières années qui suivent la ménopause. C'est pourquoi, compte tenu de la très grande efficacité des hormones sur les bouffées de chaleur, ni les femmes (qui veulent voir disparaître ce symptôme) ni les médecins ne pourront plus jamais accepter de participer à une étude de ce type. Elle restera unique dans son genre. Coût de l'étude : 600 millions de dollars

L'impact de l'âge moyen des participantes sur le résultat de l'étude fut relevé dès la première publication par les organisateurs eux-mêmes. Ils signalaient qu'on pouvait compter

8. Un placebo est une substance sans aucun effet (généralement du lactose) conditionnée sous la même forme que les produits testés. Pour éviter tout effet « psychologique », les participants à une étude en double aveugle contre placebo ne savent pas s'ils absorbent le médicament ou le placebo. Ainsi, les résultats obtenus sont à coup sûr imputés au produit.

« 68 % d'accidents coronariens en plus si la ménopause avait eu lieu vingt ans auparavant, seulement 23,5 % si ce délai n'était que de dix à vingt ans avant, et 9 % d'accidents en moins si elle a eu lieu dix ans auparavant ». Ils donnaient ainsi une clé essentielle à l'analyse des résultats. Une clé que nombre d'observateurs (notamment les médias) se sont empressés d'oublier !

L'analyse plus fine des résultats de la WHI publiés par la suite démontre même que **ces accidents artériels sont moindres chez celles qui ont commencé le traitement dès le début de la ménopause** (au maximum avant 60 ans).

Elle remarque que les femmes ayant commencé leur THS dans les dix ans qui suivent la ménopause bénéficient d'un effet protecteur (le risque relatif est alors de 0,76 : un chiffre inférieur à 1 signalant un effet bénéfique[9]). On compte six accidents cardio-vasculaires en moins pour 10 000 personnes dans cette population. Ce résultat est d'autant plus intéressant que la raison majeure de l'interruption de cette étude fut justement l'augmentation du risque cardio-vasculaire ! Les chiffres avaient été mal interprétés.

On ne peut que se réjouir de cette nouvelle. D'autant qu'il est aujourd'hui démontré que les traitements habituels contre les risques de maladies coronariennes et thrombo-emboliques (notamment les statines et l'aspirine) chez les femmes ne sont pas aussi efficaces qu'attendus, contrairement aux hommes.

Le traitement hormonal apparaît donc comme une éventuelle solution de prévention, à condition d'être commencé

9. Ce risque passe à 1,1 (signalant donc un risque supplémentaire) lorsque le THS est commencé dix à vingt ans après la ménopause. Et il est de 1,26 si le traitement débute plus de vingt ans après l'arrêt définitif des règles.

rapidement après la ménopause. Le risque d'infarctus s'en trouvera alors diminué[10].

La publication des résultats de l'étude WHI a contraint plus de 75 millions de femmes à abandonner leur traitement, se privant ainsi de l'effet protecteur des hormones alors qu'elles auraient pu, pour la plupart, en bénéficier. Seule a été retenue, dans l'esprit du public, l'augmentation du risque de cancer du sein (j'y reviendrai dans le chapitre suivant). Certains épidémiologistes et les médias ont une grande part de responsabilité dans ce mouvement de panique.

Depuis 2002, les résultats de la WHI n'en finissent pas d'être disséqués, interprétés et analysés, nous fournissant toujours de nouveaux éléments plus intéressants. Nous avons appris récemment, par exemple, que les femmes ayant un fort taux de cholestérol LDL (le mauvais cholestérol) courent un risque plus important de faire un accident coronarien. Chez elles, le THS par voie orale est donc déconseillé.

On sait maintenant que l'instauration d'un THS plusieurs années après la ménopause fait courir un risque supplémentaire d'infarctus et d'accident vasculaire cérébral car les plaques d'athérome déjà existantes risquent de se fissurer et de se rompre, provoquant une obstruction des artères coronaires ou carotidiennes. À l'inverse, lorsqu'il débute dans les mois qui suivent la ménopause, le traitement est protecteur car il retarde la formation de ces plaques d'athérome. Cet effet bénéfique des œstrogènes a également été mis en lumière par une autre grande étude : la Nurse Health Study plus connue en France sous l'appellation « Étude des infirmières de Boston ».

---

10. Les lésions athéromateuses apparaissent plus tôt sur les coronaires que sur les carotides. Selon une grande méta-analyse publiée en 2006 par Salpeter, le risque d'infarctus est de 0,68 (donc l'effet est protecteur) lorsque le traitement est commencé pendant la première année suivant la ménopause, alors qu'il augmente pendant la première année chez les femmes qui le débutent beaucoup plus tard.

Le THS n'a donc un effet préventif que chez la femme indemne de toute lésion.

Quant aux accidents vasculaires cérébraux, on sait aujourd'hui qu'ils sont plus fréquents sous traitement hormonal chez les femmes hypertendues, celles qui présentent des anomalies de la coagulation, un épaississement des artères carotidiennes ou des altérations notables du bilan des graisses dans le sang. Ces cas constituent donc des contre-indications. Enfin, toutes les études sont unanimes pour affirmer que la prise d'œstrogènes par voie cutanée (ainsi que la diminution des doses lorsqu'ils sont pris par voie orale) réduit le risque de thrombose.

Tout récemment, en juin 2010, vient d'être publiée par le *British Journal of Medicine*[11] une grande étude portant sur 15 710 femmes ayant eu un AVC, confirmant que la prise d'œstrogènes par voie cutanée à doses normales ne fait courir aucun risque supplémentaire d'AVC contrairement à la voie orale, du fait de son absence d'effet sur le foie, les facteurs de la coagulation et la pression artérielle.

Il résulte de tout cela qu'une femme récemment ménopausée, quel que soit son âge, a tout intérêt à prendre un THS afin de prolonger la protection vasculaire artérielle dont elle bénéficie déjà, à condition de ne pas présenter un autre facteur de risque cardio-vasculaire. Plus les femmes sont ménopausées jeunes et plus ce traitement s'impose, car leur protection œstrogénique naturelle a été écourtée. À l'inverse, l'âge avançant, il devient impératif de choisir un traitement par voie cutanée et de diminuer progressivement les doses. Mais si une femme en a besoin, et si elle le souhaite, elle pourra le poursuivre.

---

11. Voir le chapitre « Scénario de la polémique », acte 6, p. 40.

Le THS augmenterait le risque d'accidents veineux

Le THS par voie orale à doses standard fait courir un léger surrisque de phlébite[12] et d'embolies[13] (le risque a été évalué à huit cas par an pour 10 000 utilisatrices). Les œstrogènes pris sous cette forme peuvent également induire des petites modifications des facteurs de coagulation. Mais ces accidents, déjà signalés dans les études précédant la WHI, surviennent en général sur un terrain prédisposé : varices, insuffisance veineuse, anomalies de la coagulation, obésité... L'âge est également un facteur prédisposant, puisque le risque thrombo-embolique veineux augmente avec les années.

Cependant, nous savons que la prise d'un traitement hormonal « naturel » par voie cutanée annule tous ces risques même en cas de surcharge pondérale. En outre, les précautions généralement prises en France, avant le début du traitement, pour cerner les facteurs de risque, conduisent les médecins à ne pas prescrire ou prolonger de traitement hormonal chez les femmes prédisposées.

Le THS augmenterait le déclin cognitif et accélérerait la démence

Avant 60 ans, toutes les études prouvent l'inverse ! Surtout si le THS a été instauré rapidement après la ménopause. Cependant, la question peut se poser pour les cerveaux

12. Formation de caillots dans une veine.
13. Obstruction brutale d'un vaisseau sanguin.

vieillissants. Les études et les expériences sont encore insuffisantes pour nous permettre de répondre avec certitude aux questions qui se posent : le cerveau reste-t-il sensible aux hormones féminines après un certain âge ? Leur effet protecteur peut-il s'exercer indéfiniment sur les cellules nerveuses, ou risquent-elles de devenir nocives avec les années ? Les conclusions sont d'autant plus délicates que la majorité des études ont été réalisées sur des femmes encore jeunes.

Cependant, les résultats que nous avons à notre disposition sont, actuellement, encourageants. Nous savons que les œstrogènes et la progestérone exercent un effet bénéfique sur les cellules cérébrales jusqu'à un certain âge : ils améliorent la viabilité et la capacité de régénération des cellules nerveuses, favorisent la neurotransmission et stimulent les fonctions cognitives. Dans certains cas, les hormones peuvent même réparer les anomalies du système nerveux liées à l'âge. La baisse progressive des facultés cognitives est liée non pas à une diminution du nombre des neurones mais à un défaut dans leur système de connexion. Ce défaut, qui reste très longtemps réversible, peut être corrigé par les hormones féminines.

Toutefois, d'autres études expérimentales semblent montrer une absence d'effets, voire (et c'est plus fâcheux) une action néfaste des œstrogènes sur les vaisseaux cérébraux et sur le système nerveux lorsqu'ils sont prescrits tardivement, après une longue période sans hormones. Une fois encore, nous sommes ramenés aux précautions d'usage en France : les hormones naturelles, par voie cutanée, et prescrites dans les mois qui suivent l'arrêt complet des règles, ne font courir aucun risque au niveau cérébral. Mais la question reste posée quant à la durée idéale du traitement.

Le THS ferait grossir

Aucun mécanisme connu ne permet d'expliquer comment la prise d'hormones pourrait favoriser le stockage des cellules graisseuses. Cette inquiétude autour du poids, omniprésente chez les femmes occidentales, occulte encore une fois la raison. La prise de poids souvent constatée au moment de la ménopause est généralement due à d'autres facteurs liés aux modifications de l'hygiène de vie : moins d'activité physique, plus de grignotage en raison de la fatigue, du manque d'énergie, de la moins bonne résistance au stress, et d'une sensibilité à l'insuline qui se modifie.

Ce que l'on sait, en revanche, c'est qu'après la ménopause, la carence hormonale favorise une migration du tissu graisseux depuis le bas du corps (cellulite et culotte de cheval) vers le haut (graisse abdominale, taille empâtée). Le traitement hormonal, en compensant cette carence, freine cette modification disgracieuse de la silhouette. Ce qui serait pour beaucoup d'entre nous à mettre à son actif !

Cependant, une femme qui débute un THS après une longue période sans règles peut, si elle y est prédisposée, prendre 1 à 1,5 kilo au maximum lié à la rétention d'eau qui s'opère sous l'effet des œstrogènes. Cette eau pourra donner un aspect plus jeune à son visage et à sa peau.

Le rapport bénéfices/risques du THS sur la santé serait globalement négatif

Il paraît aberrant, aujourd'hui, avec les informations dont nous disposons, d'oser prétendre encore une chose pareille ! D'innombrables publications viennent étayer le message répété à l'envi par les gynécologues médicaux, les rhumatologues, les cardiologues et même les cancérologues : si le traitement hormonal débute rapidement après la ménopause et si les œstrogènes sont administrés par voie cutanée, les femmes ne courent aucun risque supplémentaire d'accident coronarien, cérébral ou veineux. Même le risque de cancer du sein reste très faible pendant les cinq premières années de traitement, surtout avec la progestérone naturelle ou la rétroprogestérone (ou avec les œstrogènes seuls chez la femme ayant subi une hystérectomie).

Les bienfaits sont tellement évidents qu'un de mes amis cancérologue spécialiste du sein et très à l'écoute de ses patientes m'a dit un jour : « Quand je vois pour la première fois une femme qui vient d'apprendre qu'elle a un cancer du sein, s'il s'agit bien sûr d'un cancer de très bon pronostic, je lui dis pour dédramatiser : le plus dur, cela va être l'arrêt du THS ! » En effet, dans un cas comme celui-là, le choix n'est plus possible et nous verrons pourquoi.

Quant au risque d'ostéoporose et de fracture, toutes les études (même la WHI) montrent un effet bénéfique des hormones sur la densité osseuse. Ceux qui prétendent que la déminéralisation connaît un rebond dramatique à l'arrêt du traitement ne s'appuient sur aucune argumentation sérieuse. Leur message va même à l'encontre de toutes les constations étayées ! Cependant, il est vrai que les effets du THS sont suspensifs : ils s'arrêtent lorsqu'on interrompt le traitement.

Nous payons les erreurs passées…

Au cours des dernières décennies, le corps médical a commis beaucoup d'erreurs, même si elles provenaient en partie de notre ignorance. Celles-ci ont été dénoncées à l'issue d'études commentées par la presse qui alimentait la polémique, entretenant le doute.

Les médecins américains ont été les pionniers. C'est à eux que nous devons le traitement hormonal de la ménopause. Mais ils nous ont montré à maintes reprises ce qu'il ne fallait pas faire ! Ce fut notamment le cas lorsqu'ils prescrivaient des doses trop élevées d'hormones, ou encore des œstrogènes seuls chez des femmes ayant toujours leur utérus, et aussi des traitements standardisés qui ne tenaient pas compte de la spécificité de chaque femme, avec ses antécédents et ses facteurs de risque (obésité, hypertension, diabète, phlébites, seins mastosiques...). Convaincus que le traitement hormonal était bon pour la santé, ils le prescrivaient presque systématiquement ou trop tôt (avec les risques qu'entraîne un excès d'œstrogènes) ou trop tard, des années après la ménopause.

Les médecins américains ont pour la plupart sous-estimé la patience et la subtilité indispensables à la nécessaire explication du traitement aux femmes, de manière à ce qu'elles comprennent à la fois son utilité, ses avantages et ses risques. De même qu'une « bonne mère » apprend l'autonomie à son enfant pour qu'il puisse aisément se passer d'elle en grandissant, un « bon médecin » doit savoir, au fil de ses consultations, apprendre à sa patiente comment observer et ressentir ses réactions afin de moduler elle-même son traitement. Le médecin endosse alors l'habit du « coach de santé » en la conduisant à une forme d'autonomie, sous sa surveillance.

La réalité du suivi médical est bien différente aux États-Unis, du moins avant 2003. De très nombreuses patientes se plaignaient de la rapidité avec laquelle leur médecin prescrivait le traitement sans prendre le temps de l'explication. Pour gagner du temps, ces praticiens préféraient les produits combinés en comprimés uniques (conditionnés en plaquettes comme la pilule contraceptive). Les femmes n'avaient plus alors qu'à prendre leur comprimé quotidien, sans se poser (ni leur poser !) de questions. Ce qui induisait plusieurs problèmes majeurs : posologie identique pour toutes, alors qu'on sait à quel point le dosage ajusté de la prescription est important ; des œstrogènes pris par voie orale bien qu'on connaisse les effets négatifs de ce mode d'administration au niveau cardio-vasculaire. La réaction des femmes ne s'est pas fait attendre. Furieuses contre leurs médecins et contre les lobbies pharmaceutiques, elles ont abandonné massivement leur traitement.

Le traitement hormonal « à la française » (que ne prescrivent pas tous les médecins) requiert plus de temps : il est long à expliquer et à coucher sur l'ordonnance ; **il doit être fait sur mesure**, « à la carte » en quelque sorte ; il varie d'une femme à l'autre et se module au cours du temps, petit à petit, jusqu'à trouver la dose idéale adaptée à l'organisme et aux réactions de chacune.

Mais la colère des femmes a traversé l'Atlantique pour arriver en France. Elle a été reprise par les médias qui ont souvent fait des généralisations hâtives. On a jeté le bébé avec l'eau du bain. On s'est acharné sur le traitement lui-même alors qu'il aurait suffi de remettre en question ses modalités. Au bout du compte, les médecins français favorables au traitement hormonal, qui se sont donné tant de mal et ont investi tant d'énergie, se retrouvent aujourd'hui à subir les conséquences de l'emballement médiatique.

Ces problèmes sont lourds à porter et perturbent notre pratique quotidienne. Cependant, je dois reconnaître qu'ils ont également quelques effets positifs : les études anglo-saxonnes nous ont fourni de nouvelles informations sur les effets du THS que nous avons pu mettre à profit pour réfléchir, affiner notre démarche, modifier nos habitudes, nous adapter, ajuster les produits et les doses, déceler les contre-indications et les facteurs de risque... Et ainsi prescrire d'une façon plus juste ou plus précise !

CHAPITRE 4

Cancer du sein et THS

La peur du cancer du sein

On dit et on entend tout et son contraire à propos du cancer du sein, des hormones et du lien qui les unit. Beaucoup dramatisent pour attirer l'attention du public, notamment la presse quotidienne qui vend mieux les mauvaises nouvelles que les bonnes. Les titres alarmistes y figurent en gros caractères, alors que le texte, plus nuancé en fin d'article, n'est pas toujours lu jusqu'au bout. Certains médecins, pour mettre en avant des thérapies particulières comme la phytothérapie, dénoncent eux aussi à grands frais les méfaits des hormones.

Rares sont ceux qui essaient de nuancer et de rassurer, même s'ils s'appuient sur les mêmes études et les mêmes chiffres, mais avec des arguments différents.

Il est difficile pour une femme sans formation scientifique, qui a oublié les bases de biologie apprises lors de ses cours de sciences naturelles, de se faire une idée claire de l'impact du traitement hormonal de la ménopause sur le risque de cancer du sein. Elle a du mal à interpréter les chiffres qui reflètent d'abord l'état d'esprit de leur auteur. On peut faire dire presque n'importe quoi aux chiffres.

Son seul recours est alors le médecin qui la suit depuis longtemps et la connaît, ce qui n'est pas donné à toutes les femmes. Son seul atout, oserais-je dire, c'est la confiance qu'elle place dans la compétence de ce thérapeute capable, grâce à tout ce qu'il sait de sa vie et de sa personnalité, de la conseiller sur la décision à prendre.

À présent, elle aura aussi, je le souhaite, à sa disposition ce livre dont l'objectif essentiel est d'apporter des informations claires sur les données épidémiologiques complexes, souvent contradictoires et livrées dans un contexte émotionnel particulier, sur les vrais facteurs de risque et sur les modalités du traitement hormonal.

Tout cela pour qu'elle puisse, je l'espère, choisir en toute connaissance de cause le traitement qui lui convient le mieux.

➤ *Le cancer du sein reste une source d'angoisse*

Au fil du temps, j'ai vu mes consultations évoluer. Aujourd'hui, les femmes expriment très jeunes leur inquiétude, voire leur peur, devant la menace du cancer du sein. J'entends de plus en plus tôt ce genre de réflexions : « Il y en a tellement autour de moi », « Dans mon entourage, c'est l'hécatombe » « Je n'entends plus parler que de cela »...

Ne serait-ce qu'il y a dix ans, cette angoisse était moins présente chez les jeunes ; depuis quelque temps, un nombre croissant de femmes de 24-25 ans me demande même de leur prescrire une mammographie ! Certaines ont de légitimes raisons d'être inquiètes : leur mère, leur sœur ou leur meilleure amie vient de mourir d'un cancer du sein. Elles ont vécu auprès de ces proches touchées par la maladie, ont partagé leurs angoisses et leurs souffrances. Elles portent la marque de cette expérience profondément inscrite dans leurs affects et leur mémoire. On peut les comprendre.

Les autres (les plus nombreuses) ne font qu'exprimer une vague inquiétude ambiante, en même temps qu'une nouvelle exigence révélatrice de notre époque. Comme si cette mammographie pouvait éliminer tout risque potentiel de cancer et les libérer de leur peur pour des années. Outre le très faible risque, elles ne savent pas qu'à leur âge, l'interprétation d'une mammographie est plus difficile car leurs seins sont très denses et peu lisibles.

➤ *Les racines de la peur*

Cette peur est d'abord liée aux statistiques : le cancer du sein est le cancer le plus fréquent chez la femme. Son incidence a augmenté avec le temps (du moins jusque récemment) et il atteint aujourd'hui des femmes jeunes, en apparente bonne santé, « frappées subitement par le mal ». Par ailleurs, c'est un cancer dont on parle beaucoup dans les médias féminins, et entre femmes. Toutes les occasions sont bonnes pour se raconter et évoquer les facteurs de risque, notamment les hormones : pilule ou THS.

Cette peur est distillée dans une atmosphère générale d'angoisse. Il pèse une lourde menace de cancer. On ne cesse de nous effrayer en stigmatisant tel ou tel produit de la vie courante : les pesticides, les OGM, l'eau contaminée, les ondes des téléphones portables (pour les tumeurs cérébrales), les fours à micro-ondes, certains aliments, les déodorants (pour le cancer du sein)… Tout cela prend une importance excessive et le plus souvent irrationnelle.

Au moment charnière de la ménopause, les femmes sont plus vulnérables, car confrontées à des symptômes (pénibles pour trois femmes sur quatre) qui minent leur moral. Elles aimeraient choisir le seul traitement capable de leur apporter un vrai soulagement : le traitement hormonal. Mais l'esprit du temps les freine.

Cette indécision, ce « flou artistique », ne fait que renforcer le sentiment de solitude et de désarroi des femmes confrontées à la décision de commencer, de poursuivre ou d'arrêter le traitement hormonal.

Peu préparées par leur mère à cette étape désagréable, privées de références et de repères, elles écoutent leurs amies et consultent différents professionnels de santé aux avis divergents. Elles suivent alors leur « intuition » et leur histoire personnelle. Seule une minorité décide de faire confiance à un unique médecin (en l'occurrence bien souvent un gynécologue) et de prendre un traitement hormonal. Mais même pour ces femmes, cela ne va pas sans mal ni états d'âme, car il se trouve toujours dans leur entourage des proches qui cherchent à les en dissuader. Certaines me disent en riant : « Je me bouche les oreilles, je ne veux plus écouter ce qu'on me dit » ; « Au moment de la mammographie, je cache même à mon radiologue que je suis votre traitement de peur qu'il me fasse encore des réflexions ! » ; « Je n'ai rien dit à mon homéopathe » ; « Je n'aborde plus jamais ce sujet avec mes amies car elles me saoulent avec leurs histoires de cancer du sein »... Au cœur de la polémique, un pharmacien m'a même avoué avoir continué à délivrer le traitement hormonal à certaines femmes qui l'avaient interrompu sans raison valable sur ordre de leur médecin, et qui désiraient continuer. Ce n'est pas légal mais c'est humain.

➤ *Des chiffres impressionnants !*

Derrière cette peur se cachent des chiffres qui, à première vue, impressionnent.

• Le cancer du sein est le plus fréquent chez la femme. En 2009, on a dénombré en France 54 000 nouveaux cas.

• L'incidence de cette maladie a doublé entre 1980 et 2005, passant en France de 25 000 à un peu moins de 50 000 cas. Cette augmentation concerne essentiellement les femmes de plus de 50 ans, très peu les plus jeunes. Cependant, depuis quelques années, cette tendance s'est inversée et l'incidence de la maladie diminue légèrement sans que l'on sache au juste à quels facteurs l'attribuer[1]. Quant à la mortalité par cancer du sein, elle diminue.

• La grand-mère d'une femme de 50 ans avait 1 risque sur 28 d'avoir un cancer du sein. Sa mère avait 1 risque sur 16. Elle-même, 1 sur 9 ou 10. L'espérance de vie s'allongeant, on peut s'interroger sur le prochain pourcentage pour ses filles.

Au début du XXe siècle, les décès par cancer du sein étaient rares. Les femmes mouraient plus jeunes de maladies infectieuses, et même parfois en accouchant.

• Actuellement l'âge moyen d'apparition du cancer est de 61 ans. Seulement 7 % des cancers du sein surviennent chez des femmes de moins de 40 ans.

• Le meilleur élément de pronostic reste la précocité du diagnostic.

• On compte en France 400 000 femmes en vie ayant eu un cancer du sein.

Il n'y a pas d'« épidémie de cancer du sein » comme l'affirment certains !

Pourquoi il ne faut pas avoir peur du cancer du sein

➤ *Replacer les chiffres dans leur contexte*

D'une manière générale, l'incidence des cancers a augmenté. Cela s'explique aisément. D'abord, les progrès de l'hygiène et de la médecine (vaccins et antibiotiques) ont

---

1. Voir p. 64.

considérablement diminué la gravité des maladies infectieuses qui nous tuaient encore au début du XXe siècle. Ces progrès ont arithmétiquement fait progresser dans les statistiques le taux des autres maladies. Si l'on ne meurt pas de maladie infectieuse, on mourra un jour d'autre chose… Le total est de 100 %…

Ensuite, la durée de vie est de plus en plus longue, l'espérance de vie augmente en France de trois mois tous les ans. De ce fait, nous sommes exposés plus longtemps aux facteurs de risque environnementaux et tout simplement à l'évolution biologique de nos corps.

Enfin, les techniques de dépistage de plus en plus sophistiquées permettent une détection plus précoce des tumeurs : plus on cherche de cancers, plus on en trouve.

Ces chiffres ne tiennent pas compte de la démographie. La population française a augmenté, mais elle a aussi vieilli. Or **le risque de cancer augmente avec l'âge**. Contrairement au cancer du col qui apparaît dix à quinze ans plus tôt (et qui peut être dépisté grâce au frottis systématique), le cancer du sein reste en priorité celui des femmes relativement âgées. **La proportion de femmes jeunes touchées par la maladie n'a pas augmenté**. Au cours des dépistages de masse chez des femmes de 50 à 74 ans, on découvre en moyenne six nouveaux cas de cancer du sein pour 1 000 patientes examinées.

À la lumière de ces corrections, on constate que **le risque de mourir d'un cancer baisse régulièrement en France**, même lorsque son incidence augmente. C'est le cas pour le cancer du sein depuis le début des années 2000. Grâce au dépistage plus précoce lié au progrès de la radiologie, aux techniques de chirurgie et de radiothérapie (plus adaptées, moins brutales et plus performantes), et aux thérapies postopératoires comme la chimiothérapie, les anti-œstrogènes voire l'immunothérapie, **on guérit par ailleurs de plus en plus de cancers du sein**. Son pronostic à long terme est maintenant favorable. La survie moyenne à cinq ans est estimée à près de 85 %. Celles des formes localisées est encore meilleure.

En outre, une fois passé l'année pénible de l'annonce, de l'intervention, de la radiothérapie et de la mise au point des thérapies adjuvantes, la grande majorité des femmes touchées par la maladie peut ensuite vivre normalement.

En avril 2009, l'Institut national du cancer a publié un rapport sur la « survie attendue des patients atteints de cancers en France ». Ses conclusions soulignent d'indéniables progrès :

Il n'y a pas « un » mais « des » cancers. Certains, de plus en plus nombreux, guérissent. Mais d'autres gardent un pronostic sombre ou évoluent à la manière d'une maladie chronique. **Les cancers de « bon pronostic » ont une survie relative à cinq ans supérieure ou égale à 80 %**. Les cancers de « mauvais pronostic » ont une survie à cinq ans inférieure ou égale à 20 %. Enfin, tous les cancers compris entre ces deux extrêmes sont dits de « pronostic intermédiaire ».

- **Parmi les cancers de « bon » pronostic, figure en bonne place le cancer du sein**. On trouve aussi dans ce groupe les cancers de la prostate, de la thyroïde et des testicules, ainsi que le mélanome et la leucémie lymphoïde chronique.
- **Pour le cancer du sein, les chances de guérison définitives sont très fortes**, surtout une fois passé la barre des cinq années sans rechute.

➤ *Relativiser les chiffres en les comparant aux autres maladies*

Le cancer du sein hante les femmes. Elles ne voient plus que lui et minimisent les autres risques. Cette peur, légitime, appelle une réponse rationnelle, seule capable de s'opposer à la représentation fantasmatique du cancer en général, et de celui du sein en particulier.

En réalité, le cancer du sein tue dix fois moins que les maladies cardio-vasculaires ! Or la perception de ce risque par les femmes est dix fois supérieure à la réalité. C'est la raison pour laquelle toute information sur ce thème a un impact considérable et qu'il convient de prendre toutes les précautions nécessaires avant de livrer des informations au grand public. Les bonnes nouvelles ont toujours moins d'impact que les mauvaises qui se vendent beaucoup mieux, hélas ! Et à force d'en être abreuvés, les Français deviennent de plus en plus hypocondriaques et pessimistes alors que leur durée de vie augmente.

À l'inverse, la perception du risque de maladie coronarienne est plus de dix fois inférieure à la réalité ! Il est rare qu'en consultation, une femme exprime une crainte à ce sujet, quand bien même elle présente de réels facteurs de risque. Les femmes oublient de penser à leur cœur et à leurs artères, comme si les maladies cardio-vasculaires étaient réservées aux hommes. **Pourtant, aujourd'hui, dans notre pays, une femme sur vingt-cinq mourra d'un cancer du sein alors qu'une sur trois décédera des suites directes d'une maladie cardiaque ou d'un accident vasculaire cérébral !**

Les maladies cardio-vasculaires tuent davantage de femmes que d'hommes (89 000 contre 76 000 en 1999). Elles tuent même plus que l'ensemble des cancers. Le risque de mourir d'un premier accident cardiaque est de 50 % chez la femme, contre seulement 30 % chez un homme. Pire encore : après 50 ans, une femme victime d'infarctus du myocarde a 38 % de chances de mourir dans l'année, alors que ce chiffre n'est que de 30 % chez un homme.

En réalité, les infarctus sont presque toujours dépistés avec retard chez les femmes, car les signes sont trompeurs et moins spectaculaires que chez les hommes. Moins alertées, les femmes consultent plus tardivement et leur médecin n'aura pas forcément le réflexe de prescrire des examens cardiaques.

Ainsi, lorsqu'un homme se plaint d'une douleur dans le thorax, le médecin ordonnera immédiatement un électrocardiogramme et d'autres examens spécialisés. Mais quand c'est une femme qui se plaint d'une douleur au même endroit (ou de douleurs vagues), il lui prescrira avant tout une mammographie ! À tel point qu'une douleur dans la poitrine fait toujours craindre aux femmes un cancer du sein alors que celui-ci n'est qu'exceptionnellement douloureux.

Il est indéniable que les hommes sont touchés plus jeunes par ces maladies cardiaques (environ dix ans plus tôt), ce qui marque davantage les esprits. Mais ils sont nettement mieux pris en charge que les femmes. C'est pourquoi elles doivent être sensibilisées à ce problème et apprendre à repérer les signes atypiques de la maladie coronarienne. Trop de femmes continuent à fumer. Trop peu font régulièrement de l'exercice alors qu'elles sont soumises à davantage de stress. Trop encore prennent du poids après 45 ans et accumulent ainsi les facteurs de risque.

Lorsque j'évoque cette éventualité avec certaines de mes patientes, seule une minorité a conscience des risques qu'une maladie cardio-vasculaire fait courir à leur santé et à leur bien-être. Elles redoutent le cancer du sein. Pourtant, Il n'y a rien de réjouissant, ni dans l'immédiat ni dans l'avenir, à se retrouver hémiplégique à la suite d'un accident vasculaire cérébral causé par une poussée d'hypertension. Malgré cela, l'annonce d'une tension trop élevée au cours d'une consultation de gynécologie ne fait que très peu d'effet. Les femmes ont tendance à minimiser le risque : « Je suis surprise, d'habitude elle est plus basse », « J'ai un peu couru tout à l'heure », « Je suis stressée en ce moment »... Pourtant, quelque temps plus tard, lorsque l'hypertension est confirmée et traitée, elles reconnaissent que j'ai été la première à tirer la sonnette d'alarme.

➤ *Apprendre à lire les chiffres pour mieux les interpréter*

Il faut lire avec beaucoup de précaution les chiffres tels qu'ils nous sont livrés dans certains livres ou certains articles. Il est d'usage de les traduire en pourcentages pour marquer les esprits mais cela conduit aux interprétations les plus fantaisistes. Si l'on ignore le risque de départ de la maladie, on ne peut pas se faire une idée du nombre d'atteintes dans la population.

Lorsqu'on dit à une femme : « Si vous prenez ce traitement pendant cinq ans, votre risque de cancer du sein augmente de 30 % et si vous le prenez pendant quinze ans, il augmente de 100 % », elle est saisie d'effroi. Elle pense immédiatement qu'elle va développer un cancer à coup sûr.

Or **une augmentation de 30 % signifie que le risque relatif passe de 1 à 1,3**. Une augmentation de 100 % signale qu'il passe de 1 à 2 (c'est-à-dire qu'il est doublé), autrement dit que l'on a deux fois plus de risques d'avoir la maladie.

Ce risque relatif est un facteur multiplicateur. Pour le cancer du sein comme pour les autres maladies, il correspond à la variation du danger par rapport au risque standard de la population. Cette modification peut être causée par des facteurs comme l'hérédité, l'alcool, le tabac… Si une femme a six fois plus de chances d'être atteinte par la maladie, on dit qu'elle a un risque relatif de 6. Le risque relatif peut aussi être défini comme le coefficient par lequel on multiplie la probabilité de développer la maladie lorsqu'on est exposé au facteur de risque étudié.

Ce risque relatif peut être augmenté (RR supérieur à 1), ou diminué (RR inférieur à 1). Dans ce cas, la personne court un moindre risque. Prenons l'exemple du cancer du sein et sélectionnons 100 femmes indemnes de cette maladie à 50 ans. Si elles ne sont pas exposées à un facteur de risque particulier, 6 d'entre elles auront un cancer du sein dans les vingt ans. À 70 ans, 94 femmes seront donc toujours indemnes. Mais si ces femmes sont exposées à un risque de 1,5 (soit 50 % d'augmentation), il y aura non plus 6 mais 9 femmes atteintes vingt ans plus tard. Ce qui laissera encore 91 femmes indemnes.

Pour se faire une idée précise du risque encouru dans une situation, il faut donc connaître à la fois **le risque standard** (la probabilité de développer la maladie pour une personne prise au hasard dans la population) et **le risque absolu** (celui, pour une personne, de développer la maladie dans une population donnée, compte tenu de ses caractéristiques personnelles). Et **pour connaître ce risque absolu, on multiplie le risque standard de la population par le risque relatif**[2].

Un facteur de risque, c'est donc la probabilité qu'un événement survienne. C'est un facteur mesurable qui augmente le risque de développer une maladie, comme le font le tabac et l'alcool. À l'inverse, les facteurs protecteurs sont ceux qui diminuent ce risque, comme le fait l'exercice physique régulier.

La difficulté, c'est que l'interaction entre tous ces facteurs est impossible à calculer faute de connaissances suffisantes. Faut-il les additionner, les soustraire, les multiplier… ? Dans le cas du cancer du sein, faut-il cumuler tous les risques encourus, puis soustraire les facteurs protecteurs ? Cette opération constitue le modèle[3] utilisé aux États-Unis par l'Institut national du cancer, le chiffre obtenu désignant **le risque définitif**.

Le risque global (ou taux de prévalence) du cancer du sein varie à travers le monde de 3 % à 14 %. Aux États-Unis,

---

2. Ce qui donne : risque absolu (en %) = risque standard de la population (en %) × risque relatif.
3. On l'appelle « modèle de Gail ».

12,7 % des femmes développeront un cancer du sein au cours de leur vie. On peut présenter les choses autrement : 1 femme sur 8 aura un cancer du sein dans sa vie (et non dans l'année). Toujours aux États-Unis, le cancer du sein est diagnostiqué chez 0,43 % des femmes de 30 à 39 ans (soit une femme sur 233). Chez les femmes de 60 à 69 ans, ce taux est de 3,65 % (soit une femme sur 27).

Mais l'estimation de ce risque général ne correspond pas forcément à votre risque individuel. C'est pourquoi nous allons vous présenter l'ensemble des facteurs de risque afin que vous puissiez vous faire une idée de votre situation, après un bref rappel de l'origine et de la formation d'un cancer du sein.

D'où vient le cancer du sein ?

Lorsqu'une femme apprend qu'elle est atteinte d'un cancer du sein, passé le moment de sidération, une question émerge : pourquoi ? Elle a besoin de désigner un coupable. S'agit-il de la pilule ? du THS ? du stress ? d'un événement traumatisant ? d'une agression chimique ou physique ? d'une fatalité héréditaire ? Souvent, elle en conçoit un sentiment de culpabilité : « J'ai trop grossi », « J'ai pris la pilule trop longtemps », « J'ai subi sans broncher trop de stress professionnel », « je n'ai jamais voulu allaiter »...

En réalité, on ne connaît pas la cause du cancer du sein. On n'a jamais pu démontrer la moindre relation de cause à effet, comme c'est le cas pour certains autres cancers. C'est pourquoi les scientifiques se fondent sur des études épidémiologiques puis, à partir des résultats statistiques élaborent des hypothèses. Et ce sont ces hypothèses qui permettent de dégager certains **facteurs de risque**.

Mais ce n'est pas parce qu'on présente un facteur de risque que l'on va forcément avoir un cancer du sein, loin de là ! C'est plus vrai pour le cancer du sein que pour n'importe quel autre : **un cas sur deux apparaît chez des femmes n'ayant aucun facteur de risque connu.**

On connaît les responsables d'autres cancers. On sait ce qui, sur un terrain prédisposé, va favoriser le déclenchement de la maladie. On sait depuis longtemps, par exemple, que l'alcool ajouté au tabac multiplie par 40 le risque de cancer de l'œsophage. Il suffit donc de limiter ces deux habitudes pour diminuer ce risque. On sait aussi que le papillomavirus (véhiculé par voie sexuelle) est le principal responsable du cancer du col de l'utérus (heureusement devenu rare grâce à la pratique systématique des frottis), particulièrement chez les fumeuses. C'était, rappelons-le, le cancer féminin le plus fréquent au début du siècle, et les femmes en mouraient jeunes. On sait encore que le mélanome est favorisé par l'exposition au soleil, le cancer du poumon par le tabac, le cancer de l'estomac par la bactérie *Helicobacter pilori*…

En revanche, pour le cancer du sein, la tâche est beaucoup plus complexe. On n'a jamais découvert de microbe, virus ou bactérie, qui en soit responsable. Les seuls facteurs de risque vraiment importants sont l'âge, l'hérédité qui multiplie le risque par 4 (cancers familiaux) et, de façon moins importante une extrême densité des seins. Mais il existe une infinité de « petits » facteurs de risque (qui multiplient le risque par 2) et très peu d'assez « gros ». Certains de ces facteurs sont inscrits dans le patrimoine héréditaire : âge à la puberté, âge à la ménopause, densité des seins et des os, réactivité particulière aux hormones, obésité… D'autres seraient liés à l'environnement et au mode de vie.

C'est la raison pour laquelle, hormis les 5 à 8 % de cas héréditaires, on ne peut pas accuser tel ou tel facteur. On ne peut pas davantage attaquer à tort certains produits, ni surtout interdire quoi que ce soit.

Une femme atteinte de cancer du sein ne doit donc pas se sentir coupable. Cette maladie n'est pas une punition que le ciel lui a infligée ! Je m'insurge contre les prêcheurs qui instillent de telles idées dans la tête des femmes. Il ne suffit pas d'avoir une vie « saine » pour ne pas avoir de cancer. Je connais beaucoup de femmes qui ont une bonne hygiène de vie et qui sont, pourtant, atteintes de cancer du sein. En revanche, le fait de modifier certaines habitudes ou de changer son mode de vie contribue à limiter les risques de récidive.

Je ne peux m'empêcher de citer ici une réflexion du Pr Jacques Rouëssé[4] à propos de « la permanence de cette culpabilisation dans les recommandations actuelles, le cancer étant la juste punition du mépris des conseils alimentaires et de la négligence dans l'attention que l'on doit porter à sa santé ». Il imagine « le médecin confesseur sermonner sa patiente effondrée, dans l'intimité du dialogue singulier :

— Quoi ? Vous n'avez pas mangé vos cinq fruits et légumes par jour ? Vous avez vu votre IMC (rapport poids/taille) ? Vous avez continué à vous goinfrer de mayonnaise et d'œufs de poules nourries aux pesticides et aux hormones ? Vous avez abusé de saucisson ? Ah, malheureuse, plaignez-vous maintenant ! »

Non, les femmes ne sont pas coupables de leur cancer. Elles doivent se défendre contre ce sentiment. Mais elles doivent en même temps essayer de modifier certaines de leurs habitudes afin de mettre toutes les chances de leur côté.

---

4. *Le Nouveau Cancérologue*, volume 2, n° 1, jan-fév-mars 2009.

Comment se forme un cancer du sein ?

À l'origine, le cancer du sein est dû à une modification des cellules, acquise avec le temps et souvent le hasard des circonstances. Au cours d'une multiplication cellulaire, un accident de parcours se produit parfois. **Une mutation s'effectue**, et les nouvelles cellules ne ressemblent plus à la cellule initiale.

Elles passent d'abord par une phase intermédiaire, puis se transforment en cellules cancéreuses. À force de se multiplier, ces cellules vont former une tumeur qui sera détectable au bout de huit ans en moyenne. Avec le temps, elles vont acquérir de nouvelles propriétés, en particulier celle de vaincre l'apoptose[5] pour devenir immortelles. Elles deviennent aussi capables de migrer en dehors du tissu de départ, créant des métastases.

Certaines de ces cellules vont se développer rapidement, et d'autres très lentement. Il arrive même que des cancers ne soient pas détectés avant la mort (même à un âge avancé) de la femme qui les porte. On a ainsi découvert des cancers du sein en pratiquant des autopsies sur des femmes âgées décédées pour une autre raison.

Dans sa vie, une femme traverse deux périodes au cours desquelles, sous l'influence d'un taux élevé d'œstrogènes (et insuffisant de progestérone), les cellules mammaires se multiplient à un rythme accéléré. **Ce sont la puberté et la périménopause** (les deux ans qui précèdent la ménopause). Or plus les cellules se multiplient, plus le risque d'une prolifération

5. C'est le mécanisme qui permet aux cellules de mourir, afin que l'organisme puisse se régénérer.

anormale augmente. Il est admis depuis longtemps que ces deux périodes, parfois anormalement prolongées, rendent les glandes mammaires plus vulnérables.

Tout ce qui survient pendant ces périodes (surtout à la puberté) peut avoir une influence défavorable sur les seins : une irradiation intempestive (devenue exceptionnelle), une consommation effrénée de tabac ou d'alcool, des hormones inadaptées à doses très élevées (par exemple des injections de stéroïdes pour augmenter la musculature), ou d'autres facteurs cancérigènes.

Le rôle des œstrogènes naturels sécrétés par les ovaires

Contrairement aux idées reçues, les œstrogènes ne sont pas, et de loin, les seuls responsables du cancer du sein ! S'ils occupent une petite place dans la multitude des facteurs de risque, ils ne « donnent » pas le cancer. Et ce, qu'ils soient naturels ou industriels. Tous les travaux l'attestent. Cependant, personne ne peut nier leur impact sur la glande mammaire et leur rôle éventuel dans la genèse du cancer du sein.

Voici l'essentiel de ce qu'il faut savoir à ce propos :

- Les œstrogènes libérés par les ovaires ont un effet prolifératif sur la glande mammaire et peuvent agir comme agents promoteurs de tumeur.
- La ménopause précoce (avant 45 ans) protège contre le cancer du sein, qu'elle soit naturelle ou provoquée par une intervention ou une agression chimique.
- À l'inverse, la ménopause tardive augmente ce risque.
- En ce qui concerne la grossesse, c'est un peu plus compliqué. Les cancers du sein qui se déclarent pendant la grossesse ne sont pas de bon pronostic. En revanche, lorsqu'un cancer

du sein a été traité, la grossesse ne semble pas influer sur son pronostic malgré la grande quantité d'hormones fabriquées à ce moment-là. Si un cancer est classé « de bon pronostic », la jeune femme peut démarrer une grossesse sans avoir à respecter de délai.

• L'allaitement diminue le risque par plusieurs biais, notamment à travers l'aménorrhée (absence de règles) qu'il provoque.

• Il arrive qu'un excès d'œstrogènes puisse déclencher une insuffisance thyroïdienne, laquelle augmente le risque de cancer du sein.

Enfin, il faut bien garder à l'esprit que **si les œstrogènes augmentaient le risque de cancer du sein, celui-ci devrait diminuer après la ménopause. Or il augmente nettement avec l'âge que l'on soit ou non sous THS !**

Pour comprendre la suite, mieux vaut savoir qu'il existe plusieurs sortes d'œstrogènes : l'œstradiol (le plus important, sécrété essentiellement par les ovaires et lié au métabolisme du cholestérol) qui disparaît après la ménopause ; l'œstriol (produit essentiellement au cours de la grossesse à partir du placenta) ; et l'œstrone (synthétisé par l'ovaire et le tissu graisseux) qui persiste dans l'organisme après l'extinction des ovaires. Ces différents types d'œstrogènes interviennent différemment dans la genèse des cancers du sein.

Les facteurs de risque du cancer du sein

➤ *Les facteurs de risque généraux*

Certains facteurs de risque sont subis, mais d'autres, évitables peuvent être réduits. Ils varient, comme les risques relatifs, avec les études. On peut donc les contester. Aujourd'hui, nombre de livres insistent sur le mode de vie et l'alimentation.

Certains sont des best-sellers qui passionnent les foules et culpabilisent à tout va. Pourtant, il n'est pas certain qu'ils s'attaquent au risque le plus important !

L'âge

C'est le principal facteur de risque de cancer du sein. Plus on vieillit, plus le risque augmente, surtout après 40 ans. Ce cancer est 10 fois plus fréquent à 80 ans qu'à 40 ans. Dans les deux tiers des cas, il survient après 50 ans. La moitié des cancers du sein surviennent après 65 ans et cette tendance s'accroît.

La focalisation actuelle se fait sur les cancers des femmes jeunes (moins de 40 ans), alors qu'ils restent rares. Ils représentent toujours 7 % des femmes, mais l'incidence a doublé. Il est donc abusif de faire croire que le cancer du sein est en augmentation chez les jeunes femmes.

Au fur et à mesure que l'on avance en âge, les défenses immunitaires ralentissent et s'affaiblissent. La réparation cellulaire est moins efficace et les facteurs carcinogènes s'accumulent. L'âge est un facteur de risque à part entière du cancer du sein.

L'histoire familiale et le terrain héréditaire

La « forme familiale » du cancer du sein ne représente que 5 à 8 % des cas. On estime qu'il y a un risque lorsque trois femmes de la famille proche et de la même branche ont déjà été touchées : mère, grand-mère maternelle, tante maternelle ; sœur, mère, grand-mère… quel que soit le côté, maternel ou paternel.

Ce danger existe aussi lorsque le cancer du sein a touché deux femmes et un homme, ou lorsqu'il s'agit d'un cancer de l'ovaire et d'un cancer frappant en même temps les deux seins.

Il est alors possible de faire pratiquer un test sanguin afin de rechercher la présence de deux gènes de mutation génétique : BRCA1 et BRCA2. Une mutation sur l'un de ces gènes prédispose au cancer du sein.

Si le test s'avère positif, le risque d'être soi-même atteinte est important (65 à 70 %). Cette situation nécessite une surveillance très rapprochée des seins et forcément un peu anxiogène. Cependant, si on ne retrouve pas la mutation dans la descendance, on peut rassurer celle-ci.

Si le test est négatif, la femme sera rassurée (c'est peut-être l'élément le plus positif de ce test) et pourra tranquilliser sa descendance : elle n'a pas plus de risque que n'importe qui d'autre. Celui-ci sera néanmoins apprécié en fonction du contexte familial. Les gènes BRCA1 et BRCA2 n'expliquent que 20 à 30 %[6] des formes familiales de cancer du sein[7]. Pour vous guider, il existe des consultations spécialisées dites d'oncogénétique pratiquement dans toute la France.

Cependant, même dans les cas où le lien n'est pas aussi manifeste, il faut tenir compte des antécédents. On considère que plus il y a de cancers dans une famille, plus il y a de risques ; 25 % des femmes atteintes de cancer du sein ont au moins un cas dans leur famille.

Dans ce cas, pour évaluer leur risque, il faut tenir compte de l'âge de la personne atteinte (plus elle est jeune, plus le risque augmente jusqu'à atteindre 3), d'une éventuelle atteinte bilatérale, du sexe (le cancer du sein existe chez l'homme ; il est très rare, mais il multiplie le risque par 4), et enfin d'un éventuel cancer de l'ovaire (qui multiplie le risque par 3). Une fois tous ces paramètres intégrés, le risque peut osciller entre 1,4 et 13,6.

---

6. Selon Stoppa Lionnais ; voir le rapport remis à l'Académie de médecine par les Prs Henri Rochefort, Jacques Rouëssé, Hélène Sancho-Garnier et Maurice Tubiana (13/06/2007).

7. On a récemment mis en évidence une prédisposition plus grande chez les juives ashkénazes et chez les Noires américaines.

Cependant, les mutations génétiques n'ont pas augmenté avec le temps et tous les cancers ne sont pas liés à cette prédisposition à la mutation génétique. Ce qui a augmenté, en revanche, ce sont les risques associés, surtout depuis 1940.

Il faut noter que ce risque héréditaire, s'il est faible à l'échelle d'une population, devient très important au niveau individuel lorsqu'il s'agit de cerner les facteurs de risque d'une personne. D'autant qu'il semble aujourd'hui admis par la communauté scientifique qu'une prédisposition héréditaire favorise l'action nocive des autres facteurs de risque.

L'état des seins

Les seins dits « denses » sont peu lisibles à l'examen radiologique, et difficiles à palper à l'examen clinique. Ces seins sont considérés comme « à risque » car ils rendent plus difficile le dépistage d'un éventuel cancer du sein par les moyens courants. Une échographie complémentaire s'impose alors pour compléter la mammographie et la palpation.

Les femmes ayant des seins denses voient leur risque augmenter (de 1,8 à 6). Elles sont, en outre, sujettes aux douleurs mammaires, aux kystes, aux mastoses (les seins sont de consistance un peu granuleuse) et aux nodules. Il leur est donc vivement conseillé de rapprocher la surveillance radiologique (tous les dix-huit mois, voire tous les ans). Cependant, les fibroadénomes, les petits kystes isolés et les mastoses légères ne font pas courir de risque supplémentaire. À l'inverse de certaines caractéristiques morphologiques, comme une grande taille ou un poids élevé à la naissance qui augmentent légèrement le danger.

Généralement, la densité des seins va de pair avec la densité des os. Une excellente ostéodensitométrie constitue donc une bonne nouvelle pour les os, mais c'est aussi un appel à une surveillance accrue des seins.

Les femmes qui ont déjà eu un cancer du sein courent plus de risques que les autres de voir se développer un nouveau cancer, que ce soit sur le même sein ou sur l'autre. Le risque est de 1 % par an, soit 10 % pour dix ans.

C'est pourquoi certaines femmes à très haut risque nous demandent par précaution de subir l'ablation du sein restant (qui sera reconstruit). Aux États-Unis, on pratique plus facilement une mastectomie bilatérale (dans 30 % des cas), en particulier si l'IRM détecte des images suspectes. Mais il faut savoir que l'IRM dépiste, plus souvent que la mammographie, des anomalies qui sont des « faux positifs » conduisant à des interventions injustifiées et que ces mastectomies inutiles exposent la femme à une surmorbidité. Par ailleurs, elles ne mettent pas à l'abri d'une récidive : dans 30 % des cas, on réintervient sur un sein mastectomisé avec prothèse. Le mouvement va s'étendre à la France, et nous sommes partis pour sacrifier trop de seins.

Enfin, en termes de risque, il faut se méfier de deux types de lésions qui sont révélées par les biopsies : le **cancer *in situ***[8] qui est plutôt un précancer (risque de 5,4 à 11) et l'**hyperplasie atypique**[9], affection bénigne (risque de 4,4). De façon générale, le mot « atypique » dans les conclusions des examens histologiques incite à la vigilance, car il signale un surrisque (2,5 à 5,5).

➤ *Les facteurs de risque hormonaux*

Outre le traitement hormonal de la ménopause, qui sera abordé plus en détail dans le chapitre suivant[10], d'autres traitements hormonaux sont parfois montrés du doigt. Des

8. Le cancer n'a pas encore franchi la membrane du canal. Il n'est pas infiltrant.
9. Prolifération excessive avec quelques cellules suspectes.
10. Voir p. 151.

événements naturels de la vie féminine (puberté, grossesse, allaitement…) semblent aussi jouer un rôle.

L'absence d'enfant et la grossesse tardive

Depuis plusieurs siècles, les scientifiques ont remarqué que les religieuses sont atteintes de cancer du sein plus souvent que la moyenne, alors qu'elles n'ont presque jamais de cancer du col de l'utérus. Au fil du temps, ce constat s'est étendu aux célibataires d'alors.

Les recherches ont fini par conclure formellement que l'absence d'enfant, ou le fait d'avoir son premier enfant après 35 ans, augmente le risque de cancer du sein. À l'inverse, une grossesse menée à terme avant 25 ans constitue un facteur protecteur, tout comme l'allaitement et un nombre élevé d'enfants (plus de quatre).

Lorsqu'elle intervient de bonne heure (avant 25 ans), la grossesse joue un rôle décisif sur les seins. Elle achève le développement de la glande mammaire restée immature et vulnérable. C'est pendant la période qui va de la puberté à la fin de la première grossesse que les anomalies cellulaires ont le plus de chances de se multiplier. Plus cette période est courte, plus ce risque est donc réduit. Après la première grossesse, le sein arrivé à maturité perd une grande partie de sa sensibilité aux agents carcinogènes (toxiques, rayons…).

On estime que le risque relatif est de 1,5 en cas de grossesse après 35 ans, alors qu'il est de – 0,5 (donc protecteur) si la femme accouche avant l'âge de 20 ans. Le fait de n'avoir qu'un seul enfant le fait grimper à 3.

En 1996, une étude abondamment citée a laissé entendre que le risque de cancer du sein augmentait de 30 % (risque relatif de 1,3) chez les femmes qui avaient subi une IVG. Cette assertion s'est révélée fausse : elle a été réfutée par une autre étude de cohorte.

La puberté précoce

On estime qu'une puberté est précoce lorsqu'elle intervient avant l'âge de 12 ans. Les études ont révélé une corrélation entre l'âge des premières règles et l'incidence du cancer du sein. Cependant, ce risque reste peu important (de 1,2 à 1,5).

La ménopause tardive

Il faut que la ménopause survienne après 55 ans pour qu'on puisse la qualifier de tardive. Le risque relatif se situe alors entre 1,5 et 3. Cette augmentation est liée à l'activité prolongée des ovaires, qui produisent un plus grand nombre d'ovulations et davantage de sécrétions hormonales.

En revanche, une **ovariectomie bilatérale** (l'ablation des deux ovaires) effectuée avant 40 ans divise par 3 le risque d'avoir un cancer du sein. Une telle intervention n'est pourtant pas souhaitable en ce qui concerne le bien-être de la femme. L'ablation des ovaires agit également sur la qualité des os et des artères, les femmes qui l'ont subie courant un risque supérieur d'infarctus du myocarde et d'ostéoporose.

Il semble donc qu'une longue vie génitale (âge précoce des premiers cycles, âge tardif de la ménopause) augmente le risque de cancer du sein, du fait de l'exposition prolongée de la glande mammaire aux hormones sécrétées par les ovaires.

Les hormones artificielles

• *La pilule :* il est à la fois difficile et présomptueux de se livrer à des calculs valables sur la pilule. Ses effets dépendent de nombreux facteurs : l'âge auquel on a commencé le traitement ; la durée de prise ; le type de pilule ; les dosages ; les réactions des seins à cette pilule... Il faut donc conserver une certaine humilité avec ces chiffres !

De nombreuses études ont été réalisées sur ce sujet sensible, et la majeure partie d'entre elles ne révèle pas d'augmentation du risque de cancer du sein chez les femmes sous pilule. La prise de progestatifs semble produire le même effet.

Dans tous les cas, le risque relatif reste proche de 1. Il passe à 1,24 si la pilule a été prise de façon prolongée (au moins dix ans) chez les jeunes femmes sans enfant. Ce léger risque ne se manifeste qu'à court terme, avant la ménopause, et il cesse à l'arrêt de la pilule. Cela n'empêche pas la pilule de faire partie des facteurs de risque de cancer du sein pour l'Institut national du cancer et pour le Centre national de recherche sur le cancer !

Les jeunes filles devraient… dans la mesure du possible… éviter de commencer la pilule avant 18 ans, et plus encore avant 15 ans car il semble que les œstro-progestatifs accroissent alors le risque de cancer du sein (1,6). À cet âge, les seins n'ont pas atteint leur maturité et sont très vulnérables. Leurs cellules sont donc susceptibles de subir des modifications néfastes, créant un terrain favorable au cancer du sein. Mais enfin, nous l'avons souligné, le risque de cancer du sein reste faible alors que celui de grossesse non désirée est élevé.

En revanche, les œstro-progestatifs diminuent les risques de cancer de l'utérus, des ovaires et du côlon, mais ils semblent augmenter légèrement celui du cancer du col de l'utérus sans que l'on comprenne pourquoi.

• *Le stérilet aux hormones*[11] : une seule étude a été consacrée à cette contraception. Les résultats innocentent ce stérilet, mais l'étude n'est pas vraiment concluante. Un doute persiste. Ce type de stérilet est donc déconseillé aux femmes qui viennent d'avoir un cancer du sein.

• *Les xénohormones :* ces substances, que l'on trouve notamment dans les pesticides, miment l'action des œstrogènes. Largement utilisés pour protéger certains végétaux, ils sont

11. Le stérilet aux hormones est commercialisé sous la marque Mirena.

accusés de nombreux méfaits. Ils favoriseraient notamment le risque de cancer du sein. Sont également incriminés les additifs alimentaires (comme le E320), les conservateurs, les nitrites…

Absolument rien ne peut être affirmé avec certitude à ce sujet, d'autant plus que les doses utilisées sont minimes. Il est toutefois souhaitable de continuer à les diminuer autant que possible car les aliments ainsi « gâtés » libèrent des toxines qui peuvent avoir des effets nocifs sur l'organisme.

• *Les traitements contre l'infertilité* : ils ne semblent pas induire de surrisque de cancer du sein.

• *Le Distilbène* : c'est un médicament à base d'œstrogènes de synthèse très utilisé dans les années 1960, interdits depuis aux femmes enceintes en raison de malformations fœtales sévères. Il est encore prescrit dans le traitement de certains cancers. Il semble n'avoir que peu d'incidence sur le risque de cancer du sein.

➤ *Les facteurs de risque liés à l'environnement et au mode de vie*

Ces facteurs sont couramment évoqués dans les médias, où l'on peut lire toutes sortes de choses. Le moment est venu de faire le point.

L'alcool

L'Institut national du cancer a repris et analysé les résultats d'une centaine d'études épidémiologiques consacrées aux liens entre alcool et cancer du sein. Cette synthèse conclut que l'alcool constitue un risque majeur de maladie et de récidive, à tous les âges de la vie, dès que l'on dépasse un verre de vin par jour ! Cette affirmation, peut-être vraie, paraît toutefois un peu excessive d'autant plus que le vin contient aussi des substances bénéfiques (flavonoïdes, resvératrol…), puissamment antioxydantes. D'autres cancérologues contestent ce chiffre restrictif.

Une chose est sûre : l'alcool passe par le foie, gêne l'inactivation des œstrogènes, perturbe le métabolisme de ces hormones et augmente leur taux ; il agit aussi directement sur les cellules du sein, augmente la production de radicaux libres, stimule le stress oxydatif et perturbe le métabolisme de l'acide folique indispensable à la réparation de l'ADN. Tout cela doit avoir une répercussion sur la santé des seins.

Les femmes de plus de 50 ans, ménopausées et ayant des seins denses, sont les plus exposées au surrisque alcoolique qui peut atteindre 2,5 à partir de 15 g d'alcool pur par jour. Ces femmes à risque devraient se contenter de deux verres de vin par jour au maximum. Les femmes qui viennent d'avoir un cancer du sein devraient se montrer encore plus prudentes. Il semble que la prise de vitamine B9 (acide folique) atténue ce risque.

Si l'on en croit l'Institut national de la recherche agronomique (INRA), l'alcool représenterait 4,7 % des cancers féminins. Ce serait même la deuxième cause évitable de mortalité par cancer, après le tabac.

Le tabac

Pendant de nombreuses années, le tabac a fait figure d'innocent en ce qui concerne le cancer du sein, car il contient de la dioxine qui exerce un effet anti-œstrogène. On sait depuis longtemps que les fumeuses ont (en moyenne) moins d'œstrogènes que les autres et qu'elles sont plus minces. Pourtant, on estime aujourd'hui que le tabac joue un rôle dans le cancer du sein. Il serait même particulièrement néfaste entre la puberté et la première grossesse.

Le tabagisme passif serait lui aussi mis en cause… Mais ces allégations ont été récemment contestées.

Le risque relatif induit par le tabagisme serait de 1,27 après la ménopause, et de 1,68 avant.

L'alimentation

De nombreux aliments ont été mis en accusation à tour de rôle. Aujourd'hui, il semble que les graisses animales soient les plus nocives (les charcuteries, les fromages, et surtout les viandes qui contiennent également du sang), car l'excès de graisses augmente directement le taux d'œstrogènes. Les aliments très sucrés sont également impliqués dans l'augmentation du risque de cancer du sein.

C'est en observant des Japonaises émigrées aux États-Unis que l'on a pu établir un lien entre le cancer du sein et le comportement alimentaire. L'incidence de ce cancer est faible au Japon. Pourtant, dès la première génération, les Japonaises vivant aux États-Unis et ayant adopté les habitudes alimentaires américaines se retrouvent confrontées aux mêmes risques que les Américaines de souche.

D'autres études, portant sur de larges échantillons de population, ont démontré que la réduction de la consommation de graisses diminue le risque de cancer du sein, mais aussi de rechute. Cependant, il reste un certain nombre de données à prouver et la majoration du risque n'est pas très importante.

Toutefois, après la lecture attentive de très nombreux ouvrages consacrés aux relations entre alimentation et cancer, je peux affirmer qu'aucun aliment ne peut suffire ni à provoquer un cancer, ni à le prévenir. Il n'existe pas de régime anticancer. Les nutritionnistes et cancérologues réunis l'affirment en chœur : les végétariens ont autant de risques que les autres de développer un cancer. Une bonne nouvelle pour les omnivores !

Et pourtant, on estime que 30 % des cancers sont dus à une mauvaise alimentation. Comment est-ce possible ? En réalité, plus que les aliments eux-mêmes, ce sont les substances polluantes qui font figure de coupables : les pesticides sur les légumes ; le mercure dans les poissons (thon, saumon, espadon) ; le bisphénol A dans les plastiques d'emballage ; les colorants, conservateurs, nitrites... mais il y a plus de toxines naturelles dans les produits que l'on ingère que dans les produits synthétiques. Intervient aussi le mode de cuisson : il faut éviter les grillades au barbecue qui favorisent le développement de substances hautement cancérigènes. Mais là encore, tout est question de dosage.

Selon quelques médecins auteurs d'ouvrages sur ce thème, certains aliments seraient à privilégier et d'autres à éviter. Chacun y va de sa recette, appuyée par des études que d'autres analyses contredisent. Certains vantent les vertus des tomates (mais elles augmentent le risque de mélanome), le curcuma (mais il faudrait en consommer plusieurs cuillères à soupe par jour, ce qui rendrait les plats immangeables), l'ail (il faudrait en manger trois gousses par jour pour obtenir un effet), les brocolis (je les déconseille en cas d'intestin irritable ou de traitement anticoagulant)... Là où certains ouvrages recommandent les légumes verts, d'autres vantent les bienfaits des végétaux de couleur rouge ou blanche...

Devant de tels discours, j'ai envie de vous dire : mangez de tout un peu, et surtout, essayez de rester mince !

L'obésité et le surpoids

L'excès de poids est un facteur de risque, **surtout après la ménopause**. Curieusement, la prise de poids avant la ménopause n'agit pas sur le cancer du sein. Mais après l'arrêt des règles, le risque grimpe à 1,6 dès que l'indice de masse corporelle (IMC[12]) dépasse 25. Et plus la prise de poids est importante, plus le risque augmente.

12. L'IMC se calcule en divisant le poids en kilos par la taille en mètre élevée au carré. Le nombre obtenu s'interprète ainsi : en dessous de 18, on parle de maigreur ; entre 18 et 25, le poids est normal ; entre 25 et 30, on parle de surpoids ; et, au-delà de 30, on atteint l'obésité (qui devient grave au-delà de 40).

Cette augmentation est due à l'excès de masse grasse, surtout lorsque celui-ci se situe au niveau de l'abdomen. Cette graisse entretient un état inflammatoire qui favorise la poussée des tumeurs en induisant un hyperinsulinisme (avec élévation du facteur de croissance IGF1). Par ailleurs, au niveau des cellules graisseuses (les adipocytes), une enzyme appelée « aromatase » transforme en œstrogènes les hormones mâles normalement sécrétées par les glandes surrénales. Ces œstrogènes-là (œstrone) augmentent le risque de cancer du sein et de l'utérus. Enfin, l'insuline est un facteur de croissance direct des cellules tumorales mammaires[13].

Pour toutes ces raisons, le THS n'est pas conseillé aux femmes en surcharge pondérale. Couplé à l'hyperinsulinisme dû à l'excès de poids, le traitement hormonal augmenterait encore le risque.

Pour limiter l'accumulation de graisse dans les tissus, il faut à la fois équilibrer l'alimentation et pratiquer régulièrement une activité physique.

L'insuffisance en vitamine D

60 % des femmes ont un taux de vitamine D insuffisant, et ce nombre est encore plus élevé dans le nord du pays. Cette insuffisance est liée à la fois à une carence alimentaire et surtout à un défaut d'ensoleillement. Les femmes ne consomment plus assez d'aliments riches en vitamine D : poissons gras, huile de foie de morue… L'exposition au soleil est souvent insuffisante pour permettre à la peau de synthétiser cette vitamine, surtout chez les femmes âgées qui sortent moins et font moins de sport en plein air.

Or la vitamine D présente de multiples effets bénéfiques : elle favorise la densité osseuse, améliore la force musculaire,

---

13. Voir plus loin, p. 114.

diminue le risque de chutes et de fractures. Par ailleurs, elle améliore le fonctionnement immunitaire et diminue le risque de cancer du sein et du côlon.

Le stress et le profil psychologique

Depuis Hippocrate, on n'a pu s'empêcher d'établir un lien entre la survenue d'un cancer du sein et les « passions tristes », les chagrins prolongés, les soucis qui « minent », qui « rongent ». Nombre d'études ont recherché un lien entre le risque de décès par cancer du sein et la survenue d'un événement traumatisant : deuil, perte d'emploi, maladie d'un enfant… Les études publiées ces trente dernières années sur les liens entre facteurs psychologiques, stress et cancer ont donné des résultats contradictoires.

Ces recherches ont tout étudié : la personnalité de la femme (trop organisée ou pas assez, anxieuse ou dépressive…), le stress chronique quotidien, les ruptures et les deuils, les réactions hormonales à partir d'un choc… Aucune relation directe de cause à effet n'a été clairement démontrée. Les personnalités des femmes atteintes d'un cancer du sein sont très diverses et leur vécu émotionnel pour un même stress varie de l'une à l'autre.

Une étude a notamment été réalisée par le Pr Claude Jasmin[14] afin de déterminer s'il existe une relation entre la personnalité des femmes et l'apparition d'un cancer. La réponse est nuancée. Si la dépression n'est pas incriminée, il semblerait que les événements traumatiques puissent constituer un facteur de risque pour les femmes qui ont du mal à y faire face et à les surmonter. Ce n'est donc pas l'événement lui-même qui serait en cause, mais la manière qu'a la femme

---

14. Étude réalisée par Jasmin C., Le M., Marty P., Herzberg R., et publiée dans *Annal of Oncology* (1990/1992).

d'y réagir, de s'y adapter et de dépasser ces difficultés. Le risque de maladie semble ainsi augmenté chez les femmes dont les défenses psychiques ne sont pas assez solides pour affronter ce traumatisme. Leur corps exprimerait la réaction émotionnelle qu'elles n'ont pas réussi à « élaborer » psychiquement.

Reste l'influence du stress et des événements traumatiques sur le système immunitaire. Il est probable (et même démontré dans certains cas) que le stress et les traumatismes psycho-émotionnels entraînent une altération (transitoire ou non) des défenses immunitaires, susceptibles d'intervenir dans la formation et le développement d'un cancer.

Selon une étude américaine récente[15] assez convaincante, effectuée sur une vie entière de rates, **l'isolement social chronique et le défaut de soutien social** favoriseraient le développement du cancer du sein, multipliant le risque par 3. De plus, l'isolement accroîtrait le nombre, la taille et l'extension des tumeurs mammaires. L'isolement social chez ces rates induit une augmentation et un allongement de la réponse du cortex cérébral au stress.

Toutes les études publiées sur ce sujet démontrent un lien entre l'environnement psychosocial et la mortalité. Une chose est certaine : le fait de travailler, d'avoir une vie active, d'être entourée, d'avoir des enfants et des petits-enfants, diminue la probabilité de mourir jeune.

Le niveau socio-économique

Il semblerait que notre nouveau mode de vie soit impliqué dans l'augmentation du nombre de cancers, surtout chez les femmes de niveau socio-économique élevé qui vivent dans les grandes villes.

---

15. *Proc. Natl. Acad. Scu.*, 2009.

Toutefois, le mode de vie est inséparable des facteurs que nous venons d'énumérer : âge à la première grossesse (plus le niveau intellectuel est élevé, plus il est tardif), alimentation riche en viande et fromages (produits plus onéreux), manque d'exercice physique, stress professionnel accru par les responsabilités... En plus, les femmes des couches supérieures divorcent davantage et ont moins d'enfants (en moyenne). S'ajoute à cela le rythme accéléré des grandes villes, où les temps de pause sont plus courts et laissent peu de temps au repos, à la rêverie ou à la méditation.

Le manque d'exercice physique

On le sait maintenant et toutes les études d'observation qui suivent à intervalles réguliers des centaines de milliers de femmes depuis plus de dix ans l'ont clairement mis en évidence (voir le détail un peu plus loin), il existe une nette corrélation entre la survenue d'un cancer du sein ainsi que sa récidive et le manque d'exercice physique. L'absence d'activité physique (et tout nous y incite dans notre vie actuelle : ordinateur, Internet, télévision...) ne permet pas de contrôler aussi bien son poids et surtout le tissu gras en excès qui s'accumule au fil du temps... Elle augmente la sensibilité des organes à l'insuline, le taux de l'insuline elle-même et les œstrogènes impliqués dans la promotion des cancers hormono-dépendants. Elle freine les fonctions hépatiques, diminue la masse musculaire et la masse osseuse, aggrave les troubles du sommeil et de l'humeur.

Les irradiations

Les femmes qui ont survécu aux bombes atomiques d'Hiroshima et de Nagasaki ont eu un taux de cancer nettement plus élevé que les autres. On a pu vérifier que la fréquence du cancer du sein était d'autant plus élevée qu'elles avaient moins de 19 ans et n'avaient jamais été enceintes.

Cela confirme que, avant 20 ans et avant une grossesse à terme, la glande mammaire n'a pas achevé sa maturation. De la même manière, les jeunes filles qui ont subi de nombreuses radiographies pulmonaires pendant cette période de vulnérabilité (en raison notamment d'une tuberculose) voient leur risque de cancer du sein augmenter (il est multiplié par 2,5).

Une question vient alors à l'esprit : les mammographies sont-elles à risque ? Actuellement, avec les très faibles doses délivrées, le risque paraît minime. Les mammographies numérisées, plus performantes et qui délivrent moins de rayons, font courir un risque encore plus faible.

L'environnement

Comme pour l'ensemble des cancers, les facteurs environnementaux et les pollutions sont très souvent mis en cause. On entend citer pêle-mêle l'air que l'on respire, l'eau que l'on boit, les engrais et les pesticides, l'exposition aux champs électromagnétiques, les ondes des téléphones portables, les ondes Wifi, les polluants des produits cosmétiques…

Il semble que ces risques cumulés restent minimes, soit inférieurs à 1 % (même en observant l'évolution des dernières décennies). Comme le disait en 2002 Annie Sasco, épidémiologiste à l'Inserm : « Si les données suggèrent fortement un lien entre l'augmentation du cancer et la transformation de l'environnement des cinquante dernières années, nous n'avons pas encore les arguments scientifiques irréfutables pour être sûrs du lien causal. »

En effet, si l'on tient compte de l'allongement de l'espérance de vie grâce à la réduction des maladies infectieuses et de la mortalité périnatale, il n'est pas certain que la différence soit considérable. Parallèlement, il faut bien garder présent à l'esprit tous les bénéfices que nous apporte la société en terme d'hygiène, de sécurité alimentaire et de progrès médicaux. Des bénéfices vraisemblablement bien supérieurs aux effets néfastes réels !

➤ *Un rôle majeur de l'insulino-résistance récemment mis en évidence*

Une hypothèse séduisante a été mise en valeur et diffusée dernièrement par le Dr Christian Jamin. Après avoir compilé et analysé en détail toutes les études importantes de ces dix dernières années, elle apporte un nouvel éclairage au mécanisme qui contribue à créer un cancer du sein.

Les œstrogènes jouent, certes, un rôle dans la genèse de ce cancer, mais ils ont trop longtemps servi de boucs émissaires. **On a la preuve maintenant qu'à eux seuls, ils n'en sont pas responsables** (notamment l'œstradiol). Car le risque estimé par toutes les études est trop faible pour expliquer l'incidence du cancer du sein, quand il n'est pas nul. Le risque relatif calculé par la WHI[16] aboutit au même résultat que les autres : il est de 1,26. Ce qui représente une augmentation de 0,08 cas par an pour 100 femmes traitées (ou 8 cancers du sein de plus pour 10 000 femmes traitées).

En outre, comment expliquer l'augmentation des cancers du sein après la ménopause, en dehors de tout traitement, alors même que les ovaires ne sécrètent plus d'hormones ? Il doit bien exister une autre explication.

Pour provoquer un cancer du sein, l'œstradiol a besoin en quelque sorte d'une « aide », d'un collaborateur. **Tout récemment, les scientifiques ont mis en évidence un nouveau mécanisme : le rôle prépondérant joué par l'insuline.**

Pour bien comprendre comment il agit, il faut d'abord connaître ces quelques notions de base. **À la ménopause, du**

16. Voir chapitre 1, p. 25 et suiv.

fait de la carence en œstrogènes, le métabolisme change. La masse « maigre », c'est-à-dire l'ensemble formé par les os et les muscles, diminue. Progressivement, cette déperdition de masse maigre sera comblée par de la masse grasse, du « tissu adipeux » en jargon médical.

Les ovaires ne produisant plus d'hormones, cette graisse a tendance à se placer non plus sur le haut des cuisses mais sur l'abdomen, épaississant ainsi la taille. Outre son effet disgracieux, cette « mauvaise graisse » prédispose aux maladies cardio-vasculaires et au cancer du sein.

En effet, ce tissu adipeux, apparemment inerte, fonctionne en réalité **comme une glande**. Il sécrète ses propres substances inflammatoires et ses hormones (comme la résistine et la leptine). Il peut se révéler redoutable, car ces substances vont favoriser la transformation des hormones mâles en œstrogènes, augmentant encore leur présence dans les tissus.

De son côté, l'insuline est une hormone sécrétée par le pancréas lors des apports alimentaires de sucre (glucose). Sa mission est de réguler le taux de sucre dans le sang. Pour cela, l'insuline permet au sucre d'entrer dans les cellules en se fixant sur leurs récepteurs. Le glucose, ainsi réparti dans le foie, les muscles et le tissu graisseux, est progressivement transformé en énergie, ce qui permet au taux de sucre sanguin (la glycémie) de diminuer. On le comprend : un déficit en insuline entraîne un surplus de sucre sanguin, aussi appelé « hyperglycémie ».

Lorsque cette hyperglycémie s'installe, on parle de diabète de type 2. Mais avant cela, il existe une étape intermédiaire appelée insulino-résistance. Le pancréas continue alors à sécréter de l'insuline, mais celle-ci ne fait plus autant d'effet sur ses récepteurs. Le glucose pénètre moins bien dans les cellules et s'accumule dans le sang. Pour compenser ce défaut d'efficacité, le pancréas va sécréter de plus en plus d'insuline jusqu'à épuiser ses cellules.

On peut arriver au même résultat d'une autre façon, à partir d'un excès de graisse au niveau du tissu adipeux viscéral (notre fameuse graisse abdominale, fréquente après la ménopause). Cette graisse va libérer une grande quantité d'acides gras, lesquels favorisent la synthèse des triglycérides et surtout la production de glucose. Ce qui entraîne une surproduction d'insuline afin de neutraliser ce glucose excédentaire. Et, dans une sorte de cercle vicieux, cette insuline augmente progressivement le volume du tissu adipeux.

Cette insulino-résistance est liée à différents facteurs : la carence en œstrogènes, un excès de poids, une alimentation riche en graisses, l'absence d'activité physique mais aussi l'âge et l'hérédité. Elle devient plus fréquente après la ménopause. Toutefois, elle peut être due également à une infection, une intervention chirurgicale, une affection chronique inflammatoire, un accident vasculaire… On voit certaines personnes grossir subitement après un tel événement. J'ai connu une patiente de 14 ans qui a pris 18 kilos après une intervention pour appendicite ! Il lui a fallu des années d'efforts pour retrouver son poids normal.

Or un faisceau d'arguments convaincants plaide pour le rôle majeur de l'insuline, et surtout de l'insulino-résistance, sur le cancer du sein. D'abord, le volume de la graisse est augmenté par l'insuline. Ensuite, l'insuline stimule la prolifération des cellules mammaires normales et cancéreuses, ainsi que les tumeurs du sein.

L'œstradiol semble n'exercer ses capacités de nuisance proliférative qu'en présence de facteurs de croissance, dont l'insuline. Ce type d'œstrogènes n'augmente pas le risque de cancer du sein chez les femmes ayant un THS avec un œstradiol seul, ni chez celles qui prennent de la progestérone naturelle. En revanche, l'ajout d'un progestatif du type de celui qui est majoritairement prescrit aux États-Unis augmente l'insulino-résistance.

On a constaté que les tumeurs du sein plus riches en récepteurs d'insuline sont de plus mauvais pronostic. Au point que le taux d'insuline d'une femme ménopausée atteinte de cancer du sein au moment du diagnostic est prédictif de son risque de mortalité à dix ans.

Le surpoids et l'obésité sont des facteurs de risque maintenant reconnus de cancer du sein après la ménopause, alors que cet état conférait une certaine protection avant. L'obésité dite androïde (taille épaissie par la graisse, hanches effacées) s'accompagne d'insulino-résistance et donc d'un risque accru de cancer du sein. À l'inverse, l'obésité gynoïde (taille conservée, hanches pulpeuses) n'a aucun effet sur ce risque. Or après la ménopause, la prise de poids est majoritairement de type androïde. Son élévation constante au cours de la vie favorise ainsi le risque de cancer du sein.

On estime que le syndrome métabolique multiplie au moins par 2 le risque de cancer du sein. Ce syndrome associe une taille épaissie (plus de 85 cm), un rapport tour de taille sur tour de hanche élevé (proche de 1 ou supérieur), un taux élevé de glycémie, d'insuline et de triglycérides, un taux insuffisant de HDL (le bon cholestérol) et une hypertension artérielle.

L'activité physique protège contre l'hyperinsulinisme en augmentant la masse musculaire et en faisant baisser la masse grasse, en améliorant la sensibilité à l'insuline et en réduisant le taux d'insuline circulant. Le risque de cancer du sein s'en trouve diminué, ainsi que les récidives et le risque de mortalité.

Côté alimentation, l'alcool augmente les récepteurs de l'insuline dans les tumeurs et l'insulino-résistance. Une alimentation trop sucrée ou trop grasse a les mêmes effets. Une carence en vitamine D augmente le risque de cancer du sein, mais aussi d'insulino-résistance et de diabète. Enfin, le diabète de type 2 (avec hyperinsulinisme) augmente le risque de cancer du sein.

Comme je l'expliquais plus haut, le tissu adipeux sécrète ses propres substances inflammatoires. La leptine augmente le taux d'une enzyme, l'aromatase, qui permet la transformation des hormones mâles fabriquées par les surrénales en œstrone, laquelle va directement se poser dans les seins. Les œstrogènes se trouvent donc directement sur place, ce qui n'augure rien de bon. Quant à la résistine, on sait qu'elle est plus élevée chez les femmes ayant eu un cancer du sein.

➤ *L'accumulation des facteurs de risque*

Ces facteurs de risque n'ont pas tous le même poids et **aucun ne domine réellement** un autre. En revanche, leur accumulation pèse certainement dans la balance, même si les études ont encore du mal à calculer leurs effets cumulatifs.

L'origine du cancer du sein est multifactorielle et aucune cause ne s'impose clairement comme dans certains autres cancers. C'est de là que découlent les difficultés d'interprétation, les inquiétudes des femmes et des médecins, les abus de langage, les généralisations excessives et les polémiques sans fin.

Si l'on excepte l'hérédité, chaque facteur pris isolément n'augmente le risque relatif que de 1 à 2, rarement davantage. Or, pour beaucoup de statisticiens, un risque relatif inférieur à 2 n'est pas suffisamment significatif pour être retenu.

C'est la raison pour laquelle il paraît abusif d'incriminer le THS dans la genèse des cancers du sein : d'innombrables études ont été effectuées sur ce thème depuis cinquante ans et les plus « pessimistes » concluent à un risque relatif de 1,3 (voire 1,6 au maximum) après dix ans de prise ! Le THS augmente donc faiblement le risque de cancer du sein, à peu près au même titre que la première grossesse à 35 ans, ou une puberté à 12 ans.

Il est tout aussi absurde de se focaliser sur tel ou tel produit chimique, déodorant, pesticide..., dont on n'a pas encore pu établir avec certitude la nocivité sur le sein.

Il est également très difficile de définir avec précision le risque individuel des femmes qui présentent un ensemble de « petits facteurs de risque ». L'Institut national du cancer américain met à la disposition des femmes une méthode de calcul[17] permettant une évaluation individuelle. Mais cette pratique, tentante dans un premier temps, peut conduire à des dérives ou à des angoisses injustifiées. Chez plus d'une femme sur deux atteintes de cancer du sein, on ne découvre aucun des facteurs des risque cités ci-dessus. Ce calcul n'est intéressant que dans la mesure où il permet de corriger certaines habitudes alimentaires, et où il encourage des comportements qui pourraient diminuer le risque.

Rappelons enfin que certaines femmes dénuées des facteurs de risque cités ci-dessus seront tout de même atteintes de cancer du sein, tandis que d'autres dites « à risque » ne le seront jamais.

➤ *Peut-on définir un profil de femmes à haut risque ?*

Malgré ces difficultés d'évaluation, on peut tout de même établir un profil de femmes porteuses d'un ou plusieurs facteurs de risque importants. Ce sont, par ordre décroissant :

- les femmes qui présentent un gène de mutation BRCA1 ou BRCA2 ;
- celles qui ont déjà eu un cancer infiltrant du sein ou *in situ* ;
- celles qui ont plusieurs antécédents familiaux de cancer du sein ;
- celles chez qui la biopsie a découvert une hyperplasie atypique ;
- celles qui ont une densité mammaire très élevée avec des lésions mastosiques importantes.

---

17. Il s'agit de l'indice de Gail. L'INCA envisage d'en préparer un modèle adapté à la population française.

Toutes ces femmes doivent faire l'objet d'une surveillance rapprochée et efficace. Chez elles, le THS classique est, selon les cas, contre-indiqué ou déconseillé. On peut même discuter de l'opportunité de la prise d'un traitement préventif (comme le raloxifène, le tamoxifène...). Le rapport des Prs J. Rouëssé, H. Rochefort, H. Sancho-Garnier et M. Tubiana pour l'Académie de médecine plaide pour faire autoriser en France le tamoxifène pour la prévention des femmes à très haut risque de cancer du sein. IL est autorisé aux États-Unis par la Food and Drug Administration. Il faudrait bien entendu tenir compte du risque cardio-vasculaire et de la qualité de vie de la patiente concernée. Le raloxifène, dont je vous reparlerai plus loin pourrait également être proposé aux femmes exposées au triple risque de cancer du sein, cancer de l'endomètre et ostéoporose.

Une fois éliminé le problème des « formes familiales » de cancer du sein, qui concerne au maximum 8 % à 10 % des femmes, il reste 90 % des femmes pour lesquelles on ne peut pas déterminer de risque majeur sinon l'âge.

Existe-t-il des facteurs « protecteurs » contre le cancer du sein ?

Ces facteurs découlent des précédents. Ils posent donc les mêmes difficultés lorsqu'il s'agit de les quantifier. À titre indicatif, il peut tout de même être utile de les connaître.

À défaut d'agir sur votre hérédité ou sur l'âge de vos premières règles, vous pouvez essayer de limiter votre risque de cancer en agissant sur certains paramètres, sans tomber dans la paranoïa ni le dogmatisme. Il est normal, au cours d'une vie, de prendre quelques risques à condition d'être dûment avertie.

Affirmer que l'on peut éviter le cancer du sein en adoptant une conduite exemplaire serait mensonger et les conseils qui suivent ne constituent en aucun cas un mode d'emploi !

Des conseils pour les seins et valables pour tout

• *Ne pas différer trop longtemps la première grossesse* si l'on est fixée sentimentalement. L'âge moyen actuel en France se situe autour de 30 ans (un peu plus tard dans les grandes villes). Cette tendance actuelle ne semble pas vouloir s'inverser : les femmes veulent, à juste titre, non seulement terminer leurs études avant d'être mères, mais aussi travailler quelques années et vivre une vie de couple sans enfant. Or l'idéal pour les seins serait pourtant d'avoir un premier bébé avant 25 ans !

• *Allaiter pendant quelques mois,* à condition que ce soit désiré et vécu avec plaisir. Il n'est pas essentiel de prolonger cette expérience au-delà de six mois.

• *Ne pas fumer ou arrêter de le faire.* Au moins, il convient de diminuer sa consommation de cigarettes. Ce n'est pas le facteur de risque le plus important, mais cela peut s'avérer utile.

• *Manger de façon équilibrée,* avec peu de graisses animales, beaucoup de légumes, du poisson…

• *Ne pas boire plus de deux verres de vin par jour.*

• *Faire un exercice physique régulier* tous les jours. Le sport a une valeur protectrice majeure. Il faut maintenir une activité physique toute sa vie pour diminuer la probabilité d'avoir la maladie.

Après un cancer du sein, la pratique d'un exercice physique (plus on en fait, mieux c'est) diminue le risque de décès de 50 à 60 % (le risque relatif est diminué de 0,5 à 0,6).

La relation de cause à effet entre le cancer du sein et l'exercice physique est maintenant clairement établie, et elle constitue plutôt une bonne nouvelle. En choisissant un mode de vie plus dynamique (moins de station assise devant l'ordinateur et la télévision), on peut influer sur le cours des choses.

Plusieurs études ont évalué la relation entre le temps d'activité physique hebdomadaire et le risque de cancer du sein, en tenant compte de sa durée en heures et de son intensité (mesurée de 1 à 8). Parmi les plus crédibles, on peut citer la WHI qui a permis de suivre 74 171 femmes de 50 à 79 ans pendant près de cinq ans, l'étude française E3N et la cohorte EPIC qui a suivi 218 169 femmes de 20 à 80 ans pendant plus de six ans.

Voici leurs conclusions : le fait de passer **de moins de une heure à plus de sept heures par semaine d'une activité physique « modérée » à « soutenue » se traduit par une réduction de 16 % du risque relatif de cancer du sein**[18] (le risque relatif est diminué de 0,16). **Celles qui ont toute leur vie pratiquée du jogging voient même leur risque diminuer de 23 %** (risque relatif diminué de 0,23).

La protection contre le cancer du sein serait donc proportionnelle à l'intensité de l'activité ! Celles qui additionnent les activités sportives aux activités physiques habituelles (ménage, cuisine...), sont encore mieux protégées. Sans compter que l'exercice physique modéré agit aussi favorablement sur d'autres risques (notamment les accidents cardio-vasculaires).

Plus vous approchez de la ménopause, plus l'effet bénéfique de cette activité physique est démontré. Non seulement elle agit sur les muscles, les articulations, la qualité osseuse, le système cardio-vasculaire, le système nerveux..., mais encore, elle améliore la sensibilité à l'insuline, freine la quantité d'insuline présente dans le sang et diminue l'insulino-résistance qui constitue, vous le savez maintenant, un facteur de risque de cancer du sein.

---

18. Intervention lors du congrès de l'AFACS.

Outre cette action protectrice, on sait qu'en cas de cancer déclaré, l'exercice physique pratiqué un an avant la maladie améliore le pronostic. Enfin, une pratique sportive régulière prévient les récidives.

Si vous voulez mettre toutes les chances de protection de votre côté, voici ce qu'il faut faire :

• *Pratiquez une activité physique quotidienne* : ménage, jardinage, marche à vitesse modérée, vélo sur terrain plat, natation tranquille... Deux ou trois fois par semaine, ajoutez une activité plus fatigante qui fait transpirer : jogging, marche rapide, tennis, sport d'équipe.

• *Évitez de prendre du poids,* surtout juste après la ménopause. Il est habituel, voire normal, de grossir un peu, mais il faut surtout éviter de prendre 3 ou 4 kilos subitement.

• *Évitez de prendre la pilule avant l'âge de 15-16 ans.* Mieux vaut adopter le préservatif systématiquement, d'autant plus qu'il protège contre les MST (sida, hépatite B, chlamydiae, papillomavirus...). Et c'est à cet âge que ces infections sont les plus dévastatrices. En cas d'acné sévère ou rebelle, tout cela se discute.

• *Arrêtez de prendre une pilule qui occasionne des douleurs dans les seins.* Même réflexion pour le THS ; les seins ne doivent pas être tendus et douloureux sous THS. Il faut revoir les modalités du traitement avec son médecin jusqu'à trouver le bon dosage et le bon équilibre.

• *Prenez de la vitamine D.* Les femmes ayant les taux les plus élevés, que ce soit naturellement ou parce qu'elles prennent un supplément par voie orale, ont un risque réduit de cancer du sein et de cancer colorectal par rapport aux femmes présentant des taux bas depuis plus de quatre ans.

• *Ne vous isolez pas*, veillez à rester entourée et trouver en vous-même ou à l'aide d'un coach une façon régulière de vous relaxer.

Les femmes à « risque réduit »

Par extension, on peut dire que certaines femmes courent moins de risques de développer un cancer du sein. Ce sont les femmes sans antécédents familiaux ni personnels de cancer du sein ou lésion grave, qui ont eu une puberté tardive, ont été mères avant 25 ans (et sont mères de famille nombreuse), ont allaité plusieurs mois, ont commencé la pilule après la première grossesse, ont été ménopausées précocement, ne fument pas, ne boivent qu'un verre de vin par jour (voire moins), mangent de tout sans excès de graisses animales ni de sucre, prennent de la vitamine D (à partir de 45-50 ans), pratiquent régulièrement un sport, ont des seins faciles à examiner cliniquement, peu denses et n'ont jamais fait l'objet de biopsie (ou autre examen invasif).

Évidemment, ces femmes ne sont pas majoritaires. Mais elles sont tout de même nombreuses, même si leur nombre tend à régresser au regard de l'âge de la première grossesse. Cependant, le risque de cancer du sein reste malgré tout relativement élevé.

Si l'on veut pousser le raisonnement jusqu'au bout, voici ce que pourrait être le « profil de la femme à risque minimal à 55 ans » : *elle a eu ses premières règles à 17 ans, son premier enfant à 20 ans, puis d'autres ; elle les a allaités de trois à six mois. Elle n'a pris la pilule qu'après la première grossesse… Elle ne fume pas, boit très peu d'alcool et mange de tout sans excès de graisse ni de sucre… Elle est mince et musclée, prend de la vitamine D et fait de l'exercice tous les jours au moins une heure… Elle travaille à mi-temps et aime ce qu'elle fait… Elle a été ménopausée à 45 ans. Il va sans dire qu'elle n'a pas le moindre antécédent de cancer du sein dans sa famille (pourtant nombreuse !). À la palpation, ses seins sont très souples sans le moindre nodule et la mammographie conclut : seins radio transparents, ACR1.*

Nous en sommes là. L'histoire ne raconte pas la suite et ne dit rien du bonheur de vivre...

Il existe des traitements hormonaux protecteurs contre le cancer du sein

Ces traitements diminuent non seulement le risque de récidive et de métastases chez la femme atteinte par la maladie, mais ils agissent aussi en prévention d'un cancer du sein. Nous les avons évoqués plus haut pour les femmes à très haut risque de cancer.

• *Le raloxifène (ou Evista) :* il s'agit d'un SERM[19] (QS) qui joue le même rôle que les œstrogènes sur l'os et les artères, mais qui agit comme un anti-œstrogène sur le sein et l'utérus. Ce produit exerce des effets notables sur les os[20], en diminuant le risque de fracture vertébrale de 46 % chez une femme indemne, et de 32 % chez une femme qui a déjà subi ce type de fracture. Il agit également, mais dans une moindre mesure, sur la fracture du col du fémur.

Pour ce qui est du cancer du sein, l'étude CORE est particulièrement éloquente. Elle mesure l'effet protecteur du raloxifène sur le cancer du sein invasif. **Elle révèle que chez les femmes sans antécédents, ce risque est diminué de 62 %. Mieux : cette réduction atteint 76 % pour les cancers du sein à récepteurs œstrogéniques positifs.**

En revanche, le raloxifène est inefficace sur les bouffées de chaleur.

• *Le tamoxifène :* c'est un anti-œstrogène de synthèse très efficace sur la prévention des risques de récidives et de métastases du cancer du sein.

---

19. On nomme ainsi les récepteurs modulateurs sélectifs d'œstrogènes.
20. Voir chapitre « Alternatives au THS », p. 228.

Il n'est utilisé en France que dans cette indication. Il est prescrit à la dose de 20 mg par jour pendant cinq ans chez les femmes atteintes d'un cancer du sein hormono-sensible.

Si son efficacité préventive ne fait plus aucun doute, ses effets secondaires ne sont pas négligeables : augmentation des bouffées de chaleur, risque un peu plus élevé de cancer de l'endomètre (facilement détecté par l'échographie pelvienne), et d'embolies veineuses ou artérielles. Toutefois, il préserve la qualité des muqueuses génitales et une certaine densité osseuse.

• *Les anti-aromatases (Arimidex, Femara...)* : ces produits anti-œstrogènes semblent encore plus efficaces que le tamoxifène sur la prévention des récidives et des métastases, sans pour autant augmenter le risque de cancer de la muqueuse utérine, ni celui des complications cardio-vasculaires.

Toutefois, les anti-aromatases aggravent encore la carence œstrogénique, à l'inverse des bienfaits du THS : elles « assèchent » le corps de tous ses œstrogènes, en particulier ceux contenus dans le tissu graisseux.

En effet, les aromatases sont des enzymes capables de transformer en œstrogènes les hormones mâles qui continuent à être produites par les glandes surrénales après la ménopause (en petite quantité). Les anti-aromatases s'opposent à leur action, privant complètement l'organisme de tous ses œstrogènes. C'est leur avantage en termes de protection contre le cancer du sein et celui de l'endomètre, mais c'est aussi leur inconvénient majeur car elles augmentent les bouffées de chaleur, les douleurs articulaires souvent très pénibles, les troubles du sommeil...

De plus en plus prescrites par les cancérologues, les anti-aromatases donnent lieu à de vifs débats et sont contestées par certains (et non des moindres) en raison de leurs effets secondaires, mais aussi parce qu'elles ne semblent pas améliorer le pronostic vital. La tendance actuelle est pourtant de vanter leurs mérites en termes d'efficacité sur le risque de métastase par rapport à ceux du tamoxifène.

Le traitement hormonal substitutif fait-il courir un risque de cancer du sein ?

➤ *Conclusions[21] des études les plus récentes*

Jusqu'en 1997

Une soixantaine d'études portant sur l'association THS et cancer du sein ont délivré des résultats discordants et difficilement interprétables. D'autant que la majorité des THS testés ne comportaient que des œstrogènes.

La méta-analyse d'Oxford[22] concluait à une légère augmentation du risque, variant avec la durée et la nature du traitement hormonal. Mais elle considérait que les bénéfices du THS l'emportaient sur le risque mammaire.

D'après les méta-analyses, le risque cumulé était de 1,26.

En 2002, les résultats de la WHI

Cette étude américaine annonçait 8 cas de cancer du sein supplémentaires pour 10 000 femmes (suivies pendant un an), **soit un risque relatif de 1,06 à 1,26.**

L'augmentation de ce risque ne touchait que les femmes en cours de traitement et baissait rapidement dès qu'elles arrêtaient de le prendre.

---

21. Voir chapitre 1, p. 40.
22. Une méta-analyse est une compilation des études précédentes sur un sujet donné.

Les femmes ayant subi une ablation de l'utérus (hystérectomie) et ne prenant que les œstrogènes (sans progestatif) n'ont pas vu leur risque augmenter **(il variait alors de 0,77 à 1,06).**

Le risque augmentait avec la durée du traitement. Il était surtout visible après cinq ans d'utilisation, chez les femmes déjà traitées par THS avant l'étude. À l'arrêt du traitement, ce risque était équivalent à celui des femmes n'ayant jamais pris d'hormones.

Cinq ans plus tard, **l'étude ne révèle aucune augmentation de la mortalité par cancer du sein.**

Nous pouvons donc affirmer que le THS ne crée pas de cancer du sein. Cependant, il semble accélérer la croissance des lésions cancéreuses déjà existantes mais encore invisibles sur les radiographies. Si risque d'augmentation il y a, ce serait par un phénomène de promotion (stimulation d'un cancer préexistant) et non d'initiation (création). Aucune relation effet/dose n'a été démontrée.

Seules les femmes ayant un poids normal (IMC inférieur à 25) voient le risque augmenter. Les femmes en surpoids après la ménopause (IMC entre 25 et 30) ont déjà un surrisque qui n'est pas modifié par le traitement hormonal. Or le profil des femmes incluses dans l'étude WHI était particulier : moyenne d'âge 63 ans, 75 % étaient obèses ou en surcharge pondérale, 30 % hypertendues ou diabétiques. En plus, elles utilisaient des doses assez fortes de produits non naturels, ce qui ne correspond pas à nos habitudes françaises.

Rappelons que l'étude WHI n'a pas été arrêtée prématurément à cause de l'augmentation de l'incidence du cancer du sein, mais en raison d'un pourcentage anormalement élevé d'accidents vasculaires cérébraux et d'embolies.

En 2003, les résultats de la MWS

L'étude anglaise Million Women Study a confirmé les résultats de la WHI. Elle portait sur un traitement similaire à celui utilisé aux États-Unis (progestatif de synthèse MPA). Elle révèle un risque supplémentaire léger : 6 cas de cancer du sein de plus pour 10 000 femmes traitées.

En 2003, les résultats de l'étude E3N

Cette étude d'observation[23] française, donne des résultats proches des précédentes, avec une augmentation légère du risque en cas de traitement combiné (œstrogènes et progestatifs de synthèse), quelle que soit la voie d'administration (orale ou cutanée).

En revanche, l'association œstrogènes et progestérone naturelle (ou rétroprogestérone) est sans effet sur le risque de cancer du sein. Il en est de même pour les traitements à base d'œstrogènes seuls (réservé aux femmes ayant subi une ablation de l'utérus).

En 2004, les résultats de l'étude Mission

Celle-ci a porté sur 4 530 patientes recrutées au hasard par des gynécologues (2 693 femmes sous THS et 2 256 femmes non traitées). La durée des traitements analysés était de 8,3 ans en moyenne, atteignant plus de dix ans dans près d'un tiers des cas (des durées supérieures à celles des études anglo-saxonnes).

23. Certains critiquent les études « d'observation » car la population des femmes qui choisissent de suivre un THS est différente de celles qui ne le prennent pas. Les premières ont un niveau d'études élevé ; elles sont mieux informées, prennent en charge leur santé, et se font suivre ; elles sont aussi plus minces et dépourvues de facteurs de risque majeur.

L'objectif de l'étude était de comparer le risque de cancer du sein chez les femmes françaises ménopausées ayant ou non un traitement hormonal.

Cette étude a conclu qu'après deux années de suivi, l'incidence du cancer du sein n'était pas statistiquement différente dans les deux groupes : le risque était de 0,6 pour les femmes traitées et de 0,7 pour celles qui ne l'étaient pas. Ces résultats étaient les mêmes quelles que soient les voies d'administration.

Par ailleurs, les progestatifs pris avant la ménopause n'augmentent pas non plus le risque de cancer du sein.

Cette étude a essuyé des critiques émanant d'organismes officiels. L'Afssaps, notamment, a relevé un biais dans la sélection : la population observée était particulière car suivie par des gynécologues ; le profil de risque des patientes traitées était différent de celui des femmes non traitées, ces dernières présentant un risque supérieur de cancer du sein car les gynécologues « travaillent » bien et sélectionnent avec précision les femmes qui peuvent (et souhaitent) bénéficier d'un THS.

Par ailleurs, l'augmentation du risque constaté par les études anglo-saxonnes a incité l'Académie nationale de médecine et l'Afssaps à publier les recommandations suivantes : il faut « informer les femmes sur les risques, limiter le traitement aux femmes symptomatiques et pendant un temps limité, avec une réévaluation annuelle qui pourrait être accompagnée de tentatives de sevrage, et tenir compte des contre-indications ».

➤ *Que conclure de toutes ces études ?*

• **L'augmentation du cancer du sein est faible sous THS**, avec un risque relatif estimé toujours inférieur à 2 même si le traitement est prolongé. Certains statisticiens considèrent qu'un risque inférieur à 2 devrait être considéré comme négligeable.

On peut présenter les chiffres de façon encore plus éloquente : **sur 1 000 femmes n'ayant pris aucun traitement**

hormonal substitutif, 100 auront un cancer du sein. Si ces 1 000 femmes ont pris un THS, il y aura 101 cancers du sein.

• **Ce risque est quasi inexistant pendant les cinq premières années.** Il augmente légèrement par la suite. Nous manquons de données sur la prise au long cours (plus de dix ans) faute d'étude suffisamment prolongée, mais il est indubitable que le risque augmente avec l'âge, même s'il est difficile de dire dans quelles proportions.

• **Le vrai facteur de risque du cancer du sein n'est pas le THS. Il est lié à l'âge, à l'histoire familiale et à la vie de la patiente.** Le risque attribuable au THS est minime comparé à tous ces autres facteurs même dans l'étude la plus pessimiste.

• Toutes les études démontrent que le faible surrisque de cancer du sein lié à l'effet promoteur du THS **disparaît dans les un à quatre ans qui suivent l'arrêt du traitement**. La WHI note que l'augmentation du risque est nulle après quatre ans. Pour la MWS, le risque disparaît au bout d'un an seulement. Pour la NHS, il s'évanouit dès la deuxième année.

• Dans la WHI, les femmes du groupe placebo qui avaient déjà pris un THS auparavant, puis avaient arrêté, ont eu moins de cancers que les autres.

• D'après les études publiées depuis vingt ans, le THS comportant du Premarin (à base d'œstrone) associé au Medroxy Progestérone Acétate (le MPA, très utilisé dans les pays anglo-saxons) augmente un peu le risque de cancer du sein. Ce risque s'élève au fur et à mesure de la durée du traitement et pour une variété spécifique de cancer : les cancers dits « lobulaires », et ceux qui ont des récepteurs positifs aux œstrogènes, soit la majorité. Ces traitements auraient un effet « promoteur » sur des cancers existant déjà mais non dépistés et seraient sans effet « initiateur ».

• **Il n'y aurait pas d'augmentation du risque de cancer du sein dans les schémas de THS ne comportant que des œstro-**

gènes seuls sans progestatif (comme on a pu le constater dans la WHI chez les femmes qui n'avaient plus d'utérus). Cependant, le progestatif, qui vient contrebalancer ce risque, n'a pas d'incidence sur le cancer du sein lorsqu'il s'agit de progestérone naturelle E3N.

• Selon des études plus récentes, pour la majorité françaises, **le THS composé d'un œstradiol naturel par voie cutanée et d'une progestérone naturelle n'augmente pas le risque de cancer du sein**.

Cependant, toujours selon le rapport de l'Académie de médecine[24], « les indices de risque sont imparfaits et le seuil de non-risque pour les cancers du sein hormono-sensibles est inconnu. **On ne peut définir les femmes qui seraient sans risque de cancer du sein hormono-dépendant**, en particulier celles qui seraient protégées d'une augmentation de risque apportée par un THS. »

• **Enfin, les femmes sous THS sont mieux suivies**. Leurs seins sont examinés cliniquement et elles font davantage de mammographies. Les cancers du sein découverts au cours de cet examen sont forcément petits et peu avancés car ils sont dépistés plus tôt. Le diagnostic est alors plus facile à faire, surtout pour les cancers « canalaires » qui se signalent par des microcalcifications. Les cancers « lobulaires » sont plus difficiles à découvrir si les seins sont très denses.

➤ *Insulino-résistance et THS*

Les œstrogènes à doses modérées, associés à de la progestérone naturelle, améliorent la sensibilité de l'insuline et donc son taux dans le sang. Ce n'est pas le cas pour certains pro-

24. « Cancer du sein, incidence et prévention », Prs H. Rochefort, J. Rouëssé, H. Sancho-Garnier, M. Tubiana, 13/06/07.

gestatifs, notamment le MPA (quasi exclusivement prescrit aux États-Unis) qui augmente l'insulino-résistance.

Il paraît maintenant probable que l'œstradiol n'est pas (ou très peu) le promoteur de ces cancers en l'absence d'hyperinsulinisme. Si certains traitements hormonaux augmentent le risque de cancer, c'est par l'intermédiaire de leur effet sur l'insuline. Pris seuls, les œstrogènes restent neutres, voire diminuent ce risque.

Cette hypothèse, qui semble se confirmer, est d'autant plus intéressante qu'elle éclaire bien des zones d'ombre. Elle explique notamment l'action de certains facteurs de risque du cancer peu suspectés il y a moins de dix ans : surpoids, alcool, sédentarité... En outre, elle plaide pour un THS à doses modérées dès le début de la ménopause, sauf peut-être chez les femmes qui présentent déjà une insulino-résistance.

Ainsi, sur le plan hormonal, le risque de cancer du sein est influencé par l'insuline, l'obésité androïde, les progestatifs à l'exception de la progestérone naturelle et de la didrogestone (Duphaston), et les adipocytokines du tissu graisseux. Le rôle joué par l'œstradiol apparaît minoritaire, d'autant qu'il favorise plutôt l'insulino-sensibilité !

Qu'en est-il des cancers du sein découverts au cours d'un THS ?

On sait que le traitement hormonal améliore le pronostic des cancers du sein. L'augmentation du risque ne porte que sur les formes « récepteurs positifs » (sensibles aux hormones), un peu comme si le THS favorisait une forme particulière de cancer. En l'absence de récepteurs, le pronostic est le même que pour les femmes non traitées. Seuls les cancers sensibles aux hormones verront donc leur pronostic amélioré.

Le THS n'augmente qu'une forme particulière de cancer du sein : ceux qui sont sensibles aux hormones. Celles-ci n'agissent pas sur les cancers strictement intracanalaires (carcinome *in situ*).

Le risque de métastases est diminué de moitié chez les femmes sous THS, car les œstrogènes diminuent fortement le pouvoir métastatique du cancer. À nombre égal de ganglions envahis, **la mortalité des femmes sous THS est inférieure à celle des autres**, à condition qu'il s'agisse de cancers hormono-dépendants. Les anti-œstrogènes qui seront prescrits par la suite auront plus d'effets que bien des chimiothérapies.

DEUXIÈME PARTIE

Le traitement hormonal substitutif

CHAPITRE PREMIER

Les femmes et la ménopause

J'espère avoir éclairé mes lectrices (et mes lecteurs qui s'intéressent au sujet) sur tous les points sensibles de la controverse concernant le traitement hormonal substitutif et surtout les avoir rassurés sur ceux qui leur semblaient inquiétants.

Maintenant il est temps, pour certaines d'entre vous encore peu informées sur ses modalités, d'aborder le sujet de départ, la ménopause… Sans son existence, nous n'en serions pas là !

Peut-être ignorez-vous même comment vous situer par rapport à cette étape incontournable de la vie des femmes… Il m'arrive souvent d'entendre cette question : « Mais, docteur, est-ce que je suis ménopausée ? »

Aussi, avant d'aborder les chapitres suivants qui concernent plus spécifiquement le THS, il nous semble utile de rappeler quelques notions physiologiques élémentaires pour mieux comprendre les arguments développés par la suite.

Les femmes et la ménopause aujourd'hui

Jamais, la société n'a autant vanté la jeunesse et les produits anti-âge, et cultivé le jeunisme. Or, chaque année, 430 000 femmes aux alentours de 50 ans abordent la ménopause, à un âge où elles se sentent encore jeunes, capables de vivre pleinement et de réaliser encore beaucoup de projets. Elles sont 11 millions et demi en 2010, elles seront 15 millions en 2015, avec près de 40 ans d'espérance de vie devant elles.

Une partie d'entre elles, un quart environ, passe le cap sans trop de secousses. Les autres, plus nombreuses, se sentent vieillir d'un coup à ce moment-là et, pour certaines, presque handicapées par les bouffées de chaleur et les coups de pompe qui surviennent subitement.

Cette période de grande vulnérabilité survient au pire moment. Professionnellement, ces femmes occupent des postes de plus grande responsabilité dans lesquels elles se sentent de plus en plus menacées à la fois par « les jeunes » qui convoitent leur place et leurs supérieurs hiérarchiques. Elles doivent donc y consacrer un surcroît d'énergie. À la maison, certaines vivent mal le départ de leurs enfants, d'autres ont encore des adolescents avec des problèmes qui requièrent plus d'attention et qu'il faut résoudre. D'autres encore vivent seules et le supportent de plus en plus mal.

Le surcroît de tâches contribue à augmenter leur niveau de stress au moment où, du fait de la carence hormonale en œstrogènes et de la baisse provisoire du taux de certains neuromédiateurs, comme la sérotonine, elles présentent une moindre résistance au stress, une fatigue inexpliquée, des troubles du sommeil et de l'humeur, etc.

Elles voudraient pouvoir, sans souffrir et sans trop d'efforts, poursuivre une vie de femme active comme avant, rester belles, séduisantes et minces, s'habiller comme leurs filles, bref maintenir les apparences malgré tout le chamboulement intérieur.

On les tente avec des hormones... elles ont peur du cancer du sein... on les culpabilise... En réalité, on leur met à portée de main un fruit défendu... encore une fois ! Elles vivent ce moment comme une cassure brutale, tiraillées entre leur désir de confort et leur santé.

Et les hommes dans tout cela ? Ont-ils une andropause ?

La vie hormonale d'un homme est beaucoup plus paisible... Après la puberté, aucun événement biologique ne viendra lui rappeler son corps : ni gonflement mammaire ou abdominal, ni règles ni douleurs cycliques, ni troubles inexpliqués de l'humeur, ni carence hormonale survenant brutalement aux deux tiers de sa vie. Chez lui, le fonctionnement hormonal s'effectue de façon continue, depuis la puberté jusqu'à la fin de l'existence, sans cassure comme chez la femme, mais avec un déclin progressif.

Seulement une faible partie des hommes (15 à 20 % environ après 50 ans) connaît les désagréments de l'andropause, cette proportion augmentant avec l'âge, alors que la totalité des femmes sont privées d'hormones au-delà de 55 ans, avec les conséquences que cela implique.

Les symptômes de l'andropause

Ils se manifestent par des troubles sexuels : diminution inhabituelle du désir, érections plus rares. Comme chez la femme, on retrouve la fatigue accompagnée de douleurs musculaires, des troubles du sommeil, souvent en « pointillé », de la mémoire et de l'humeur, une fragilité psychologique, une prise de poids, parfois des bouffées de chaleur, et une accumulation des graisses au niveau des hanches, des fesses et des seins. En l'absence d'hormones, la silhouette de la femme se masculinise, celle de l'homme se féminise.

Si l'andropause est confirmée par les dosages hormonaux, un homme **peut bénéficier lui aussi d'un traitement hormonal substitutif, mais par la testostérone**, une fois éliminées les contre-indications. Comme elle avec ce traitement, il se sentira infiniment mieux et de meilleure humeur, retrouvera désir sexuel et érections, et améliorera sa masse osseuse et musculaire.

Sous contrôle médical, ce traitement est sans danger. Il ne fait que se substituer aux hormones manquantes. C'est une question de choix et de philosophie : soit on se résigne et on laisse faire la nature ou bien on repousse un peu les limites pour mieux vieillir.

Qu'est-ce que la ménopause ?

La ménopause est une étape physiologique à laquelle l'organisme se prépare à l'avance. Elle survient rarement d'un seul coup ; elle s'installe progressivement dans les meilleurs cas, mais parfois par à-coups. Elle entraîne, chez un grand nombre de femmes, une détérioration de la qualité de vie.

Cette altération peut être plus ou moins importante et plus ou moins longue, mais il est rare que la ménopause passe complètement inaperçue. La rupture biologique que constitue la fin de la production d'hormones par les ovaires est le point de départ d'une série de transformations qui ont des répercussions neurologiques et somatiques.

Cet événement se produit entre 45 et 55 ans, la moyenne se situant autour de 51 ans. Avant 40 ans, on parle de ménopause précoce, et après 55, de ménopause tardive. **On estime qu'une femme est ménopausée lorsqu'elle n'a pas eu de règles depuis un an.** Cela signifie que la production hormonale s'est tarie, enfin pas tout à fait. Ce processus se fait par étapes, au cours des années qui précèdent.

Autrefois, les médecins parlaient de « préménopause » pour désigner cette période au cours de laquelle les cycles deviennent de plus en plus irréguliers. Mais cette notion étant difficile à cerner, aussi bien dans sa durée que dans son déroulement, on parle aujourd'hui de « périménopause » pour désigner la période qui entoure l'arrêt des règles.

Depuis la puberté, les ovaires des femmes ont sécrété chaque mois des œstrogènes afin de préparer l'ovule à être fécondé et de la progestérone pour préparer l'utérus à recevoir l'éventuel embryon. Pour ce faire, les ovaires ont répondu aux ordres de l'hypothalamus et de l'hypophyse, deux petites glandes endocrines qui leur envoient régulièrement le message sous forme de gonadotrophines.

À partir de 45-48 ans environ, la réponse des ovaires à ces sollicitations s'affaiblit progressivement. Les cycles se succèdent à un rythme fantaisiste, tantôt courts, tantôt longs. L'ovulation se fait de plus en plus rare. Les règles sont variables d'un cycle à l'autre.

Un beau jour – qui passe inaperçu –, l'hypophyse et l'hypothalamus ont beau augmenter la production des gonadotrophines, les ovaires finissent par rester muets. Ils ont épuisé leur capital folliculaire pourtant très important à la naissance. Sur le million de follicules du départ, il n'en subsiste que quelques-uns. Les règles s'arrêtent définitivement. À ce stade, les ovulations ont disparu et la sécrétion hormonale s'est interrompue.

Que la ménopause s'installe en douceur ou qu'elle s'accompagne de soubresauts hormonaux intenses, elle constitue un bouleversement pour le corps féminin. Outre qu'elle sonne le glas de la fertilité, la ménopause a beaucoup d'autres conséquences, pour la plupart désagréables. Car les hormones féminines participent également à la protection de nombreux tissus : artères, os, cellules cérébrales, peau et articulations… Lorsque la production hormonale cesse, ces tissus se fragilisent progressivement. C'est ce qui produit les effets à long terme de la ménopause. À cela s'ajoutent les effets immédiats : bouffées de chaleur, fatigue, problèmes de sommeil, altérations de l'humeur.

Comment savoir que l'on est ménopausée ?

Aucun des signes cliniques habituels n'est un critère de ménopause car ils sont tous réversibles. Ils permettent seulement de l'annoncer, mais sans en préciser la date… On ne peut affirmer la ménopause qu'un an après les dernières règles ou bien après trois mois d'affilée sans règles avec des tests répétés aux progestatifs.

Les dosages hormonaux dans le sang sont sans grand intérêt compte tenu de leur grande variabilité. Tout au plus donnent-ils une idée de l'état de fonctionnement des ovaires. Après la lecture de certains résultats, on pourrait penser qu'une femme est ménopausée ; la réalité est plus complexe car le mois suivant, tout peut changer… Un taux élevé de FSH témoigne des efforts que fait l'hypophyse pour stimuler des ovaires défaillants mais un ou deux mois plus tard il peut baisser. Le taux des œstrogènes est bas, voire effondré en cas de ménopause, mais ce n'est parfois que provisoire.

Peut-on prévoir à quel âge surviendra la ménopause ?

On sait que la ménopause va survenir entre 45 et 55 ans dans la majorité des cas, mais les mécanismes qui permettraient de prédire l'âge de survenue restent encore mystérieux. Celui-ci n'est influencé ni par la date aux premières règles ni par la pilule quelle que soit sa durée de prise, ou alors très faiblement, ni même curieusement par le nombre de grossesses. Seuls vont jouer **l'hérédité** – l'âge de la mère au moment de la ménopause reste un bon élément de prévision –, le tabac qui avance l'âge de la ménopause, une mauvaise alimentation ou encore certaines maladies.

En revanche, on peut maintenant, grâce à des dosages hormonaux spécifiques, **évaluer la réserve ovarienne en follicules**. Ce dosage n'est pas utilisé pour prévoir la ménopause mais pour évaluer les chances de fertilité d'une femme après 35 ans quand la grossesse tarde à venir.

Les causes de la ménopause restent encore obscures. De toutes les femelles mammifères, les femmes sont les seules à voir leur production d'ovules se tarir alors qu'il leur reste encore plusieurs décennies à vivre. On estime qu'en 2050, plus de la moitié des femmes seront ménopausées dans notre pays, et que leur durée de vie « sans hormones » dépassera leur durée de vie fertile (plus de 34 ans à ce jour).

De quoi se plaignent les femmes à la ménopause ?

Pour éviter toute confusion, il faut bien distinguer deux phases

➤ *Les premiers troubles*

Ils se manifestent en moyenne vers 47 ans, c'est-à-dire à l'entrée de la **périménopause**, probablement la plus mal vécue par les femmes, surtout si elle s'éternise. Elle correspond aux quelques années qui précèdent la ménopause confirmée, soit environ quatre ans. Cette période se caractérise par une véritable « anarchie » hormonale, avec alternance de moments d'**hyperœstrogénie**[1] – hémorragies diverses, tension douloureuse des seins, changements brusques d'humeur, sensations pénibles de « gonflements » – et de moments d'**hypo-œstrogénie**[2] avec bouffées de chaleur, coups de pompe, troubles du sommeil, sentiments dépressifs. Ce déséquilibre hormonal est à l'origine d'une prise de poids très mal vécue.

À cet âge, la femme se sent particulièrement inconfortable. Elle a perdu ses points de repère et subit sans les comprendre les fluctuations très marquées des taux d'œstrogènes. Par moments, elle craint d'être enceinte, à d'autres elle est persuadée d'être ménopausée. C'est une phase difficile à gérer sur le plan médical et psychologique. Même la femme la plus « équilibrée » éprouve à ce moment-là le besoin de consulter un médecin « qui l'écoute ».

---

1. Excès d'œstrogènes.
2. Insuffisance en œstrogènes.

➤ *Que faire ? Il est encore trop tôt pour instaurer un THS*

Les médecins ont beaucoup de difficultés à instaurer des schémas thérapeutiques pour atténuer ces effets car délicats à moduler, tant la situation change en permanence. La majorité des femmes sont condamnées à laisser passer l'orage en faisant le gros dos. À ce moment-là, il me paraît essentiel de consulter un médecin qui est familiarisé avec ces problèmes pour faire le point et étudier comment limiter la gêne occasionnée par ces symptômes. Avant tout, vous devez poursuivre la pratique d'un exercice quel qu'il soit pour diminuer les bouffées de chaleur, garder le moral et limiter la montée en puissance de la redoutable masse grasse…

Aucune femme n'échappe à la ménopause, alors restez « zen ». Puis, deuxième phase, au fur et à mesure qu'avance le moment de la ménopause, les plaintes augmentent en fréquence.

Les symptômes

➤ *Les bouffées de chaleur ou sueurs*

Elles concernent trois quarts des femmes et peuvent s'étaler sur deux à dix ans, parfois beaucoup plus longtemps, au-delà de 80 ans. C'est un symptôme banal, réellement handicapant pour un quart des femmes et peut-être moins bénin qu'on ne le pense. Nous y reviendrons

Outre le THS et la tibolone, nous disposons d'un arsenal thérapeutique désespérément pauvre, et sommes contraints dans les cas extrêmes à prescrire un antidépresseur, un bêtabloquant, de la vitamine E à hautes doses selon les cas. Un certain nombre de femmes trouvent un soulagement avec les compléments alimentaires ciblés sur ce trouble.

➤ *La prise de poids et la modification de la silhouette*

Elles se font au profit de la masse grasse, surtout localisées dans l'abdomen. Une majorité des femmes déclarent avoir pris entre 4 et 7 kilos voire plus. Cette prise de poids se fait habituellement juste avant ou pendant la ménopause. La graisse abdominale joue un rôle sur le risque accru de maladie cardio-vasculaire. Les seuls conseils valables concernent l'alimentation et l'exercice physique.

➤ *Les troubles de l'humeur et notamment les sentiments dépressifs*

En l'absence d'événement particulier, les états d'âme de la femme sont liés au contexte hormonal. Chez toutes, on note une moindre résistance au stress qui se traduit, selon les tempéraments, par une plus grande anxiété, une nervosité, une fatigue émotionnelle et des sentiments de dévalorisation. La chute du taux des œstrogènes entraîne une baisse des taux de la sérotonine dans le cerveau responsable d'une diminution du tonus mental.

➤ *La fatigue*

Elle dure le temps que met l'organisme à s'adapter à vivre sans hormones. Elle est à la fois physique (notamment musculaire) et émotionnelle (baisse de tonus, plus grande difficulté à se concentrer, difficultés de mémorisation). La chute de la libido qui l'accompagne démoralise et pèse lourdement sur la vie de certains couples.

➤ *L'insomnie*

Tous les types peuvent se rencontrer, des difficultés d'endormissement aux réveils en pleine nuit, favorisés par les sueurs et les douleurs articulaires. Plus que chez l'homme au même âge, il existe une réduction du temps du sommeil profond et paradoxal.

➤ *Le vieillissement de la peau*

Les femmes ont beaucoup de mal à se résoudre à voir leur peau perdre son éclat, sa tonicité et son élasticité et s'en plaignent amèrement auprès de nous. Elles sont en quête de crèmes ou d'oligoéléments en comprimés.

➤ *Les douleurs musculaires et articulaires*

Elles sont plus rares ; quand elles perdurent avec intensité, elles obligent les femmes à prendre des antalgiques, voire à consulter un rhumatologue.

➤ *La sécheresse des muqueuses*

Elle vient un peu plus tard. Les douleurs occasionnées par les rapports en l'absence de mesures locales simples gâchent la vie sexuelle et la vie du couple.

Si toutes les femmes souffrent de désagréments de la ménopause, d'une façon ou d'une autre, toutes ne se plaignent pas. Face à la ménopause, les femmes ne réagissent pas de la même manière. Chacune réagit selon son caractère, son histoire familiale, ses propres antécédents médicaux, ses rencontres et ses expériences. Il y a celles qui résistent et celles qui, résignées, lâchent prise. Certaines font semblant de ne rien voir, d'autres, celles qui ont anticipé, se battent avec les armes qu'on leur donne, d'autres encore craquent à ce moment-là.

Les femmes se débattent comme elles peuvent avec leurs symptômes, dont l'intensité est variable selon les cas. Leurs plaintes sont réelles. Elles affectent à la fois leur corps et leur esprit. Les plus combatives cherchent par tous les moyens à y remédier avec : les compléments alimentaires contre les bouffées de chaleur ; les psychotropes contre l'insomnie, la déprime et les troubles de l'humeur ; les vitamines de toutes sortes contre la fatigue ; l'acupuncture, l'homéopathie, les antidouleurs et les infiltrations contre les articulations douloureuses ; les biphosphonates contre l'ostéoporose qui survient en principe beaucoup plus tard. Sans parler des crèmes et des gels pour calmer les irritations des muqueuses et favoriser une sexualité qui peut devenir douloureuse.

À quel médecin en parler ?

Le médecin idéal doit donc savoir répondre à chaque demande à un moment précis. Il n'est pas là pour juger, ni pour minimiser mais pour écouter, puis informer, sans relâche, en tenant compte du niveau intellectuel et de l'état psychologique de sa patiente, guider, trouver la solution la plus adaptée possible à sa personnalité et à ses désirs profonds. C'est ainsi qu'il parviendra à établir un traitement sur mesure, seul traitement valable à cette étape de la vie.

La ménopause à bien des égards interpelle les médecins. Elle les oblige à sortir des schémas binaires, elle les contraint à l'écoute patiente et à la pédagogie, elle les remet en question en permanence… Cette nouvelle approche de la médecine ne convient pas à tous, et peu finalement acceptent volontiers de le faire mais ceux qui le font y trouvent une nouvelle source d'échanges et de profondes gratifications.

Si cette kyrielle de symptômes désagréables est engendrée par la privation des œstrogènes, pourquoi ne pas penser que le remplacement de ces hormones pourrait apporter une solution simple et efficace ?

CHAPITRE 2

Les bienfaits du THS

Si les reproches couramment adressés au traitement hormonal ne sont pas toujours justifiés, surtout avec les produits absorbés par voie cutanée à doses adaptées, les avantages qu'on lui reconnaît sont, eux, tout à fait fondés. Et ils sont nombreux.

Avant de prendre une décision, je ne saurais trop vous conseiller de lire les lignes qui suivent pour vous faire une idée de ce que peut vous apporter ce traitement qui, comme vous le savez, n'est jamais obligatoire et peut même dans certaines conditions être contre-indiqué.

Le traitement hormonal de la ménopause, encore appelé THM, concerne le traitement hormonal classique (THS) ainsi que son alternative, la tibolone, qui fera l'objet d'un autre chapitre.

L'essentiel des bénéfices du THS est apporté par les œstrogènes, la progestérone ne jouant qu'un rôle d'appoint pour éviter la croissance intempestive de la muqueuse utérine et améliorer le sommeil.

Il est temps de réhabiliter le THS

Depuis 2003, les articles et les livres qui paraissent sur la ménopause n'osent plus insister sur les avantages de ce traitement, même lorsqu'ils émanent des gynécologues les plus convaincus. Les auteurs y traitent des symptômes et des risques de la ménopause, du cancer du sein, des modalités du THS, des vertus de l'alimentation et de l'exercice physique… Mais aucun n'ose exposer clairement tous les bénéfices qu'apportent ces hormones. Du coup, ce sont les rhumatologues, les cardiologues et les gériatres qui s'expriment le mieux sur les hormones. Un comble ! Il faut dire aussi que nous avons fait l'objet de multiples attaques…

Pourtant, les bénéfices du traitement hormonal sont réels. Ils sont confirmés à la fois par les femmes qui expriment leur satisfaction et par toutes les études scientifiques (à quelques nuances près, nous le verrons).

Quand je reçois en consultation des femmes tentées par le THS mais encore hésitantes, je leur fais valoir ses avantages pour elles, sans pour autant leur cacher ses risques. Ainsi informées, elles refusent rarement : « Je ne savais pas, disent-elles. Je croyais qu'il s'agissait seulement de calmer mes bouffées de chaleur ! » Plus leurs symptômes sont pénibles, plus elles se montrent enthousiastes. Six mois plus tard, la majorité d'entre elles me confirment qu'elles ne sont « plus les mêmes » et qu'elles ont la sensation de « se retrouver », d'être à nouveau « comme avant ». Certaines parlent même de « résurrection ».

Je pense que le temps est venu de réhabiliter le traitement hormonal de la ménopause. Avant de le refuser ou d'attendre trop longtemps sans pouvoir vous décider, il convient d'en connaître tous ses avantages et de voir ce qu'il peut apporter à votre situation actuelle.

En début de ménopause, les bienfaits du traitement hormonal portent essentiellement sur la qualité de vie sensiblement altérée. Avec le temps, ces effets paraissent s'estomper mais les autres continuent à exercer un effet protecteur contre des risques plus sérieux.

Les avantages immédiats du traitement hormonal

➤ *La qualité de vie s'améliore*

En moins d'un mois de traitement, l'amélioration est spectaculaire. L'effet est d'autant plus rapide que les symptômes étaient gênants : bouffées de chaleur, sueurs nocturnes, insomnies répétées, fatigue inexpliquée, sentiment de déprime, douleurs articulaires… Celles qui avaient arrêté le traitement hormonal, par crainte d'un cancer du sein ou simplement par paresse, reconnaissent en le reprenant qu'elles se sentent nettement mieux dans leur corps et leur tête.

Presque tous les jours, j'entends les réflexions suivantes :

- « Je me sens ressuscitée, je n'arrive pas à y croire ! »
- « Ma vie a changé, je ne vois plus les choses de la même façon. »
- « Je me sens tellement mieux qu'il n'est pas question de l'arrêter. Je préfère vivre cinq ans de moins, mais vivre pleinement. »
- « Vous aviez raison, je ne pensais pas que c'était à ce point. »
- « Mes amies me traitent de folle ou d'inconsciente. Je ne les écoute pas, ou je réplique que ce sont elles les idiotes car elles se privent d'un traitement qui fait beaucoup de bien. Je n'ai

pas envie de subir comme elles les bouffées de chaleur et tout le reste ! »

• « Je suis très écolo et je mange bio. J'ai refusé au départ le THS pendant un an. J'avais beaucoup de symptômes et je me sentais dépressive. J'en ai parlé à ma gynécologue qui m'a convaincu par ses arguments sans me “pousser”. Elle m'a laissée libre de choisir. J'ai essayé et j'ai été conquise. Ma vie a changé, je me sens tellement mieux, je dors, je ne suis plus déprimée. Le confort, je le ressens le jour et la nuit ! Je n'ai plus du tout envie d'arrêter. »

• « La période d'arrêt me laisse pressentir ce que cela peut être de vivre sans hormones du tout. Je crois que je n'arrêterai jamais. »

• « J'ai changé de pharmacien car, à chaque renouvellement d'ordonnance, il me disait : vous continuez encore ce traitement ? Vous ne devriez pas ! »

• « Quand j'ai passé ma mammographie, j'ai omis volontairement de dire au radiologue que j'étais sous THS. La dernière fois, il m'avait fait des réflexions désagréables, et j'en ai assez ! »

Ce ne sont que quelques exemples parmi des centaines. **Dans tous les cas, ces femmes témoignent de l'amélioration rapide de leur qualité de vie.** Une question se pose alors : pourquoi ? Pour quelles raisons peut-on passer si vite d'un état à un autre par le seul fait des hormones ?

La réponse nous renvoie à la ménopause. Une fois celle-ci installée, les ovaires ont cessé de fonctionner et de sécréter leurs hormones (œstrogènes et progestérone). Il s'ensuit une carence hormonale à l'origine d'effets plus ou moins marqués selon les cas. On peut compenser cette carence par des hormones, et le plus étonnant, c'est qu'il suffit de petites doses d'œstrogènes pour rétablir une forme d'équilibre.

Se pose aussi la question du « comment ». Notre corps possède des milliards de récepteurs aux hormones. Ce sont des cellules qui fonctionnent comme une serrure : sans clé, leur porte ne peut pas être ouverte. Et cette clé, c'est une hormone. Les tissus et les organes qui possèdent des récepteurs hormonaux sont dits « hormono-sensibles ». C'est le cas du cerveau, des seins, de l'utérus, du cœur, des vaisseaux, de la peau, des os et du cartilage, du côlon…

Privés d'hormones, ces récepteurs ne fonctionnent plus. L'organe finit par en souffrir d'une manière ou d'une autre. Quelquefois (nous y reviendrons), il n'est pas souhaitable que cet organe soit stimulé. C'est pourquoi les hormones ont des effets bénéfiques, mais aussi délétères.

➤ *L'effet positif et protecteur des hormones sur le cerveau*

Avec le temps, l'expérience acquise au fil de mes observations et une meilleure connaissance du fonctionnement cérébral, j'ai envie de privilégier le cerveau parmi tous les organes, contrairement aux habitudes en cours depuis l'existence du THS.

Pour justifier l'intérêt médical du THS, au tout début de sa prescription (dans les années 1960), les médecins avaient mis en avant ses effets protecteurs sur le cœur et les artères, puis sur les os et dans une moindre mesure sur les bouffées de chaleur. Mais il a fallu au corps médical beaucoup de temps pour admettre les avantages du traitement hormonal sur le bien-être et la qualité de vie, trop souvent considérés comme une préoccupation d'ordre mineur et non vitale !

Les œstrogènes ralentissent le vieillissement cérébral

Nous savons maintenant qu'il existe des récepteurs hormonaux dans la majeure partie des structures cérébrales. Privés d'hormones, les neurones souffrent. Les bouffées de chaleur constituent la première manifestation d'un dérèglement dans le cerveau, au niveau du centre de thermorégulation[1]. De la même manière, les sentiments dépressifs sont en partie dus à la baisse d'un neuromédiateur cérébral, la **sérotonine**, dans laquelle les œstrogènes sont impliqués.

Il faudrait pouvoir suivre très longtemps des femmes (au moins quinze ou vingt ans) et pratiquer régulièrement des IRM[2] du cerveau (d'un coût prohibitif), pour avancer la preuve de ce qui va suivre. Cependant, nous disposons aujourd'hui d'un grand nombre d'arguments **en faveur d'un effet bénéfique des œstrogènes sur le vieillissement cérébral**. Toutefois ces effets sont soumis à une condition : ils doivent être administrés en tout début de ménopause.

Les arguments avancés sont d'ordre clinique, radiologique et biologique. Par l'intermédiaire des récepteurs hormonaux (dont l'existence est prouvée), les œstrogènes « nourrissent » les neurones, les entretiennent et les empêchent de mourir. Ils améliorent la circulation sanguine cérébrale, fournissant ainsi aux neurones davantage de sucre, le carburant essentiel à leur bon fonctionnement. Les œstrogènes augmentent également le nombre de connexions entre les cellules cérébrales et créent des conditions facilitant le passage des informations de l'une à l'autre. Ces effets sont surtout sensibles dans l'hippocampe et le système limbique.

Bien sûr, il existe d'autres façons de doper naturellement les neurones[3], à commencer par une bonne alimentation, la pratique régulière d'une activité physique, et toute forme de stimulation cérébrale. Grâce à ces bonnes habitudes, de nombreuses femmes vivent longtemps et mieux en conservant

---

1. Centre qui régule la température du corps.
2. Imagerie à résonance magnétique.
3. Voir le dernier chapitre du livre, p. 274.

leurs capacités mentales. Toutefois, le traitement hormonal, en remplaçant les « œstrogènes perdus », apporte une aide indubitable sans aucun effort…

Il faut savoir aussi que le cerveau est bourré d'enzymes, comme les aromatases, qui transforment les hormones mâles (notamment la testostérone) en œstrogènes. C'est la raison pour laquelle les hommes, qui bénéficient toute leur vie de leurs hormones (sauf en cas d'andropause, dans 10 % des cas) ne souffrent pas de bouffées de chaleur. Ils présentent même deux fois moins de maladie d'Alzheimer que les femmes. En réalité, leurs hormones augmentent l'activité d'une enzyme l'acétylcholine-transférase et favorisent la croissance dendritique.

Pris en début de ménopause, le traitement hormonal pourrait ainsi préserver les femmes du déclin cognitif. En revanche, administrés tardivement (huit à dix ans après la ménopause) sur des cellules déjà atteintes par un processus inflammatoire, ils pourraient à l'inverse accélérer la dégénérescence neuronale[4].

Le traitement hormonal diminue les bouffées de chaleur

Les femmes qui prennent ou ont pris un THS en témoignent : **les bouffées de chaleur et les sueurs nocturnes sont supprimées ou nettement diminuées dans 98 % des cas**. Et ce, en intensité comme en durée.

Ces symptômes ont longtemps été négligés par les médecins qui n'y voyaient aucun risque médical. Pourtant, ils touchent 75 % des femmes ménopausées et gâchent leur existence ! Ils durent au minimum cinq ans (pour plus de la moitié d'entre elles) et persistent dix, vingt, voire trente ans pour une femme sur quatre. Des femmes de 80 ans ont encore

---

4. Je reviendrai sur la maladie d'Alzheimer en fin de ce chapitre.

des bouffées de chaleur, certes moindres mais encore désagréables ! Même l'Afssaps, qui s'est montrée hostile au THS après la publication des résultats de l'étude WHI, a autorisé les médecins à prescrire des petites doses d'œstrogènes aux femmes souffrant de bouffées de chaleur.

L'effet dépend alors de la dose d'œstrogènes prescrite. Celle-ci doit être modulée et adaptée au cas par cas jusqu'à trouver la prescription la plus efficace. Attention : il est déconseillé d'interrompre brutalement le traitement, sous peine de voir réapparaître les bouffées de chaleur, même au bout de dix ans. Mieux vaut donc l'arrêter en douceur, de façon étalée dans le temps.

Pour un quart des femmes, les symptômes sont très pénibles, voire handicapants. À n'importe quel moment de la journée, elles se mettent à rougir et à transpirer. Elles ont l'impression que tout le monde perçoit leur malaise. Cette sensation est particulièrement perturbante en milieu professionnel (surtout s'il est masculin), et leur fait perdre toute confiance en elles. La nuit, trempées de la tête aux pieds, elles doivent se lever, se doucher, se changer, garder des serviettes de toilette à portée de la main pour absorber l'humidité… Parfois, elles doivent même changer leurs draps. Le lendemain, bien évidemment, elles sont épuisées et de mauvaise humeur. Ces troubles sont ainsi responsables d'insomnies, de troubles de l'humeur, de sentiment de dévalorisation et de fatigue.

L'effet des bouffées de chaleur et des sueurs nocturnes sur la santé des femmes est loin d'être anecdotique. Ces troubles du climatère (c'est leur appellation officielle) témoignent d'une désorganisation du centre qui contrôle la régulation de la température corporelle, mais expriment aussi une souffrance cérébrale. L'imagerie médicale a permis d'observer et de comprendre ce qui se passe à ce moment-là dans le cerveau féminin : certains vaisseaux se dilatent trop alors que d'autres situés ailleurs dans le cerveau (notamment dans les régions pariétales et temporales, les plus atteintes dans la maladie d'Alzheimer) se retrouvent moins irrigués. Les bouffées de chaleur pourraient ainsi provoquer une sorte de stress oxydatif dans le cerveau, lequel serait susceptible d'entraîner dans certains cas des troubles cognitifs ultérieurs. Enfin, le cervelet (centre de l'équilibre) peut souffrir lui aussi du manque d'œstrogènes, à l'origine des pertes d'équilibre et de l'augmentation de l'effet pénible des bouffées de chaleur.

Un médecin doit donc traiter ce symptôme, d'une façon ou d'une autre, à partir du moment où il existe une plainte. Le moyen le plus simple, rapide et efficace que nous connaissons aujourd'hui, c'est encore le THS, en l'absence de contre-indications comme un cancer de l'utérus ou du sein.

Le traitement hormonal redonne du tonus et de l'énergie

Après la ménopause, les femmes ont souvent tendance à lâcher prise et à moins s'activer. Cette baisse de dynamisme est directement liée au tarissement de la production d'œstrogènes. Celles qui grossissent à la ménopause le doivent en partie à la baisse du désir d'entreprendre, de bouger, d'agir, de chercher à se faire plaisir... Elles se mobilisent moins, sans s'en rendre compte tout de suite car l'effet de la carence œstrogénique est progressif et cet état leur paraît naturel, ce qui l'est en apparence.

Avec le THS, la sensation de fatigue physique et morale s'amoindrit nettement et vite. Dans leur immense majorité, les femmes se sentent mieux sur tous les plans. Grâce aux effets positifs des œstrogènes sur les mécanismes inflammatoires notamment au niveau des articulations, les douleurs diffuses s'atténuent ou disparaissent, ce qui réveille l'envie de bouger et de faire de l'exercice.

Quelques-unes me disent qu'elles continueront leur traitement hormonal tant qu'elles travailleront. « J'attends la retraite pour m'arrêter », répètent-elles. Elles avouent en avoir besoin pour trouver l'énergie nécessaire pour faire face à leurs responsabilités professionnelles, leurs horaires, leurs obligations… Celles qui l'expriment ont habituellement déjà essayé d'interrompre leur traitement, mais y sont revenues.

Le THS aide ainsi à retrouver le goût de vivre et l'envie de se prendre en charge. Il contribue à une reprise en main globale de l'hygiène de vie quotidienne. Après avoir débuté un THS, un certain nombre de femmes ménopausées s'inscrivent à un cours de gym ou d'aquagym, ou trouvent la force de modifier leur alimentation…

Le traitement hormonal améliore la qualité du sommeil

Combinés à la progestérone naturelle micronisée, les œstrogènes facilitent l'endormissement. Ils réduisent les réveils nocturnes grâce à la disparition des sueurs. Ils limitent les insomnies du petit matin, souvent liées à des douleurs articulaires et des fourmillements dans les jambes et les bras. « J'ai retrouvé le sommeil ! »

Le THS agit ainsi sur la qualité du sommeil d'une manière globale, à la fois directe et indirecte. Bien dormir contribue à se sentir en forme.

Le traitement hormonal diminue les troubles de l'humeur

« Avec ce traitement, c'est comme si on tirait un rideau et que la lumière entrait à nouveau », m'a dit un jour une patiente qui n'avait plus de règles depuis trois ans et ne se plaignait de presque rien. Au début de la ménopause, les femmes ne peuvent ressentir ni l'usure osseuse ni la dégradation de leurs artères. Mais elles perçoivent avec beaucoup d'intensité les modifications de leur humeur et l'impossibilité de la contrôler, un peu comme avant, pendant les jours qui précédaient les règles ; elles en souffrent et leur entourage aussi !

Les œstrogènes ont une influence importante sur le taux de la sérotonine, une neuro-hormone qui agit favorablement sur le moral. Entendons-nous bien : les hormones améliorent le moral mais ne peuvent pas guérir une véritable dépression. Beaucoup de psychiatres reconnaissent qu'elles permettent de diminuer les doses des antidépresseurs, voire de les interrompre plus tôt.

Les troubles de l'humeur, les poussées d'irritabilité, les angoisses inexpliquées, les sentiments dépressifs s'estompent ainsi avec le THS. Les femmes ont le sentiment de redevenir elles-mêmes et d'avoir trouvé une forme de sérénité. De multiples études récentes l'ont clairement mis en évidence, et les échanges avec nos patientes le confirment.

Grâce à ce traitement, les femmes ont la sensation de vieillir moins vite. Cette sensation est d'autant plus présente qu'elles ont traversé une phase pénible prolongée avant de commencer à prendre leurs hormones ou qu'elles l'ont arrêté un temps avec tous les désagréments de cette interruption.

Le traitement hormonal substitutif n'empêche pas de vieillir, les femmes le savent, mais il atténue l'impression brutale du vieillissement et elles l'apprécient.

Le traitement hormonal permet une sexualité plus satisfaisante, voire une sexualité tout court

Passé la ménopause, de nombreuses femmes avouent « ne plus avoir envie », s'en inquiètent ou le regrettent ou encore l'acceptent. Seules celles qui ont maintenu une sexualité très régulière, ou qui viennent de faire une rencontre amoureuse, échappent à l'usure du désir.

Cette plainte revient fréquemment dans les consultations. Aujourd'hui, la parole des femmes s'est libérée. Elles osent davantage parler de leur sexualité, peut-être parce qu'elles savent que ces problèmes sont très fréquents à cet âge. Elles aimeraient renouer avec le désir, pour elles comme pour leur compagnon qu'elles sentent un peu frustré. Certaines s'inquiètent des répercussions que cette baisse de désir pourrait avoir sur leur couple. D'autres se sentent privées d'un plaisir qui comptait beaucoup pour elles, ou se détournent du sexe en refusant le moindre contact physique.

Après la ménopause, on voit souvent apparaître une dyspareunie. Le terme recouvre un ensemble de signes pénibles : une douleur provoquée par les rapports et directement liée à la sécheresse vaginale ; une difficulté à atteindre une excitation suffisante pour obtenir un orgasme, voire une absence totale d'orgasme qui entraîne forcément des troubles du désir.

À ces bouleversements d'origine hormonale s'associent des transformations psychologiques. Les réactions sexuelles liées au désir et au plaisir sont plus lentes, ce qui crée une inquiétude au départ, puis petit à petit une lassitude dans le couple. Les partenaires réduisent progressivement les relations physiques. À cet âge, l'homme se sent parfois remis en question, et sa crainte de ne pas avoir une érection suffisante contribue à l'espacement des rapports.

Le traitement hormonal agit à deux niveaux. En premier lieu, **il améliore indirectement la libido** (au sens de pulsion sexuelle), mais pas suffisamment pour corriger la perte de désir liée au manque d'hormones. Les doses prescrites sont insuffisantes pour compenser la perte en œstrogènes et en progestérone, ainsi que la baisse des hormones mâles sécrétées jusque-là par les ovaires. Seules persistent les substances libérées par les glandes surrénales (notamment la DHEA), mais en quantité de plus en plus faible.

Cette amélioration, même légère, ne constitue pas l'essentiel de l'effet positif du traitement hormonal sur la sexualité. Si les hormones féminines permettent une sexualité plus satisfaisante, c'est qu'elles guérissent la sécheresse vaginale, évitent les douleurs et amplifient les sensations. En agissant à la fois sur le tonus et sur le moral, elles « reboostent » la sexualité atteinte par la dépression et la fatigue.

➤ *Les hormones préservent les muqueuses génitales*

Même si les femmes ne le réalisent pas tout de suite, la carence en œstrogènes modifie lentement mais sûrement les muqueuses génitales. Les signes apparaissent quelques années après la ménopause : les muqueuses perdent leur épaisseur, leur souplesse et leur humidité ; en jargon médical, on dit qu'elles sont « atrophiées ». Les sécrétions se tarissent car le manque d'hormones ne permet plus un renouvellement cellulaire suffisant ; la lubrification est plus lente à obtenir lors des rapports amoureux.

Les femmes qui n'ont pas eu d'enfant ou qui n'ont jamais accouché par voie basse voient apparaître ces troubles plus tôt que les autres. En revanche, celles qui ont une vie sexuelle « active » et régulière les perçoivent plus tard car les relations physiques entretiennent le bon état de leurs muqueuses. Le meilleur traitement pour maintenir les muqueuses en bon état, du moins les premières années, c'est de faire souvent l'amour.

Avec les hormones, en particulier les œstrogènes, **le changement est spectaculaire** et extrêmement rapide. En moins d'un mois (je dirais même en une semaine), les tissus retrouvent leur humidité, et leur couleur rosée qui témoigne d'une bonne irrigation sanguine. Grâce à ces hormones, le vagin retrouve (et même renforce) ses capacités de défense, ce qui lui permet de mieux résister aux infections.

Même lorsque le traitement a débuté plusieurs années après la ménopause et que les tissus sont très abîmés, il suffit d'une petite quantité d'hormones pour en changer radicalement l'aspect. Le confort intime de la femme s'en trouve largement amélioré. Celle-ci constate l'absence de démangeaisons, de brûlures et de douleurs pendant les relations sexuelles.

Ce sont les récepteurs œstrogéniques situés dans les tissus qui permettent à ces hormones d'agir, un peu comme le ferait un « engrais » dans la terre, même à faible dose. Seul un médecin qui a l'habitude d'examiner les femmes peut mesurer leur efficacité en observant l'aspect des muqueuses. En revanche, les œstrogènes ont des effets moins probants sur la vulve qui a besoin d'un apport supplémentaire de crème hydratante.

➤ *Les hormones protègent les articulations et le cartilage*

Il n'est pas rare qu'au moment de la ménopause apparaissent des douleurs diffuses dans les articulations, une raideur musculaire, des maux de tête et des douleurs dans la nuque. « J'ai mal partout, j'en ai assez », me disent mes patientes. Ces douleurs chroniques contribuent à l'impression désagréable de vieillir et entament le moral. Grâce au THS, ces symptômes s'atténuent, voire disparaissent, au grand étonnement de beaucoup à l'exception des rhumatologues. Nombre de femmes habituées à prendre des antalgiques ou à subir des infiltrations ont accepté, « comme test », de prendre un THS. Elles ont été très surprises de ne plus souffrir alors qu'elles avaient abandonné leur médicament habituel.

Les médecins n'ont véritablement pris conscience de cet effet que récemment, peu de temps après la publication de l'étude WHI. Jusque-là, les effets bénéfiques des œstrogènes sur les os étaient bien connus et documentés, mais on n'avait jamais signalé ceux concernant le cartilage.

Selon une enquête nationale réalisée en 2005 par l'Association française pour l'étude de la ménopause, sur les 53 % de femmes prenant un THS, seules 68 % l'ont continué ou repris après la publication des études en 2002 et 2003. Comme on pouvait s'y attendre, leurs symptômes sont réapparus ou se sont aggravés. Et parmi eux, à la surprise des médecins, les douleurs articulaires. Celles-ci ont un maximum de fréquence entre 58 et 60 ans, et touchent plus du tiers des femmes ménopausées (36 %). Celles qui ont décidé de reprendre le THS ont ressenti une nette amélioration.

Des travaux récents ont mis en évidence une épaisseur de disque intervertébral supérieure chez les femmes encore réglées et chez celles qui, ménopausées, prenaient un traitement hormonal.

D'autre part, les femmes traitées après cancer du sein par hormonothérapie appelée les « inhibiteurs de l'aromatase », de puissants anti-œstrogènes, sont nombreuses à se plaindre d'arthralgies : au moins 40 % en souffrent réellement. Ces traitements prescrits dans les suites des thérapies habituelles, en cas de cancer hormono-sensible, visent à éviter la fabrication de tout œstrogène dans le corps. Les douleurs articulaires qui en résultent sont parfois si intenses que les femmes, malgré leur motivation pour éviter un risque de récidive ou de métastase, sont contraintes de les arrêter et de les remplacer par un autre traitement. Il semblerait que la baisse drastique des œstrogènes entraînerait une chute des opioïdes analgésiques (comme la morphine) naturellement sécrétés par le cerveau, ainsi que la libération de cytokines inflammatoires qui favorisent la douleur.

Ces données ne font que confirmer la sensibilité du cartilage articulaire aux œstrogènes, et le fait qu'une privation hormonale prolongée peut favoriser le développement d'une arthrose. Pour autant, il ne faut pas se faire trop d'illusions sur l'efficacité du THS en cas d'arthrose déjà existante. Mais une étude réalisée en 2003 a donné des résultats encourageants quant à son effet bénéfique sur l'évolution de la polyarthrite rhumatoïde : les douleurs diminuent, les signes biologiques inflammatoires s'atténuent et même les lésions radiologiques se stabilisent.

➤ *Les hormones entretiennent l'éclat de la peau*

Une de mes patientes, coiffeuse et fine observatrice, m'a dit un jour qu'elle devinait tout de suite parmi ses clientes celles qui, arrivées à l'âge de la ménopause, prenaient ou non un THS. Celles-ci lui étant fidèles, elle avait tout loisir de les observer, de comparer l'aspect de leur peau, de noter les arrêts et les reprises et d'en parler avec elles !

En effet, le traitement hormonal ralentit le vieillissement cutané de façon visible et démontrée. Après la ménopause, la peau change peu à peu d'aspect : elle perd en texture, en élasticité et en tonicité. Elle s'amincit, car une grande partie de son collagène a disparu. Elle devient plus sèche, plus rêche avec moins d'éclat. Puis, progressivement, très progressivement ne nous affolons pas, le bas du visage se relâche, les rides se creusent, la texture du cou se modifie... Ces modifications sont essentiellement relatées par les femmes concernées...

Ces changements varient d'une personne à l'autre. Ils dépendent de facteurs héréditaires : quoiqu'elles fassent, certaines femmes garderont longtemps une peau éclatante, alors que d'autres la verront se flétrir. L'altération cutanée est également liée au temps passé au soleil (et aux protections utilisées) et à la consommation de tabac, qui sont les deux grands ennemis de la peau. Enfin, sa qualité dépend de l'état de santé général, de certains traitements médicamenteux et de l'imprégnation œstrogénique résiduelle. En effet, après la ménopause, lorsque les ovaires se sont éteints, les glandes surrénales situées juste au-dessus des reins produisent des hormones mâles dont une partie est transformée en œstrogènes par le tissu graisseux, maintenant ainsi une peau plus tonique et plus jeune. Les femmes rondes sont alors plus favorisées que les femmes minces.

À part le tabac et l'exposition au soleil qui relèvent de notre volonté, il faut accepter avec une certaine philosophie le sort que nous a choisi la nature. Heureusement, nous avons à notre disposition des moyens de plus en plus nombreux pour y remédier : des crèmes de toutes sortes (pas forcément les plus chères), une alimentation saine et équilibrée, l'exercice physique au grand air, des techniques de dermatologie esthétique sophistiquées, certains compléments alimentaires (en cures de courte durée car rien ne remplace une bonne alimentation).

Au-delà de ces gestes cosmétiques, vous l'avez compris, **rien ne remplace le THS simple et peu coûteux**. J'en ai la preuve vivante tous les jours. Conserver des hormones, même en faible quantité, permet de contrer l'amincissement cutané. Et c'est encore plus vrai pour les femmes très menues qui ont accumulé peu de graisse.

Les œstrogènes exercent leurs bienfaits également sur le derme par le biais de leurs récepteurs, ce qu'aucun cosmétique n'a le droit de faire[5]. Ils corrigent ainsi l'atrophie et la chute du collagène, multiplient par sept ou huit le taux d'acide hyaluronique et améliorent la microcirculation. Ils ont aussi des effets positifs sur la sécrétion sébacée, le relief de la peau du front et sa couleur. Des études faites en laboratoire ont démontré que le THS améliore les signes d'atrophie de 16 %, la sécheresse de 32 %, et les rides de 28 %. Sous THS, l'épaisseur cutanée augmente de façon visible à l'échographie (11 %) et aux biopsies cutanées (33 %).

Grâce à eux la peau est plus hydratée. Cela se voit et se ressent après un mois seulement de traitement. Toutes mes patientes m'en font la réflexion et j'en suis toujours étonnée

5. Ces produits n'ont le droit d'agir que sur l'épiderme, la couche visible de la peau.

car ce n'est pas le principal objectif du THS et la différence n'est pas telle que je la remarque. Elles le constatent surtout quand elles ont attendu un certain temps avant de commencer leur traitement hormonal, ou quand elles l'ont arrêté quelques mois avant de le reprendre. C'est même souvent le premier avantage qu'elles invoquent. Si l'on pouvait mettre directement une crème aux œstrogènes sur le visage, spécialement conçue à cet effet, on garderait très longtemps l'éclat de la jeunesse. Mais l'utilisation de tout ce qui s'apparente à une hormone est maintenant formellement interdite.

Je tiens pourtant à dire aux femmes qui s'attristent de leurs rides que le plus important n'est pas tant la texture de leur peau que les empreintes des expressions qui se reflètent sur leur visage. Avec l'âge, chacune d'entre nous ressemble à « son âme ». Les personnes généreuses, chaleureuses, enthousiastes et bienveillantes gardent un éclat que n'altèrent pas les rides.

Selon certaines études et mes observations cliniques, il semblerait qu'existe une corrélation entre la densité osseuse et l'aspect de la peau après la ménopause. Les deux, os et peau, sont étroitement liés au taux des œstrogènes, à certaines maladies aussi. En revanche, aucun effet notable n'est démontré sur les ongles et les cheveux.

➤ *Le THS maintient une silhouette féminine*

Certaines femmes s'imaginent que le THS fait grossir. À condition d'être bien adapté et dosé, ce n'est pas vrai. Tout au plus peut-il faire prendre un ou deux kilos d'eau car les œstrogènes la « retiennent » dans les tissus. C'est, au contraire, l'absence d'œstrogènes qui fait prendre de la graisse sur le ventre à la ménopause. Il est vrai que la graisse est plus légère que l'eau. Grâce aux hormones féminines, les os fondent moins vite et la graisse abdominale est moins visible, ce qui contribue à atténuer le processus d'alourdissement inéluctable de la silhouette.

Les bénéfices du traitement hormonal à moyen et long terme

D'autres bienfaits se font sentir à plus long terme. Ils sont plus discrets, plus silencieux, mais ils ont un impact encore plus net sur l'état de santé.

➤ *Le traitement hormonal prévient l'ostéoporose et le risque de fractures*

Plus on avance en âge, notamment après 30 ans, plus la masse osseuse diminue de manière inéluctable. Tant que cette perte reste dans les limites du raisonnable, elle n'a rien de pathologique et ne nécessite aucun traitement. En revanche, à partir de 50 ans, chez la femme ménopausée, l'augmentation du risque impose de modifier certaines habitudes, voire d'adopter si possible un traitement hormonal.

Souvent, lorsqu'elles doivent faire le choix de ce traitement, certaines patientes affirment n'avoir aucun besoin d'hormones parce qu'elles ont peu de symptômes et en particulier pas de douleurs osseuses. Peut-être bénéficient-elles de bons os grâce à leur capital génétique de départ, à une production suffisante d'hormones par les ovaires tout au long de leur vie (surtout si la ménopause est tardive), à une alimentation saine et riche en calcium, à une exposition solaire raisonnable et régulière, à l'exercice physique quotidien et surtout à l'absence de ce que nous appelons les facteurs de risque de l'ostéoporose. Certaines de ces femmes n'auront jamais de fractures. Mais d'autres risquent, sans s'en rendre compte, de subir une déperdition osseuse susceptible de les conduire un jour à une fracture invalidante.

L'ostéoporose est une maladie longtemps silencieuse. Au début, elle n'occasionne ni gêne ni douleur. Comme d'autres organes ou tissus, l'os est œstrogéno-dépendant. Pour rester solide, il a besoin de ces hormones. À la ménopause, il se fragilise de façon progressive et insidieuse. Les signes n'apparaissent que sept à dix ans après le début de la maladie. Quand elle se manifeste, c'est qu'elle est déjà bien avancée. Et souvent, il est trop tard. La fracture est là.

Avant d'établir une stratégie de prévention et de traitement, il faut avoir conscience de ses risques et bien les peser. Et, avant tout, demander à votre médecin de faire mesurer votre densité osseuse.

L'ostéoporose en chiffres

Voici quelques chiffres qui ont de quoi faire réfléchir :

- La masse osseuse diminue de 3 % tous les dix ans à partir de 30-35 ans.
- 3 à 4 millions de femmes souffrent d'ostéoporose en France.
- 31 % des femmes de 60 ans ont une ostéoporose.
- Une femme de 50 ans aujourd'hui a 40 % de risques d'avoir une fracture liée à l'ostéoporose (poignet, fémur, vertèbre).
- On compte 45 000 à 55 000 fractures du poignet par an, 80 000 à 100 000 fractures des vertèbres, et 75 000 fractures du col du fémur.
- Le coût annuel de l'ostéoporose dépasse le milliard d'euros.

Qu'est-ce que l'ostéoporose ?

C'est à la fois une déperdition de tissu osseux et une modification de l'architecture de l'os, qui le fragilisent anormalement et augmentent le risque de fracture. L'os perd de sa solidité, et le moindre traumatisme physique peut entraîner une fracture.

Pour évaluer la solidité d'un os, il faut tenir compte de deux paramètres : la quantité d'os (mesurée par les appareils habituels) et sa qualité. Contrairement à ce qu'on pourrait imaginer, l'os est un tissu vivant : il bouge, il se renouvelle, il se détruit et se reconstruit sans cesse tout au long de l'existence selon les aléas de la vie. Ce processus s'appuie sur deux types de cellules : les ostéoblastes fabriquent de nouvelles cellules osseuses ; les ostéoclastes détruisent le vieux tissu osseux usagé. Dès 35 ans, la masse osseuse commence à diminuer légèrement. En l'absence de traitement hormonal, cette perte s'accélère brutalement à la ménopause.

Dans les cas exceptionnels, certaines jeunes femmes privées d'hormones entre 18 et 25 ans[6] peuvent souffrir beaucoup plus tôt d'ostéoporose. Il n'est pas rare qu'elles se fracturent un os à l'occasion d'une chute qui n'aurait causé que des hématomes ou une entorse chez une autre.

Les signes de l'ostéoporose

Un médecin peut suspecter une ostéoporose en constatant que la taille d'une patiente a diminué de quelques centimètres, ou en repérant une maigreur et un mauvais état de santé ou encore en observant sa façon de se tenir debout. J'ai également remarqué qu'il existe un lien entre l'éclat de la peau et l'état des os.

Lorsqu'un médecin repère ces signes, il lui faut prescrire un examen appelé « ostéodensitométrie », qui évalue la densité de l'os et la compare à la densité standard d'une femme de 20 à 25 ans. Lorsque le résultat (c'est le T-score) montre une déviation standard de – 2,5 par rapport à la moyenne, on

---

6. C'est le cas des anorexiques, des danseuses d'opéra ou des sportives de haut niveau, toutes soumises à des restrictions alimentaires sévères qui perturbent leurs sécrétions ovariennes.

parle d'**ostéoporose**. Si ce chiffre se situe entre – 1 et – 2,5, on conclut à une **ostéopénie** (diminution modérée de la masse osseuse[7]).

Il n'est pas nécessaire de répéter souvent cet examen assez onéreux, qui n'est que partiellement remboursé par la Sécurité sociale. Je le recommande au début de la ménopause pour évaluer le capital osseux, surtout s'il existe des facteurs de risque. Si le bilan osseux est satisfaisant et si ma patiente suit un THS, je n'en prescris pas d'autre avant au moins cinq ans. En revanche, si l'os est déjà fragilisé et *a fortiori* en l'absence de THS, je fais le point avec elle et lui prescris le dosage sanguin d'un « marqueur du remodelage osseux » (habituellement le CTX le matin avant 8 heures). Cet examen biologique est plus simple et moins onéreux que l'ostéodensitométrie.

Si celui-ci est au-dessus des normes, je lui propose alors des mesures visant à freiner la déperdition osseuse.

Certains signes cliniques sont typiques d'une ostéoporose, et il ne faut pas attendre de les voir s'installer pour se mobiliser et prendre s'il le faut des mesures énergiques. Ce sont :

• *Des douleurs lombaires et dorsales diffuses* et persistantes surtout après 60 ans, à ne pas confondre avec les douleurs habituelles de l'arthrose.

• *Une diminution de la taille liée à des tassements des vertèbres.* Une baisse de 3 centimètres de la taille est révélatrice d'une ostéopénie sévère voire d'une ostéoporose. Ces tassements font suite à de véritables microfractures passées inaperçues. Ils donnent lieu par la suite à des douleurs vertébrales diffuses.

---

7. À la lecture des résultats de cet examen, on ne regarde que l'essentiel pour comprendre : la courbe en couleur qui permet de se situer par rapport au risque, et le T-score. On ne tient pas compte du Z-score qui mesure la perte osseuse par rapport aux femmes du même âge.

• *Des déformations du dos.* Les vertèbres sont alors aplaties en certains endroits et la femme se voûte, laissant parfois entrevoir une bosse dans le dos qui n'est pas du meilleur effet, ni visuel ni pronostique. Chez les grandes femmes, dotées d'os plus grands, la mesure de la densité osseuse peut se révéler trompeuse, surtout si elles souffrent d'arthrose. Il m'est arrivé d'être « piégée » par d'« excellentes » ostéodensitométries, qui sous-estimaient une ostéoporose très localisée (à une vertèbre par exemple).

• *La fracture du poignet.* C'est l'une des premières fractures qui apparaît, parfois dès 55 ans. Ce type de fracture n'est pas dramatique en soi, mais elle constitue un avertissement. Sa survenue multiplie par deux le risque ultérieur de fracture du col du fémur. Or, souvent, on la considère bénigne et on ne pratique pas les examens nécessaires qui permettraient une prise en charge thérapeutique.

• *Les fractures des vertèbres* surviennent un peu plus tard, en moyenne vers 60-65ans.

• *La fracture du col du fémur* est généralement plus tardive encore, avec un pic de fréquence autour de 75-80 ans. À cet âge, c'est la plus redoutable. Elle augmente avec le risque de chutes. Elle entraîne un décès dans un cas sur quatre, une perte notable de la qualité de vie et des séquelles douloureuses dans un cas sur trois.

Les facteurs de risque de l'ostéoporose

Ils sont nombreux, et de nature très différente.

• *L'âge* : c'est, pour des raisons évidentes, l'un des principaux facteurs. On estime que le risque double tous les dix ans.

• *L'origine ethnique* : les Scandinaves sont les plus désavantagées, alors que les Noirs ont des os solides et peu de fractures.

• *Le tabagisme* : il avance en moyenne de un à deux ans l'âge de la ménopause. Il altère les artères et ralentit la vascularisation de l'os. Il diminue la quantité d'œstrogènes et freine l'absorption du calcium.

• *Les antécédents familiaux d'ostéoporose et de fractures :* les facteurs génétiques influent sur la quantité et la qualité de la masse osseuse.

• *La maigreur et une petite taille.*

• *Une absence de règles pendant plus de six mois* bien avant la ménopause (surtout entre 15 et 20 ans). Et ce, quelle qu'en soit la cause : restrictions alimentaires excessives, sécrétions ovariennes insuffisantes, maladie, traitements…

• Une ménopause précoce.

• *Une maladie chronique :* notamment le diabète de type 1 (insulinodépendant), l'insuffisance rénale, l'hyper- ou l'hypothyroïdie, l'hyperparathyroïdie, certaines maladies inflammatoires (polyarthrite rhumatoïde), un cancer, l'insuffisance hépatique, le sida… Et, plus généralement, un mauvais état de santé.

• *Certains médicaments :* les corticoïdes s'ils sont pris sur une longue période, les anti-œstrogènes comme les « inhibiteurs de l'aromatase » (que l'on prescrit aux femmes traitées pour un cancer du sein), les anticoagulants, les neuroleptiques, les anticonvulsivants…

• *Un manque de vitamine D, essentiellement apportée par le soleil.*

• *Une immobilisation au lit prolongée :* cela provoque une fuite de calcium hors des os. D'une manière générale, le manque d'exercice physique porte préjudice à la qualité de l'os.

• *Des carences ou des excès alimentaires :*
- un apport insuffisant en calcium (que l'on trouve dans les laitages) et en potassium (dans les légumes et les fruits) ;
- un excès de protéines animales ;
- un excès de sel qui fait fuir le calcium dans les urines ;
- un excès d'alcool et de caféine.

Qu'apportent les œstrogènes à l'os au cours de la vie ?

Les œstrogènes favorisent le remodelage osseux en stimulant les ostéoblastes. Dès la puberté, ils contribuent à former la masse osseuse. Au cours des années qui suivent, ils la maintiennent et la protègent. Lorsque leur taux s'effondre, la masse osseuse en pâtit forcément : la carence œstrogénique entraîne une perte de substance qui fragilise l'os.

Au moment de la ménopause, quand il n'y a plus d'œstrogènes, on constate alors une **grande injustice entre hommes et femmes** : en raison de leur statut hormonal, les femmes ont un risque de fracture six fois plus élevé que les hommes. Sans compter que, dès la puberté, les femmes ont une densité osseuse plus faible : elles sont moins grandes et moins musclées et leurs os sont plus fins. Par ailleurs, leur espérance de vie plus longue augmente le risque de chutes, et donc de traumatismes osseux avec le grand âge.

Une chose est certaine : la perte osseuse liée à la carence en œstrogènes (car il existe d'autres explications) est la cause principale d'ostéoporose chez les femmes ménopausées !

Les solutions préventives

Tant que la perte osseuse est faible, de simples mesures quotidiennes permettent de la ralentir. Outre les règles courantes de diététique et d'hygiène de vie[8], il existe d'autres solutions très efficaces, à commencer par la prise de vitamine D et de calcium mais aussi le traitement hormonal substitutif.

LE TRAITEMENT HORMONAL SUBSTITUTIF

Toutes les études le confirment : c'est le traitement le mieux adapté et le plus physiologique pour prévenir les alté-

8. Voir le dernier chapitre du livre, p. 257.

rations osseuses dues à la carence hormonale, et même augmenter légèrement la masse osseuse.

Le THS agit d'abord en maintenant la densité de l'os : il limite le rôle des ostéoclastes (destructeurs) et favorise celui des ostéoblastes (constructeurs). Il permet ainsi d'éviter les tassements vertébraux et de conserver sa taille initiale. Par ailleurs, il **diminue notablement la fréquence des fractures ostéoporotiques** (vertèbres, poignet et col du fémur) d'environ 50 %.

Cet effet se manifeste quels que soient l'âge, l'ancienneté de la ménopause et le risque de fracture. Toutefois, il est conseillé de démarrer le THS le plus tôt possible après la ménopause, car la déperdition osseuse est particulièrement rapide dans les deux années qui la suivent. Il convient également de le poursuivre au moins sept ans si l'on veut consolider cet effet.

Il protège l'os tant qu'on le poursuit et stimule également sa reminéralisation. À l'arrêt du traitement, si l'effet protecteur disparaît, cette minéralisation reste acquise. Par ailleurs, il n'a pas d'effet secondaire, contrairement aux traitements antifracture (voir plus haut).

Le THS est particulièrement recommandé aux femmes à risque qui figurent sur la liste ci-dessus. La prévention sera meilleure si on lui associe du calcium et de la vitamine D.

Les doses d'œstrogènes doivent être suffisantes, et c'est bien là le problème. Car depuis la polémique qui a suivi la publication de l'étude WHI, les médecins ont prudemment prescrit des doses inférieures à celles habituellement requises pour assurer une efficacité sur l'os. Et les femmes elles-mêmes ont tendance à en diminuer encore les quantités par peur du risque de cancer du sein !

Si cette dose minime suffit souvent à calmer les troubles les plus gênants, personne ne peut affirmer qu'elle est aussi efficace pour la protection osseuse. Il faudrait doser de temps en temps le marqueur de la destruction osseuse (CTX) pour l'évaluer avec plus de précision l'efficacité. Toutefois, il semblerait que même les petites doses limitent la résorption osseuse.

Le THS assure une protection tant qu'on le poursuit, mais il est « suspensif ». Cela signifie, en clair, que ses effets disparaissent après son arrêt.

LA VITAMINE D ET LE CALCIUM

L'insuffisance en vitamine D est très fréquente sous nos climats chez les femmes âgées de plus de 60 ans, celles qui ont une ostéoporose mais aussi parfois celles qui jouissent d'une apparente bonne santé.

Outre ses effets défavorables sur l'os, cette carence est responsable d'une diminution de la force musculaire et d'une augmentation du risque de chute. Elle favorise également l'apparition du cancer du sein, du côlon et de l'os ainsi que celle des plaques d'athérome sur les artères à l'origine d'accidents cardio-vasculaires. Elle augmente le risque de diabète et de certaines maladies auto-immunes. Ces effets « extra-osseux » de la vitamine D ont été démontrés par plusieurs grandes études publiées ces dernières années. La dernière, une étude finlandaise[9], démontre qu'une insuffisance en vitamine D augmente les risques d'avoir une maladie de Parkinson.

À doses suffisantes, on sait maintenant que la vitamine D, outre ses effets sur l'os, **renforce le tonus musculaire** des membres inférieurs, améliorant ainsi l'équilibre et réduisant le

9. Cohorte Mini Finland Health Survey avec 3 173 personnes de 50 à 79 ans, suivis pendant trente ans à partir de 1978. Ceux qui avaient un taux de vitamine D égal ou supérieur à 50 nmol/ml avaient un risque diminué de 65 % par rapport aux autres. La carence en vitamine D expose à une perte des neurones dopaminergiques, à l'origine de la maladie de Parkinson. Knekt P., Kilkinen A., Rissanen H., Marniemi J., Sääksjäivi K., Heliövaara M., « Serum vitamin D and the risk of Parkinson disease », *Arch. Neurol.*, 2010, vol. 67, n° 7, p. 808-811.

risque de chute. Elle **stimule les défenses immunitaires**, diminuant ainsi les risques de cancer, mais aussi les atteintes microbiennes respiratoires et rhinopharyngées en hiver. Elle jouerait même un rôle sur l'humeur et le moral[10].

Aux doses habituelles, cette vitamine est dénuée de toxicité. Elle s'absorbe sous forme d'ampoule à prendre une fois par trimestre, ce qui rend le traitement facile et peu contraignant.

Et mes patientes ne tarissent pas d'éloge sur la vitamine D : « Cela m'a fait un bien fou » ; « Je me sens dopée » ; « Mes ongles ne se cassent plus, mes cheveux ne tombent plus » ; « J'ai une plus jolie peau », alors que je leur prescris ce traitement avant tout pour maintenir l'état de leurs os ! Au début, je pensais qu'il s'agissait d'un effet placebo. Aujourd'hui, après avoir lu de nombreux travaux sur le sujet, je me demande si elles n'ont pas raison, même si ces avantages ne figurent pas dans les ouvrages médicaux.

La vitamine D est essentielle pour la prévention de l'ostéoporose. Elle facilite l'absorption du calcium à travers la paroi intestinale. 90 % de la vitamine D utilisée par l'organisme est synthétisée au niveau de la peau, *via* l'action des rayons solaires. Seuls 10 % proviennent de l'alimentation.

Cette vitamine devrait être prescrite systématiquement dès la ménopause, surtout chez les femmes qui vivent dans la partie nord de la France. Près de 60 % des femmes ménopausées françaises ont une carence en vitamine D. Selon l'étude SUVIMAX[11], elles se situent au-dessous du seuil de 20 ng/ml (le niveau requis est 30 ng/ml).

Il est souvent utile d'associer dans la prescription la vitamine D et le calcium, la première aidant le second à se fixer

---

10. Il s'agit seulement d'une suspicion, qui demande à être confirmée par d'autres études.
11. Il s'agit de la plus vaste étude menée en France sur l'effet des vitamines et des minéraux. Elle a duré huit ans et porté sur plus de 13 000 personnes.

dans le tissu osseux. On estime qu'une dose minimale de 800 UI par jour réduirait de 26 % le risque de fracture au niveau de la hanche.

Notre alimentation quotidienne ne contient plus beaucoup d'ingrédients riches en vitamine D : huile de foie de morue, certains poissons gras (saumon, hareng, sardine...), œufs de poisson... **L'exposition solaire est également insuffisante**. À partir de la cinquantaine, la majorité des femmes s'expose moins et se protège davantage. Cela s'ajoute au fait qu'en vieillissant nous perdons une partie de notre capacité à produire de la vitamine D au niveau de la peau.

LA TIBOLONE[12]

Cette substance hormonale à laquelle j'ai consacré un chapitre à part comme alternative au THS[13] exerce un effet protecteur sur l'os comparable à celui du THS. Les études confirment son effet préventif sur l'os et le risque de fracture.

Les solutions curatives

Lorsque l'ostéoporose est installée, les traitements préventifs deviennent insuffisants. Il faut alors avoir recours à d'autres solutions, plus médicamenteuses et plus drastiques que je vous détaille un peu ici pour votre information, même si ces précisions dépassent un peu les limites de notre sujet.

---

12. Cette substance est commercialisée en France sous le nom de Livial. Voir les explications plus détaillées dans le chapitre, qui porte sur les alternatives au traitement hormonal, p. 213.
13. Voir chapitre « Alternatives au THS », p. 213.

LE RALOXIFÈNE

Ce produit dont je détaillerai les propriétés et les avantages plus loin[14] agit à la fois comme un œstrogène et un anti-œstrogène selon les tissus.

Il présente des avantages notables sur l'os. S'il augmente peu la densité osseuse, **il réduit de moitié le risque de fractures vertébrales** non traumatiques après quatre ans d'utilisation. Il réduit également leurs récidives, y compris chez les femmes plus âgées. On peut constater ses effets dès la première année d'utilisation. Sur les vertèbres, **il agit en prévention comme en traitement**. Après la première fracture vertébrale, Il réduit de 32 % le risque de récidive. En revanche, à la différence du THS, il est moins efficace sur le poignet et la hanche.

LES BIPHOSPHONATES

Ces médicaments agissent avec efficacité et rapidité sur la destruction osseuse. **Ils diminuent de moitié** le risque de tassement vertébral, ainsi que celui de fracture du col du fémur et du poignet.

Ils ne sont jamais prescrits en prévention (comme le THS) mais seulement lorsque l'ostéoporose est constatée. Le traitement ne peut excéder cinq ans[15]. En premier lieu, passé cette période, leur effet diminue progressivement. Ensuite, ils ont un « effet de rémanence ». Cela signifie qu'ils imprègnent longtemps les organes (pendant six mois à un an). Leurs bénéfices restent donc sensibles dans l'année qui suit la fin du traitement. On leur associe souvent de la vitamine D qui potentialise leur action.

---

14. *Idem*, p. 228.
15. Tout le monde n'est pas d'accord sur cette donnée, et le débat est actuellement engagé.

Côté pratique, les biphosphonates offrent l'avantage de pouvoir être absorbés seulement une fois par semaine, voire une fois par mois. Ils se présentent sous forme de comprimés à avaler avec un grand verre d'eau, à distance des repas, plutôt le matin à jeun ou une demi-heure avant toute prise alimentaire, de préférence assise ou debout. Il ne faut ni s'allonger ni se pencher en avant après sa prise pour éviter des irritations de l'œsophage. Dans de très rares cas, ils peuvent entraîner une ostéonécrose de la machoire, raison pour laquelle un bilan régulier de la bouche et des dents est nécessaire. Les biphosphates, en cas d'ostéoporose majeure, sont parfois administrés sous forme d'une injection annuelle d'acide zolédronique, rapidement efficace chez la femme âgée.

LE RANÉLATE DE STRONTIUM

Le ranélate de strontium est bien toléré sauf allergie exceptionnelle qui se manifeste le premier mois, il est très efficace sur l'os. Il a la propriété de diminuer la destruction osseuse et **aussi de faire « repousser » l'os**. Mais sa prise est un peu contraignante : impérativement tous les soirs, deux heures après le dîner. Si on prend son repas à 11 heures du soir, cela peut poser des problèmes… L'efficacité est moindre si la prise se fait vers 6 heures du soir à jeun, mais bien avant le dîner. Il ne peut convenir aux femmes qui sortent souvent, sauf si elles se couchent tard…

Il existe d'autres traitements comme le tériparatide et l'hormone parathyroïdienne.

Le THS au cœur d'une prise en charge globale

Le traitement hormonal est une « thérapeutique de premier choix » de l'ostéoporose, en prévention comme en traitement, surtout en début de ménopause.

Cependant, il faut savoir que **tous les traitements de l'ostéoporose actuellement disponibles ne peuvent que réduire le risque de fracture** (d'environ 50 %). Aucun n'a le pouvoir de le neutraliser.

C'est pourquoi, devant un risque d'ostéoporose, il est très important que le médecin et sa patiente élaborent ensemble une **stratégie à long terme** (à l'échelle de son espérance de vie). L'idéal serait de varier les traitements au fil du temps, car hormis le THS, aucun médicament n'est efficace plus de cinq ans.

À condition d'une surveillance stricte des seins et de l'utérus, et en l'absence d'alertes, le THS peut raisonnablement être poursuivi environ six ou sept ans, voire davantage. Chaque consultation est une occasion de faire le point. Certaines patientes insistent pour continuer car elles n'ont pas d'états d'âme. D'autres hésitent à poursuivre et s'interrogent. L'âge de 60 ans constitue souvent une étape importante : il correspond en moyenne à dix ans de traitement, et à dix années d'imprégnation hormonale après la ménopause.

Lorsque la densitométrie osseuse montre une ostéoporose, certaines peuvent ensuite prendre du raloxifène (Evista) si la menace porte sur les vertèbres, ou des biphosphonates. On peut ainsi alterner différents produits de manière à optimiser leurs qualités et à « couvrir » la longue période entre la ménopause et la fin de la vie (plus de trente ans, selon les critères actuels d'espérance de vie). En commençant dès la ménopause par une association THS/vitamine D, on peut retarder la prise d'un traitement antifracture et en conserver l'opportunité pour plus tard.

Fait intéressant : des chercheurs ont constaté que **l'ostéoporose est en relation étroite avec l'athérosclérose dans les dix premières années de la ménopause**. Certaines études épidémiologiques (encore peu nombreuses) ont montré que la perte osseuse est contemporaine du développement des calcifications qui se déposent sur les parois des artères. On ne sait pas encore si cette concomitance est due aux modifications artérielles qui, en gênant la circulation sanguine, seraient responsables d'une altération des os, ou s'il faut invoquer d'autres raisons. Parmi les explications possibles, il en est une évidente : la carence œstrogénique !

➤ *Le traitement hormonal protège le cœur et les artères*

Comme je l'ai déjà souligné, les femmes une fois ménopausées perdent la protection que leur apportaient les œstrogènes.

Quels sont les facteurs de risque cardio-vasculaires ?

• *L'âge :* plus on vieillit, plus le risque cardio-vasculaire augmente. C'est une loi valable pour tout le monde, les hommes comme les femmes après la ménopause.

• *Les antécédents familiaux de maladie du cœur ou des vaisseaux :* il faut les signaler à son (ou ses) médecin(s) traitant(s) et en tenir compte en les associant aux autres facteurs de risque. Dans la plupart des cas, ils conduisent à procéder à des contrôles réguliers.

• *L'hygiène de vie :* nous ne pouvons pas modifier notre âge ni nos antécédents familiaux. Mais quand on évolue sur un terrain à risque, il est possible de retarder, voire d'éviter un accident en suivant les conseils courants d'hygiène de vie.

– *Le tabac* : il augmente la quantité d'oxyde de carbone dans le sang, ce qui explique la mauvaise adaptation du cœur à l'effort ; il diminue l'oxygène circulant, provoquant une augmentation du nombre de globules rouges, source potentielle de thrombose. En outre, la nicotine, dont les effets sont similaires à ceux de l'adrénaline, peut entraîner des poussées d'hypertension artérielle. Enfin, le tabac abaisse le taux des vitamines antioxydantes à l'origine d'un syndrome inflammatoire chronique, particulièrement redoutable sur les artères.

Il faut savoir que lorsqu'on arrête de fumer, les effets bénéfiques du sevrage sont perceptibles au bout de la première année. Cet arrêt réduit le risque d'accident vasculaire cérébral, d'artériopathie des membres inférieurs et de dégénérescence maculaire de la rétine (DMLA).

À l'inverse, on sait que les femmes fumeuses sous pilule multiplient leur risque d'infarctus par 10 et leur risque d'accident vasculaire cérébral par 22.

- *L'excès de cholestérol* : ce qui importe surtout, c'est le rapport entre le bon et le mauvais cholestérol (HDL et LDL[16] dans les analyses sanguines), ainsi que le taux de triglycérides. Seules les hypercholestérolémies avec LDL augmenté méritent d'être traitées. Après 65-70 ans, on ne sait pas très bien si cet excès constitue vraiment un facteur de risque.
- *L'hypertension artérielle* : au-delà de 14/9, l'hypertension est un facteur majeur d'accident cardio-vasculaire, notamment cérébral. Elle crée des lésions sur les parois artérielles et contribue à les durcir. Attention donc au sel et, une nouvelle fois, au tabac !
- *Le manque d'exercice physique* : il augmente la tension artérielle, la surcharge pondérale, le tissu adipeux, le cholestérol, la glycémie… Autant d'éléments qui influencent la santé cardio-vasculaire dans son ensemble.
- *La carence en œstrogènes* : chez la femme jeune privée d'ovaires comme chez la femme ménopausée dépourvue de sécrétions ovariennes, la carence en œstrogènes induit un arrêt de la protection cardio-vasculaire naturelle.

---

16. High Density Lipoprotein, and Low Density Lipoproteins.

– *La surcharge pondérale ou l'obésité* : dans un cas comme dans l'autre, c'est surtout l'excès de graisse abdominale qui est susceptible d'entretenir une insulino-résistance[17]. Le poids est une valeur qui demande à être nuancée. Chez les personnes âgées, il semblerait qu'une petite surcharge pondérale augmente l'espérance de vie. Mais plus encore que le poids proprement dit, c'est le déséquilibre alimentaire provoqué par un régime trop riche en graisses et en sucres rapides qui est à craindre.
– *Le diabète de type 2 (non insulinodépendant)* : l'insuffisance de la sécrétion d'insuline par le pancréas multiplie par deux le risque d'artérite des membres inférieurs, d'infarctus du myocarde et d'accident cardio-vasculaire.
– *L'excès de fibrinogène* : on constate parfois ce trouble dans les maladies inflammatoires ou infectieuses. Il importe alors de mesurer les marqueurs de l'inflammation (fibrinogène, protéine C réactive, globules blancs, albumine…) afin de prendre les précautions adaptées.
– *Un taux élevé d'homocystéine.*
– *Le stress*, dès qu'il devient chronique ou répété.

Un facteur de risque pris isolément n'est pas forcément grave. Le problème commence lorsque plusieurs facteurs de risque sont associés. Car, dans ce cas, ils ne s'additionnent pas. Ils se multiplient ! C'est pourquoi, lorsqu'il existe plusieurs facteurs de risque, il est conseillé de procéder à des examens de contrôle rapprochés.

17. Voir les explications dans le chapitre « Cancer du sein et THS », p. 114.

Comment les œstrogènes protègent les artères

Les œstrogènes naturels fabriqués par les ovaires, tout comme ceux qui sont administrés après la ménopause par voie cutanée, **s'opposent à la formation des plaques d'athérome**. Ces plaques, faites principalement de cholestérol et de déchets métaboliques oxydés, se déposent dans les artères et sont susceptibles de les boucher, provoquant des accidents vasculaires. Les œstrogènes agissent en limitant l'accumulation du mauvais cholestérol (LDL) au niveau de la paroi de l'artère, et en augmentant la production du bon cholestérol (HDL). Ils exercent un effet antioxydant sur le cholestérol. Par le biais de mécanismes complexes, ces hormones limitent l'action de certaines substances inflammatoires (notamment les cytokines) impliquées dans la formation des plaques d'athérome.

Ce constat a été confirmé par toutes les études, qu'il s'agisse de travaux sur les animaux (notamment les guenons) ou sur les femmes. Ces études ont montré qu'après l'ablation des deux ovaires, les femmes qui reçoivent immédiatement un traitement hormonal substitutif sont protégées contre la formation de ces plaques pendant une dizaine d'années.

Cependant, **les œstrogènes n'ont pas d'effet curatif** en ce sens qu'ils sont incapables de faire régresser une plaque d'athérome déjà existante. Pire : comme je vous l'ai déjà expliqué[18], les œstrogènes pris à haute dose, par voie orale, plusieurs années après la ménopause, peuvent contribuer à déstabiliser ou à fissurer les plaques déjà existantes. Mais si le traitement hormonal est commencé dès le début de la ménopause, ce risque devient nul.

---

18. Voir chapitre 3 « Que reproche-t-on au THS ? », p. 73.

Par ailleurs, les œstrogènes **agissent directement sur la paroi des artères** en les dilatant et en les relaxant[19]. Les artères retrouvent alors leur souplesse et la pression artérielle diminue. Certains progestatifs, notamment celui utilisé pour l'étude WHI, ont un effet inverse sur cette vasodilatation, ce qui explique les résultats décevants de cet essai.

Signalons aussi que les œstrogènes, lorsqu'ils sont pris seuls ou en association avec la progestérone naturelle, freinent l'insulino-résistance[20], laquelle augmente le risque de thrombose. Ces hormones améliorent globalement la tolérance aux glucides et facilitent l'action de l'insuline.

Quant à savoir comment évolue le risque vasculaire d'une femme qui poursuit le traitement hormonal au-delà de quinze ou vingt ans, on ne peut se prononcer formellement. Nous disposons de peu de données sur ce sujet. La prudence s'impose : petites doses, bilans glycémiques et lipidiques réguliers, mesure de la tension artérielle et du poids, doppler artériel et veineux en cas de doute, surveillance du tour de taille… À cet âge, il devrait être impératif de ne prendre des œstrogènes que par voie cutanée associées à la progestérone naturelle si l'utérus est toujours en place.

Les bienfaits du THS sur le plan cardio-vasculaire

Les preuves que les œstrogènes exercent un effet protecteur vis-à-vis du risque coronarien sont incontestables car les femmes courent un risque plus élevé lorsqu'elles sont ménopausées.

Pour être protégée, je ne le répéterai jamais assez, il faut commencer le traitement hormonal le plus tôt possible après

---

19. Grâce à l'effet d'une enzyme : la NO synthétase.
20. Voir dans le chapitre « Cancer du sein et THS », p. 114.

l'arrêt des règles et adopter d'emblée la voie cutanée pour les œstrogènes.

Pris par voie orale surtout à fortes doses, l'œstradiol va provoquer des effets sur le foie[21] qui va réagir en produisant des protéines et modifier les facteurs de la coagulation sanguine responsables d'une augmentation du risque de thrombose. Par ailleurs, la prise orale d'œstradiol entraîne une concentration cinq fois supérieure de l'œstrone[22] (autre œstrogène) dont nous avons vu les effets délétères, alors qu'avec la voie cutanée, les concentrations d'œstrone et d'œstradiol sont équivalentes. Quant au Premarin utilisé préférentiellement par les Américains, il contient davantage d'œstrone.

Cependant, les accidents cardio-vasculaires sous THS apparaissant surtout au cours de la première année de prise, il m'arrive parfois de prescrire un THS par voie cutanée à une femme ménopausée depuis plusieurs années si elle y tient beaucoup. Mais j'insiste auprès d'elle pour qu'elle fasse d'abord un bilan cardio-vasculaire complet, qu'elle ne prenne que de faibles doses d'hormones, et subisse une surveillance rigoureuse pendant un an. Si rien ne se passe, on peut éventuellement augmenter un peu les doses au cours des mois suivants.

La fameuse étude WHI, malgré son impact catastrophique sur le moral des femmes (et des médecins !), a tout de même permis de préciser certains points et de résoudre l'essentiel des contradictions persistantes. Nous avons avancé. Nous

---

21. Quand un médicament est pris par la bouche, il existe ce qu'on appelle « un premier passage hépatique » : le foie doit l'épurer, le détoxiquer et en éliminer une partie. Dans le foie, l'œstrogène pris par la bouche modifie certains facteurs de la coagulation sanguine, ce qui peut favoriser la survenue d'une embolie chez une personne prédisposée. Par voie cutanée, les œstrogènes atteignent directement la circulation sanguine et ne passeront dans le foie qu'en fin de parcours. Les hormones naturelles sont plus facilement métabolisées par le foie.

22. Voir note p. 199.

savons mieux aujourd'hui à qui proposer un traitement hormonal sans courir de risques.

➤ *Le traitement hormonal protège les cellules du cerveau*

Maladie neuro-dégénérative du tissu cérébral, la maladie d'Alzheimer atteint aujourd'hui 25 millions de personnes dans le monde, dont 6 millions en Europe. Sur les 860 000 personnes touchées en France, 760 000 ont plus de 75 ans. Elle entraîne la perte progressive et irréversible des fonctions mentales notamment de la mémoire mais aussi de la cognition.

S'il ne constitue pas un traitement, **le THS exerce un effet bénéfique dans la prévention de la maladie d'Alzheimer** en agissant à plusieurs niveaux. Les œstrogènes freinent la formation de la plaque amyloïde qui étouffe et remplace progressivement le tissu cérébral, conduisant à la destruction des neurones. Ils améliorent l'afflux de sang dans toutes les régions du cerveau, ce qui favorise la survie des neurones. Enfin, ils contribuent à limiter la dépression.

Une importante étude américaine portant sur 1 357 hommes et 1 989 femmes, publiée en 2000, a mis en évidence que le risque de maladie d'Alzheimer est deux fois plus important chez les femmes que les hommes. Or, chez les femmes traitées pendant plus de dix ans, cette différence disparaît. Une autre étude, suédoise cette fois, portant sur un nombre plus restreint de personnes, aboutit à la même conclusion. Toutefois, ces résultats supposent que le traitement hormonal ait été débuté tout de suite après la ménopause.

Encore une fois, l'étude WHI fournit des conclusions inverses : elle montre une augmentation du taux de démence chez les femmes traitées. Ces chiffres sont à relativiser. Il faut garder présent à l'esprit que les femmes sélectionnées pour cette étude avaient en moyenne 70 ans (voire plus) et que le progestatif utilisé par les Américains semble avoir aggravé le problème en augmentant le risque cardio-vasculaire. Or la maladie d'Alzheimer est aussi d'ordre vasculaire. En protégeant les artères, le THS diminue son incidence ou retarde son apparition.

La publication de l'article anglais[23] confirme de façon éloquente l'inocuité du traitement hormonal « naturel » utilisant la voie cutanée.

➤ *Le traitement hormonal diminue les risques de cancer du côlon et du rectum*

Les cancers du côlon et du rectum sont particulièrement nombreux dans les pays développés, notamment l'Amérique du Nord et l'Europe occidentale. Ces régions sont considérées comme « à haut risque ». On compte chaque année plus de 37 000 nouveaux cas. Ce cancer se situe au deuxième rang des cancers féminins, après le cancer du sein. Il est encore plus fréquent chez l'homme.

Le cancer colorectal apparaît en moyenne vers 73 ans chez les femmes, et un peu plus tôt chez l'homme. En vingt ans, son incidence a augmenté de 50 %. Il ne fait pas partie des cancers de « bon pronostic », puisque le taux de mortalité à cinq ans est d'environ 50 %. Ces données justifient largement les campagnes actuelles de dépistage de masse.

En ce qui concerne ce cancer, la majorité des études concordent : **les hormones féminines diminuent de 30 à 40 % le risque de cancer colorectal** (risque relatif de 0,60 à 0,70). Elles exercent un effet protecteur sur la muqueuse colique par le biais d'une interaction avec leurs récepteurs,

23. Voir dans « Scénario d'une polémique », l'article du *British Journal of Medicine*, Acte 6, p. 40.

d'une diminution de la production d'acides biliaires, d'une inhibition de la prolifération cellulaire et d'autres mécanismes encore mal élucidés. Toutefois, les preuves ne sont pas suffisantes pour prescrire un THS dans le seul but de diminuer le risque de ce cancer.

La meilleure prévention consiste à diminuer la consommation de graisses animales (viande et charcuterie) et de sucres raffinés. Il convient aussi de manger davantage de fibres, de légumes, de fruits, d'éviter le tabac et les excès d'alcool. En plus de ces gestes quotidiens, il faut faire régulièrement des coloscopies en cas d'antécédents familiaux.

Le THS possède encore d'autres avantages, mais ils ne sont pas tous formellement démontrés. Il pourrait notamment protéger en partie les fumeuses contre les cancers auxquels elles sont exposées, peut-être parce qu'il maintient l'intégrité des muqueuses soumises à l'effet cancérigène du tabac. Mais tout cela demande à être étudié de plus près…

Certains scientifiques, relayés par les laboratoires pharmaceutiques, ont eu l'idée de chercher des molécules qui stimuleraient certains récepteurs hormonaux sans toucher les autres, afin de conserver uniquement les effets bénéfiques des hormones. Nous progressons dans ce domaine, mais nous n'avons pas encore trouvé la molécule parfaite qui répondrait à toutes les demandes !

➤ *Conclusion*

Le THS permet de passer en douceur le cap difficile de la ménopause et protège les organes de certains effets du vieillissement.

Les bienfaits du traitement hormonal sont tels sur la qualité de vie, l'os, le cerveau et les artères que les médecins ne devraient pas craindre de le prescrire en début de ménopause.

Un jour peut-être, on les accusera d'avoir abusé du principe de précaution en ne l'ayant pas proposé à une femme pouvant en bénéficier, pire, en le lui refusant. Pendant au moins les cinq années qui suivent la ménopause, les bénéfices l'emportent largement sur les risques.

CHAPITRE 3

Le THS en pratique

Qui sont les femmes concernées par le THS en France ?

Près de la moitié des Françaises ménopausées, soit 5 millions et demi, ont entre 51 et 64 ans, l'âge le plus compatible avec le THS.

Lorsqu'une femme entre dans sa ménopause aux environs de 50 ans, elle peut espérer vivre autant d'années dans cet état de privation hormonale, qu'elle en a passées en état d'activité ovarienne.

Le nombre de ménopauses précoces n'est pas facile à déterminer, car certaines de ces femmes sont encore sous pilule, ce qui masque l'arrêt des règles.

On compte environ 45 000 femmes ayant subi une ablation des ovaires, certaines avant la ménopause « naturelle » et 70 000 ayant subi une ablation de l'utérus, ce qui modifie les modalités d'un éventuel traitement hormonal.

Seulement 700 000 femmes prenaient un THS en France en 2010. Elles étaient plus de 2 millions en 2002 avant WHI et à titre de comparaison 300 000 en 1991. Actuellement 300 000 d'entre elles utilisent un gel, 250 000 suivent un traitement par voie orale et 150 000 ont recours au patch.

Comment choisir le médecin qui prescrira le THS ?

Il est très important, à cette étape de l'existence, d'être régulièrement suivie par un médecin compétent. Le choix de ce thérapeute va conditionner le confort et la confiance que ressentira la femme pendant les années à venir, les plus difficiles étant celles qui encadrent la ménopause et pendant lesquelles les bouffées de chaleur sont à leur maximum.

Ce choix dépend, bien sûr, de critères personnels : goût, circonstances, habitudes… Voici tout de même quelques indications avant de choisir.

Le médecin doit être non seulement compétent dans les domaines de la gynécologie et de l'endocrinologie mais il doit savoir prendre le temps nécessaire pour écouter sa patiente, et se montrer réceptif à ce qu'elle ressent quelles que soient leurs éventuelles divergences d'opinion à l'égard des hormones.

Je ne saurais jamais assez vous conseiller de **ne pas le choisir au hasard** mais plutôt sur la recommandation d'une personne de confiance qui connaît bien votre sensibilité : un médecin de famille, une amie, une sœur, une mère… Il est également possible d'opter pour un spécialiste dont on a lu les écrits ou entendu les interventions sur le sujet.

Les gynécologues médicaux et les gynécologues obstétriciens qui consacrent une grande partie de leur activité à la vie « hormonale » des femmes sont les plus compétents et s'intéressent au THS. Toutefois, certains généralistes se sont spécialisés dans la « médecine de la femme » et sont aptes à suivre des patientes ménopausées, à condition de savoir pratiquer un examen gynécologique (ce qui n'est pas toujours le cas).

De nombreuses femmes restent attachées, pour leur suivi gynécologique, à l'obstétricien qui a mis au monde leur(s) enfant(s). Elles lui restent reconnaissantes pour tout ce qui concerne leur maternité. Pourtant, certaines d'entre elles finissent par s'adresser à un gynécologue médical plus adapté aux circonstances hormonales dans l'espoir qu'il saura mieux répondre à leurs attentes.

Vaut-il mieux choisir un homme ou une femme ? Peu importe, à partir du moment où le médecin possède les qualités requises. Je ne voudrais pas généraliser à outrance, mais il semble cependant que les femmes soient plus disponibles, attentives et compréhensives vis-à-vis des désarrois féminins.

Enfin, il faut savoir qu'aucun médecin n'a le droit de refuser un THS à partir du moment où la patiente entre dans la catégorie déterminée par l'Afssaps[1].

Quels sont les produits disponibles ?

Depuis la publication des résultats de l'étude WHI en 2002 et de la MWS en 2003, et les polémiques qui s'ensuivirent, les ventes d'hormones ont subi une baisse progressive jusqu'en 2009 (moins 70 % en sept ans). Mais il semble qu'en 2010 les chiffres se soient stabilisés.

Cependant, cette baisse des ventes n'est pas représentative du nombre de femmes traitées, car médecins et patientes sont devenus plus prudents. Forts des recommandations de l'Afssaps de prescrire la plus petite dose possible, les médecins ont allégé leurs prescriptions. Ainsi, un flacon de gel prévu pour un mois de traitement peut durer deux, voire trois mois du fait de la réduction des doses. De leur côté, en prenant

1. Voir en fin de chapitre, p. 208.

connaissance des résultats des études, les patientes ont réalisé que les risques de cancer du sein augmentent avec le nombre d'années de prise[2]. Même si ce risque est faible, exprimé en pourcentage, il devient dissuasif : 26 % à 60 % de risque ! Aussi, elles abrègent la durée de leur traitement.

La baisse des ventes a davantage touché les formes orales de THS et les patchs. Les œstrogènes en gel ont mieux résisté. Quant au spray nasal à l'œstradiol, il n'a pas eu le temps de s'installer dans les pratiques courantes et sa commercialisation a dû s'arrêter en 2007. Celles qui l'ont utilisé le regrettent beaucoup.

Après la publication de l'étude française E3N, les médecins ont pratiquement cessé de prescrire les progestatifs de synthèse pour les remplacer par la progestérone naturelle ou la dydrogestérone[3].

Malgré ces évolutions, il reste un vaste choix de spécialités sur le marché (près de 80). Les formules de patchs, notamment, sont très variées : il en existe une trentaine, chaque produit existant en 7 posologies différentes. Cet éventail permet à chacune de trouver la formule qui lui convient, avec le conseil de son médecin traitant bien entendu.

Qu'en est-il des hormones « naturelles » ?

Depuis les années 1970-1980, les médecins français utilisent des hormones micronisées[4], de structure identique à celles sécrétées par les ovaires, dites bio-identiques. Certes, ces

2. Le risque passe en moyenne de 1,26 à cinq ans, à 1,6 après dix ans. Voir les explications dans le chapitre « Cancer du sein », p. 127 et suiv.
3. C'est le composant du Duphaston.
4. De structure identique à l'hormone naturelle.

hormones ne poussent pas dans l'herbe... Ce sont des molécules fabriquées en laboratoire, qui copient les hormones produites par l'organisme humain. Celui-ci les « reconnaît » donc immédiatement et peut facilement les assimiler.

À l'inverse, les hormones d'origine végétale (phytohormones) que l'on trouve notamment dans le soja sont seulement « proches » des hormones humaines. L'organisme a donc beaucoup plus de mal à les reconnaître et à les utiliser. Ces hormones végétales sont donc moins « naturelles » pour l'organisme que les hormones micronisées « fabriquées ». En outre, pour être efficaces, les aliments ou les plantes qui les contiennent doivent être consommés en très grandes quantités, ce qui est incompatible avec une alimentation normale.

Quels sont les produits utilisés ?

Une fois le principe accepté et la décision prise, reste à choisir le type de produit et les doses les mieux adaptées. Ce choix est déterminé par l'objectif du traitement : **apporter de manière la plus physiologique possible la dose d'hormones** dont la femme est privée par l'arrêt des sécrétions des ovaires qui vieillissent beaucoup plus vite que les autres glandes.

Le traitement est différent selon que l'on a ou non conservé son utérus. Les femmes ayant subi une ablation de l'utérus peuvent se contenter d'un traitement à base d'œstrogènes seuls, alors que les autres doivent associer œstrogènes et progestérone, les deux hormones jusque-là produites par les ovaires.

➤ *Les œstrogènes*

Ils sont responsables de l'essentiel des effets bénéfiques. Les ovaires produisent trois formes d'œstrogènes : l'œstradiol, l'œstrone et l'œstriol. Toutes les études montrent que l'œstradiol constitue la forme la plus facilement reconnue par l'organisme[5]. En France, on utilise de préférence de l'œstradiol micronisé, très proche de celui fabriqué par l'ovaire.

Cet œstrogène existe sous forme de comprimés (voie orale), de gel et de patchs (voie cutanée ou transdermique[6]).

➤ *La progestérone ou le progestatif*

La progestérone est prescrite avant tout pour contrebalancer les effets fâcheux des œstrogènes sur la muqueuse utérine et éviter un cancer de l'endomètre.

Cette hormone exerce aussi certains effets positifs, notamment sur la qualité du sommeil et la stabilité de l'humeur. Elle est également discrètement diurétique. C'est pourquoi certains médecins la prescrivent même aux femmes hystérectomisées, qui ne courent pourtant aucun risque de cancer de l'endomètre.

La progestérone micronisée est la plus largement utilisée en France. Cependant, la dydrogestérone gagne du terrain depuis qu'elle a été mise hors de cause par l'étude E3N en 2003.

---

5. Rappelons qu'aux États-Unis, 90 % des femmes utilisent des comprimés de Premarin, une forme d'œstrogènes extraits de juments gravides (il s'agit principalement d'œstrone), ou de Premplus qui contient à la fois le Premarin et le médroxy progestérone acétate. Ces produits sont infiniment plus coûteux que tous les autres.

6. Voir les conseils précis d'utilisation p. suiv.

Depuis les premiers résultats alarmants des études en 2002, la gamme de produits a eu tendance à se réduire. Un consensus récent semble s'être établi, préconisant l'utilisation d'œstrogènes et de progestérone naturels. Cette forme de traitement est même en train de se répandre aux États-Unis.

➤ *Comment utiliser ces hormones ?*

Les deux voies d'administration, orale et cutanée, sont aussi efficaces sur les symptômes de la ménopause et les femmes peuvent choisir celle qui leur convient le mieux.

Cependant, depuis le début de ma pratique, ma préférence va aux œstrogènes par voie cutanée, associés à de la progestérone naturelle et ce pour plusieurs raisons : par la bouche, l'œstrogène a moins d'effet protecteur sur les os des fumeuses ; il augmente un peu le risque de calculs biliaires et, surtout, il accroît le risque d'accident cardio-vasculaire comme je l'ai auparavant signalé. Enfin, l'œstradiol ne subit pas de modifications dans le foie et ne se transforme pas en œstrone[7]. Ce choix a été conforté par les différentes publications parues depuis 2002. Toutefois, il m'arrive de prescrire d'autres progestatifs ou d'utiliser des œstrogènes par voie orale, notamment chez les femmes encore jeunes, sans risque particulier et habituées à avaler la pilule.

---

7. L'œstrone est un autre œstrogène dont la production augmente après la ménopause surtout en cas d'obésité car il est métabolisé dans le tissu graisseux. Son abondance augmente, certes, la masse osseuse, mais aussi, hélas, le risque de cancer du sein et de l'endomètre.

Schéma d'utilisation des produits

Produits	Comment les prendre ?	Précaution	Durée
Œstrogènes en gel	L'étaler chaque jour sur une large surface de peau, propre et sèche, comme par exemple le ventre, l'intérieur des bras et des avant-bras, ou de l'intérieur des cuisses. Sèche très rapidement. Inutile de frotter pour le faire pénétrer.	Il ne faut surtout jamais l'étaler ni sur les seins ni sur les muqueuses.	
Œstrogènes en patch	Appliquer sur la peau propre et sèche, sans avoir étalé auparavant de crème ni d'huile. Le maintenir quelques instants pour qu'il adhère bien à l'épiderme.	Il ne doit jamais être posé sur les seins. Éviter les régions régulièrement soumises au frottement des vêtements. Changer son emplacement à chaque fois afin d'éviter tout risque d'irritation locale. Lorsqu'il se décolle avant l'expiration de la durée d'action, il vaut mieux en appliquer un autre à un autre endroit.	La durée d'action dépend de la prescription médicale.

Progestérone et progestatifs	Conditionnés sous forme de comprimés ou bien de capsules molles que l'on absorbe par voie orale ou par voie vaginale.	À prendre le soir au coucher, afin de faciliter l'action de la progestérone sur le sommeil et d'éviter les sensations de vertiges ou de somnolence.	
Formes combinées	Ces produits associent, dans un même comprimé, selon les jours, une dose d'œstrogènes et une dose de progestérone. À prendre une fois par jour.	Ils rendent le traitement plus facile à suivre, mais ils ne permettent ni de moduler les dosages, ni de les adapter à chaque femme.	

➤ *Quelles sont les contre-indications au THS ?*

Le THS comporte quelques contre-indications sérieuses, qu'il convient de prendre en compte avant de commencer le traitement. Il est notamment fortement déconseillé ou interdit aux femmes :

- Qui ont (ou ont déjà eu) un cancer du sein ou un cancer évolutif de l'endomètre (muqueuse utérine). Les hormones risquent d'accélérer la prolifération de ce type de tumeur hormono-dépendante.
- Qui ont eu récemment un accident thrombo-embolique veineux ou artériel.
- Qui présentent des anomalies de facteurs de coagulation.
- Qui souffrent de lupus, de méningiome ou d'otospongiose.
- Qui ont des troubles graves de la fonction hépatique.
- Qui ont une hypertension sévère ou mal équilibrée.
- Qui ont un diabète compliqué.
- Qui souffrent d'une maladie cardiaque susceptible de provoquer des embolies.

Il faut ajouter à cela **quelques situations dans lesquelles le THS est déconseillé** ou doit être discuté :

- L'existence de varices profondes.
- Un excès de poids important (obésité) augmente les risques de cancer (sein et utérus), d'embolie ou d'accident cardio-vasculaire.
- Des antécédents majeurs de cancer du sein (trois personnes appartenant à la famille proche).
- Une endométriose sévère (le THS risque alors de « réveiller » un trouble que la ménopause avait apaisé).

➤ *Quels sont les différents schémas de traitement ?*

Pendant longtemps, j'ai prescrit des **traitements séquentiels**. Leur objectif était de mimer le plus possible le cycle naturel en apportant au corps un œstrogène pendant une première partie de cycle, puis une association d'œstrogène et de progestérone pendant une deuxième partie, avant d'observer une pause « sans hormones » pendant une durée correspondant aux règles.

Ce « **schéma séquentiel** » consiste à prendre un œstrogène (sous la forme choisie) du 1er au 25e jour du mois, et d'y associer un progestatif (ou de la progestérone) du 14e au 25e jour. Le traitement est ensuite interrompu pendant cinq jours, avant d'entamer le mois suivant. Si les doses administrées sont suffisantes, une petite hémorragie de privation se produit à la fin du mois, comme des règles.

Ce schéma rassure les médecins, mais il ne plaît pas toujours aux femmes qui retrouvent, pendant ces cinq jours d'arrêt, les symptômes qu'elles ont connus avant leur ménopause : fatigue, migraine, sueurs, douleurs… Certaines ne sont pas enchantées de voir réapparaître ces règles pénibles dont la ménopause les avait débarrassées. En outre, la prise discontinue favorise les oublis et les confusions.

D'autres apprécient pourtant ce « rappel » qui leur donne l'impression de rester encore jeune et féminine. Avant de prescrire, il suffit que le médecin pose simplement la question : « Voulez-vous avoir encore des règles ? » La réponse est en général claire. Par la suite, on peut changer de rythme à tout moment.

Les différentes études effectuées sur ce schéma n'ont pas clairement mis en évidence sa supériorité en termes de risque. L'essentiel reste de prendre le progestatif ou la progestérone suffisamment longtemps pour protéger l'utérus : au moins douze jours par mois. C'est la durée minimale actuellement recommandée. Mais il faut faire très attention à ne pas oublier de prendre les capsules.

Le **schéma continu**, dit aussi schéma sans règles, consiste à prendre les deux produits tous les jours, sans interruption. Mais il faut alors absolument choisir la progestérone naturelle. Ce traitement convient à celles qui ont connu des règles abondantes et douloureuses, et qui ne veulent à aucun prix les voir revenir. Elles sont souvent atteintes d'adénomyose[8] (ou endométriose interne), une affection bénigne mais pénible qui disparaît à la ménopause et que le traitement hormonal peut réveiller. Le THS en « schéma continu » permet de limiter ce réveil.

Une variante est parfois proposée : la prise continue des deux produits du 1er au 25e jour de chaque mois, suivie d'une pause de cinq jours. Certaines femmes apprécient cette pause, d'autres non. C'est à elles de choisir.

---

8. Ce trouble se caractérise par la colonisation du muscle utérin par des cellules de l'endomètre qui se traduit par des règles abondantes et prolongées et surtout très douloureuses. L'affection disparaît à la ménopause.

Ma préférence actuelle va à un schéma que j'ai mis au point depuis assez longtemps et qui convient à la grande majorité de mes patientes. Il a l'avantage d'éviter le retour des règles, tout en réduisant un peu la quantité de progestérone absorbée. Ce schéma est à la fois simple, pratique et facile à mémoriser : on prend l'œstrogène tous les jours, et la progestérone seulement cinq jours par semaine (soit tous les jours sauf le week-end). Cette pause constitue un petit répit pour la muqueuse utérine et un repos pour la femme qui n'a pas à avaler sa capsule pendant les week-ends.

Les **associations œstro-progestatives** réunissant les deux hormones dans un même comprimé ne permettent pas de moduler ainsi les schémas de traitement. Mieux vaut le savoir et en discuter avec le médecin avant de prendre sa décision.

➤ *Les minidoses sont-elles efficaces ?*

Avant 2002, les médecins utilisaient couramment les doses standard qui ont servi de références aux grandes études anglo-saxonnes. Malgré leur impact négatif, ces études ont eu le mérite d'amener les médecins à reconsidérer cette pratique. Les recommandations de l'Afssaps[9] vont dans le même sens.

Au début, certaines femmes se plaignaient de symptômes témoignant d'un surdosage : douleurs et tensions dans les seins, hémorragies, lourdeur dans les jambes, sensation de « gonflement », prise de poids... Leur médecin répondait généralement qu'à des doses inférieures l'efficacité des œstrogènes sur les os ne serait plus garantie. Les femmes les plus attachées au traitement réduisaient d'elles-mêmes les posologies en appliquant moins de gel, en espaçant les changements de patch, en sautant un jour de temps en temps ou en cou-

9. Voir en fin de chapitre, p. 208.

pant les comprimés en deux. Les autres abandonnaient le traitement pour faire cesser ces troubles désagréables, ce qui se comprend. Quelques-unes sont même devenues de farouches adversaires du THS !

Pourtant, il a toujours été possible de prendre des petites doses d'hormones et d'obtenir des effets positifs, d'autant que ces petites doses sont parfaitement tolérées. Elles sont même recommandées par les autorités sanitaires. Mais plus les doses sont faibles moins le traitement risque d'être efficace et plus elles demandent à être adaptées selon les réactions de chacune.

De nombreuses femmes apprécient cette manière de procéder car elles sont rassurées à l'idée de pouvoir intervenir elles-mêmes dans le déroulement du traitement. Mais d'autres préfèrent appliquer à la lettre le traitement prescrit par leur médecin sans se poser de questions. C'est à chacune de choisir.

Contrairement à ce qui a longtemps été affirmé (y compris aux médecins), les minidoses de THS ont quasiment autant d'efficacité que les doses standard sur les bouffées de chaleur et la sécheresse vaginale. Elles semblent aussi assurer une certaine – mais moindre – protection osseuse. Dans l'ensemble, elles sont mieux tolérées. Il semble même qu'elles diminuent les risques au niveau des seins, de la muqueuse utérine et de la circulation veineuse. L'essentiel reste de bien adapter la dose de progestérone à la dose d'œstrogènes.

À ma grande surprise, de nombreuses patientes de plus de 70 ans m'ont assuré qu'elles se sentaient très bien avec des **doses ultrafaibles** d'hormones (de l'ordre d'une application d'œstrogènes en gel trois fois par semaine). Au départ, j'étais sceptique quant aux effets bénéfiques de si petites doses. Mais j'ai dû me rendre à l'évidence devant le nombre croissant de femmes qui me tenaient de tels propos, et j'ai réalisé qu'il ne s'agissait pas d'un effet placebo.

Bien qu'aucune étude sur les minidoses n'ait véritablement prouvé leur efficacité, je suis aujourd'hui certaine qu'après de longues années de traitement, il est possible de maintenir une bonne qualité de vie tout en prenant un risque minimal voire aucun.

➤ *Quand faut-il arrêter le THS ?*

Après l'âge de 60 ans, certaines patientes manifestent le désir de poursuivre leur THS car, dès qu'elles l'arrêtent, leurs bouffées de chaleur réapparaissent, ainsi qu'une morosité et une fatigue qu'elles acceptent mal. Mais, dans le même temps, elles s'inquiètent des possibles conséquences carcinogènes des hormones, dont la presse et les médecins se font régulièrement l'écho. L'expérience montre que les femmes peuvent poursuivre leur traitement aussi longtemps qu'elles ressentent des troubles qui altèrent leur qualité de vie, pour peu qu'elles ne présentent aucune contre-indication, et qu'elles soient à la fois informées et volontaires. Cela va d'ailleurs, dans le sens des recommandations de l'Afssaps, qui parle d'une « durée de traitement la plus courte possible » sans en préciser les délais, ceux-ci restant liés à la présence des symptômes.

Cependant, à partir de 60 ans (et même avant pour certaines patientes), je conseille de diminuer les doses et je les laisse le plus souvent moduler la posologie elles-mêmes, après leur avoir redonné des explications.

À la lumière des dernières études très rassurantes, on peut dire que **le risque d'un événement indésirable grave lié au THS est quasiment nul les sept à huit premières années**. Il est probable que le risque augmente un peu ensuite mais ce n'est pas certain avec les produits naturels par voie cutanée. Ensuite, c'est à chacune de voir avec son médecin.

➤ *Comment prendre le traitement hormonal ?*

Le traitement hormonal est modulable (hormis pour les associations œstro-progestatives), ce qui est un avantage apprécié à condition d'en avoir compris et assimilé les règles. Il ne faut pas chercher pas à sortir de ces schémas sans avis médical, ni à les adapter en fonction de ses envies et de ses oublis : « Je le prends quand j'y pense » ; « Je l'oublie un jour sur deux » ; « J'applique volontiers le gel mais cela m'ennuie d'avaler les comprimés ». Dans ces conditions, le THS ne peut pas avoir les effets escomptés et il risque de provoquer des saignements.

Avec le temps, chaque femme peut apprendre à observer ses sensations et à repérer les moments où elle doit **augmenter** légèrement les doses d'œstrogène : persistance ou reprise des bouffées de chaleur, sécheresse vaginale, baisse inhabituelle de tonus… Elle peut alors passer d'une pression de gel à deux, ou de deux à trois. En revanche, à d'autres périodes, il vaut mieux **diminuer** un peu ces doses dans les mêmes proportions, notamment en cas de douleurs des seins, de sensation de gonflement, de prise de poids soudaine (liée à la rétention d'eau).

➤ *Comment savoir si le traitement est adapté ?*

En sachant écouter ses seins. La réaction des seins constitue un bon indicateur de l'adaptation à la dose d'œstrogène. La sensibilité des seins varie selon les femmes, et même pour une femme d'un âge à l'autre. Avec le temps, elle peut s'atténuer ou au contraire s'intensifier. Il faut toujours la respecter. La douleur n'est pas un signe de cancer du sein, mais elle témoigne d'une souffrance de la glande mammaire. Elle n'est pas grave et il est inutile de s'affoler, mais il convient de diminuer la dose d'œstrogène. Le soulagement se fait sentir en quelques jours seulement.

Toutes les formes de produits actuellement disponibles sont acceptables : comprimés, patchs et gels. Mais en ce qui concerne les œstrogènes, seul le gel permet une modulation de chaque instant. C'est un « plus » très appréciable lorsqu'on désire être à la fois à l'aise et rassurée. Rien n'est plus inquiétant qu'une douleur mammaire ou un saignement intempestif, mais il est très simple de les corriger en adaptant légèrement les doses d'œstrogène.

En dehors des facteurs de risque connus, il n'y a aucune raison d'avoir peur du THS. Ce traitement demande un peu de discipline, mais il permet en même temps aux femmes le contrôle de leur corps.

Dans un avenir proche, il existera des voies d'administration de la progestérone autres que la voie orale : gels vaginaux où la protection locale sur la muqueuse utérine sera élevée, anneau vaginal qui assurera une libération régulière de progestérone sans risque d'oubli, ou encore une association d'œstrogènes et de progestérone par voie cutanée.

➤ *Quelles sont les dernières recommandations des autorités sanitaires françaises et européennes ?*

Dès 2002-2003, les instances sanitaires ont émis des recommandations destinées à mettre en garde les médecins prescripteurs, restreignant assez sévèrement les modalités du traitement hormonal.

En 2004, ces règles de prescription ont été adoucies afin d'accorder une place au THS dans la prévention de l'ostéoporose, chez les femmes ménopausées de 50 à 60 ans présentant des bouffées de chaleur, des sueurs nocturnes et, bien sûr, un risque de fragilité osseuse. Ces données ont été confirmées en 2006.

1. Le THS ne doit pas être prescrit ou renouvelé de façon systématique.
2. Le THS n'est pas recommandé aux femmes qui n'ont pas de symptômes.
3. Le THS peut être prescrit en cas de troubles climatériques gênants, en particulier les bouffées de chaleur retentissant sur la qualité de vie.
4. La patiente traitée doit être informée et volontaire.
5. Le THS doit être prescrit ou renouvelé à la dose minimale efficace.
6. La durée du traitement doit être la plus courte possible et limitée à la durée des troubles gênants.
7. Il faut réévaluer régulièrement, au moins chaque année, l'intérêt de la poursuite du traitement.
8. Chez la femme ménopausée entre 50 et 60 ans, sans fracture et présentant des troubles climatériques, le THS peut être indiqué en prévention de la perte osseuse post-ménopausique, quand l'ostéodensitométrie témoigne d'une ostéopénie ou d'une ostéoporose.

Ces recommandations ont quasiment valeur de « règles de bonne pratique ». Mais il va de soi que c'est au médecin de proposer ou non une thérapie hormonale à sa patiente, en tenant compte de sa motivation, de ses symptômes désagréables, de ses antécédents personnels et familiaux, et de ses facteurs de risque. Cela implique qu'il en ait longuement parlé avec elle de manière à ce qu'elle soit suffisamment informée.

Règles de base
pour celles qui suivent un THS

1. Ne jamais commencer sans prescription médicale.
2. Attendre que la ménopause soit confirmée.
3. Se soumettre avant et pendant le traitement à un examen clinique régulier et à des examens de dépistage indispensables pour éliminer la possibilité de cancer débutant : mammographie à intervalles réguliers, frottis, mais aussi prise de la tension artérielle et du poids.
4. Prendre de façon régulière les produits prescrits en suivant les indications du médecin et en respectant la posologie et la durée, dans les limites de ce qui a été convenu auparavant. L'indiscipline et la fantaisie sont contre-productives, elles mettent en péril l'efficacité du traitement.
5. En accord avec le médecin, la posologie et le schéma peuvent être modulés.
6. Signaler tout saignement anormal ou toute autre perte suspecte ou encore une douleur tenace au niveau d'un sein.

Que retenir ?

Avec la possibilité de choix actuel des produits, les connaissances acquises grâce aux résultats des études – non sans mal ! – et une expérience accumulée au fil des années, chaque femme doit pouvoir choisir le type de traitement qui lui convient. **Les marges d'incertitude concernant le THS se sont beaucoup réduites**. Cependant, à celle qui ne « veut courir aucun risque », je recommande les hormones micronisées dites « naturelles » administrées par voie cutanée. La prolongation du THS « se négocie » à chaque consultation en fonction de la mammographie, des circonstances et des désirs exprimés.

TROISIÈME PARTIE

Comment prendre la bonne décision

CHAPITRE PREMIER

Les alternatives au THS

Qui dit « alternative au traitement hormonal » dit « produit dont l'efficacité est comparable », à la fois sur les symptômes (bouffées de chaleur, fatigue, troubles de l'humeur...) et sur la protection à plus long terme (solidité osseuse, système cardio-vasculaire...). Seule la **tibolone**, commercialisée en France sous le nom de Livial, constitue une alternative réelle au THS. Aucune autre molécule n'a, pour le moment, d'équivalent. Cependant, d'autres produits peuvent avoir une action ciblée sur certains troubles.

La tibolone (ou Livial) : la seule véritable alternative

Ce composé, disponible en Europe depuis près de vingt ans, est un stéroïde de synthèse à action sélective, un progestatif (dérivé de la progestérone). Il peut quasiment remplacer le THS, bien que son mode d'action soit différent. Il agit sur les récepteurs à la fois des œstrogènes, de la progestérone et des androgènes. Il peut donc « mimer » les effets de ces trois hormones. On parle habituellement de THM (traitement hormonal de la ménopause) quand on évoque Livial et THS classique. Le THS (traitement hormonal substitutif) désigne plus spécifiquement l'association œstrogène-progestérone.

➤ *Ses avantages*

En termes de qualité de vie, le Livial a les mêmes effets positifs que le THS classique sur les bouffées de chaleur, les sueurs, les troubles de l'humeur et les insomnies. Il semble même, si j'en crois les témoignages de mes patientes, qu'il procure une sensation de bien-être plus importante. Il leur permet de se sentir particulièrement toniques, en pleine forme physique et morale. Toutefois, chez certaines femmes, il peut se révéler un peu moins efficace que le THS sur les bouffées de chaleur. Placées sous Livial, celles qui ont déjà pris un THS voient parfois ce symptôme réapparaître pendant quelques mois. Mais son intensité est bien moindre et la rechute est de courte durée.

Très spectaculaire sur l'humidité et l'élasticité des muqueuses génitales, il fait disparaître la sécheresse vaginale et l'atrophie des muqueuses. Il va sans dire que cette propriété, très appréciée des femmes, rend tout son attrait à la sexualité. Par ailleurs, le **Livial améliore directement la libido**, ce que ne fait pas le THS. Les femmes retrouvent leur désir sexuel, au point qu'elles refusent souvent d'arrêter le traitement. S'il favorise ainsi la sexualité, c'est qu'il exerce un effet androgénique en remplaçant les hormones mâles autrefois sécrétées par les ovaires et qui jouaient un rôle de stimulant sexuel. Et la production de DHEA par les glandes surrénales ne suffit généralement pas à compenser leur perte.

Pour obtenir le même effet avec le THS, il faut ajouter des petites doses d'hormones mâles. On les trouve actuellement sous forme de patch que l'on colle sur la peau. Elles sont efficaces mais doivent être maniées avec précaution. Leur usage est limité dans le temps et elles doivent être prescrites par un médecin qui en connaît bien le maniement.

Pour certaines femmes, la sexualité occupe une place particulièrement importante. Ces patientes se désolent de ne plus éprouver le moindre désir sexuel. Le Livial (ou le THS associé à des patchs d'hormones mâles de façon transitoire et contrôlée) peut apporter « un plus » qui pimente à nouveau leur existence.

Par son effet œstrogénique, le Livial **rend à la peau** son **élasticité et son éclat** (avec quelques réserves toutefois[1]). **Il améliore la masse musculaire** et la force physique, ce qui est appréciable dans cette période où la masse « grasse » prend progressivement la place de la masse « maigre » (os et muscles). Comme le THS, **il protège efficacement les os**. Une étude[2] vient de confirmer que la tibolone ralentit la perte osseuse et diminue le risque de fractures. On y observe une réduction du risque de fracture vertébrale de 45 % et de fracture du col du fémur de 26 %.

Mais là n'est pas le principal. **L'indication la plus intéressante de la tibolone** concerne les seins, notamment les seins « à risque » ou douloureux. Ici ne s'exerce aucun effet œstrogénique. Ses propriétés spécifiques en font un traitement de choix pour les femmes qui souffrent de tensions mammaires, mastose, kystes ou nodules divers. Chez elles, le THS classique est déconseillé car il risque de réveiller ces douleurs pénibles et angoissantes, ou de faire réapparaître les nodules. Elles sont donc très heureuses de pouvoir bénéficier d'un traitement qui fait disparaître leurs problèmes mammaires, tout en améliorant globalement leur bien-être. À la palpation, leurs seins deviennent plus souples, moins tendus, comme ils

1. Voir plus loin les inconvénients du Livial, p. 217.
2. Il s'agit de l'étude LIFT, multicentrique, randomisée, *versus* placebo, publiée en 2005, portant sur 4 532 femmes ménopausées de 60 à 85 ans.

l'étaient après la ménopause en l'absence de traitement. Enfin, Livial réduit la densité mammaire[3] y compris au bout de dix ans de traitement. Cette action se confirme lors des mammographies, qui deviennent plus faciles à « lire » car les seins sont moins denses et plus « radio-transparents ». Les dépistages éventuels s'en trouvent facilités. Contrairement aux conclusions de l'essai anglais Million Women Study basé sur des questionnaires, l'étude LIFT constate au bout de trois ans une diminution du risque de cancer du sein de 68 % chez les femmes qui suivent ce traitement.

Du fait de son absence d'effet œstrogénique sur l'utérus, **Livial ne stimule pas la muqueuse utérine** et ne la fait pas saigner (sauf exceptionnellement, en début de prise, chez 5 % des femmes). Il est donc particulièrement indiqué chez les patientes qui ont souffert précédemment d'endométriose, d'adénomyose, d'hyperplasie (épaississement anormal) de la muqueuse utérine, de fibromes... D'autant que le THS aux doses standard a tendance à réveiller les douleurs et les saignements. Dans le cas (peu fréquent) où ces hémorragies réapparaissent sous **Livial**, il convient de procéder à des examens afin de vérifier que la ménopause est bien avérée, et qu'il n'existe aucune lésion sous-jacente (polype ou autre).

Au plan cardio-vasculaire, le bilan du Livial est plus mitigé et complexe. Comme le THS, il améliore le profil lipidique en abaissant le taux des triglycérides et de cholestérol total, mais il n'augmente pas le taux de HDL (le « bon » cholestérol). En principe, il ne modifie pas la glycémie sauf, semble-t-il, chez les femmes diabétiques ou prédisposées au diabète.

Il diminuerait, toujours selon l'étude LIFT, l'incidence du cancer du côlon de 69 %.

---

3. On estime cette densité en mesurant l'importance du tissu fibro-glandulaire.

L'emploi de Livial est simple et pratique : il suffit de prendre un comprimé par jour.

➤ *Ses inconvénients*

Comme toutes les hormones de synthèse absorbées par voie orale, le Livial peut parfois provoquer des troubles digestifs (nausées) ou des maux de tête. Dans ce cas, mieux vaut ne pas s'obstiner à poursuivre. Les plus motivées peuvent éventuellement essayer de prendre seulement un demi-comprimé par jour. Cela suffit parfois à faire disparaître les effets secondaires, tout en conservant une efficacité. Certaines femmes s'en contentent.

Chez les patientes prédisposées, la tibolone **peut faire prendre du poids** (rarement plus de 3 kilos). La simple évocation de cette perspective fait frémir certaines et les conduit à refuser ce traitement. Les plus téméraires essaient tout de même et, la plupart du temps, elles conservent un poids identique. Seules quelques femmes prennent un peu de poids si elles ne se méfient pas. Dopées par une nouvelle envie d'entreprendre, une énergie et un appétit (un vrai !) retrouvés, elles se sentent si toniques qu'elles ne se rendent pas compte qu'elles mangent davantage. Lorsque je leur en fais la remarque, c'est tout juste si elles ne haussent pas les épaules en riant tant ces quelques kilos leur semblent secondaires par rapport à leur mieux-être ! Cependant, j'évite de recommander la tibolone à une femme qui a tendance à grossir facilement.

Il y a quelques années, lors d'un essai[4] en double l'aveugle sur les différentes posologies du spray nasal, les patientes qui avaient reçu sans le savoir les doses les plus élevées m'avaient dit, sans cacher leur enthousiasme : « Docteur, je ne me suis jamais sentie aussi bien de ma vie ! » sans se préoccuper de la

---

4. Il s'agissait d'un essai de phase 3.

dose. Une autre fois, en examinant les seins d'une patiente, j'ai été très surprise par leur volume et leur fermeté. Intriguée, je l'ai interrogée et j'ai découvert le pot aux roses : elle avait mal compris la posologie du gel et appliquait le double de la dose standard. Elle était, au demeurant, enchantée de cet « effet secondaire » qu'en tant que médecin, je cherche toujours à éviter.

L'effet dynamisant, pour ne pas dire « dopant » d'une substance, occulte ainsi certains de ses inconvénients. Mais existe-t-il un choix idéal ? Tout bénéfice exige un minimum de contrainte notamment pour retrouver un meilleur tonus. Il est plus facile de se plier à une certaine discipline lorsqu'on retrouve peu à peu sa forme et son moral. Je le constate tous les jours. Souvent, après avoir débuté un traitement hormonal, les femmes prennent la décision de « se prendre en main » : elles passent des bonnes résolutions à l'action… C'est l'un des « effets secondaires bénéfiques » de ces traitements hormonaux. Qu'il s'agisse de la tibolone ou du THS, ils redonnent un sentiment de bien-être dynamisant.

Autre inconvénient qui ne concerne que 6 % des femmes : par son effet « hormone mâle », la tibolone peut réveiller une acné qui avait disparu depuis l'adolescence. Ce désagrément touche seulement les femmes dotées d'un grand nombre de récepteurs aux hormones mâles, celles-là mêmes qui réagissent le plus positivement au traitement. Pour elles, c'est une petite prise de poids et une légère acné, mais aussi une excellente humeur et une libido retrouvée !

Enfin, le Livial n'est pas remboursé par la Sécurité sociale et son coût relativement élevé ne le met pas à la portée de toutes les femmes.

➤ *Ses risques éventuels*

Il semble que la tibolone protège plus le sein contre un éventuel cancer qu'elle ne l'expose, mais certaines études entretiennent le doute. D'autres l'accusent d'augmenter le risque de cancer de l'endomètre mais rien n'est venu étayer cette hypothèse et cela paraît peu probable (ces études portaient sur un petit nombre de cas) ; il faut attendre d'autres résultats pour en savoir davantage.

Un essai en double aveugle, baptisé LIBERATE, a été réalisé sur 2 600 patientes ayant déjà été prises en charge auparavant pour un cancer du sein et souffrant de bouffées de chaleur. Certaines de ces femmes prenaient un placebo et d'autres de la tibolone. L'étude a dû être interrompue en raison d'une augmentation modérée du risque de récidive du cancer du sein (risque relatif de 1,8). Mais il faut rappeler que ces femmes avaient déjà eu un cancer du sein et que tout traitement hormonal substitutif leur était interdit en raison du risque de récidive. L'objectif initial du laboratoire était de démontrer, sur les femmes, l'effet protecteur du Livial contre les récidives, constaté sur les animaux.

Que le taux de cancer du sein soit un peu plus élevé dans la population des femmes sous Livial n'est pas surprenant car la plupart des gynécologues réservent la tibolone aux femmes qu'ils considèrent à risque de cancer du sein !

Selon l'étude LIFT, la tibolone n'entraîne pas de risque d'accident thromboembolique veineux ni artériel mais en revanche, elle semble favoriser la survenue d'un accident vasculaire cérébral chez les femmes âgées de plus de 65 ans. Cependant, nous manquons encore de données précises qui puissent permettre d'en connaître vraiment la raison. Il semble que cette action négative sur le système vasculaire soit due à l'effet androgénique du traitement et à sa prise par la bouche impliquant un passage par le foie.

Compte tenu de ces résultats (et en attendant des études de plus grande ampleur), la prudence est de mise, surtout après 60 ans. À partir de cet âge, il n'est envisageable de poursuivre le traitement qu'à demi-dose et après un bilan cardio-vasculaire complet. Et, à la moindre anomalie, il convient de s'abstenir.

Ce traitement impose par ailleurs la même surveillance que le THS : consultations, mammographies et échographies régulièrement espacées.

Établir un bilan global du Livial est délicat car les études sont peu nombreuses et portent sur un trop faible nombre de personnes, et leurs résultats sont contradictoires. Ils sont très satisfaisants sur la qualité de vie (humeur, tonus, sexualité...), les os, les muscles, les muqueuses, la peau et les artères, ce qui fait de la tibolone un traitement intéressant. Mais les risques potentiels, surtout celui d'accident vasculaire cérébral (plus inquiétant) incitent les prescripteurs à limiter les indications du Livial aux femmes ménopausées relativement jeunes, de moins de 60 ans, sans facteur de risque vasculaire.

Les traitements hormonaux contre le vieillissement

Il existe d'autres traitements hormonaux contre les effets du vieillissement. Chacun possède sa spécificité, mais aucun n'a des effets équivalant à ceux du THM. On ne peut donc pas vraiment parler d'alternative à leur propos.

La majeure partie des hormones produites par notre organisme diminue avec l'âge. On considère d'ailleurs que cette diminution est un marqueur du vieillissement : en mesurant leur taux, on peut évaluer l'âge biologique d'une personne. On a l'âge de ses hormones. Les taux de mélatonine, par exemple sont au maximum vers 10-15 ans, puis ils baissent très rapidement. Les taux de DHEA atteignent leur maximum vers 20 ans, puis se réduisent plus lentement. Les taux de prégnénolone amorcent leur descente seulement vers 40 ans, mais ils restent suffisants même après 70 ans.

Il en est de même des hormones sexuelles : chez l'homme, le taux de testostérone baisse lentement à partir de 50 ans mais ne s'effondre jamais (sauf pour environ 15 à 20 % des hommes, touchés par l'andropause) ; chez la femme, nous l'avons vu, le déclin des hormones sexuelles commence entre 40 et 60 ans (le plus souvent autour de 50-51 ans) et leur taux s'effondre brutalement pour atteindre des chiffres quasi nuls.

Une question se pose alors : **est-ce le déclin des hormones qui provoque le vieillissement, ou est-ce le fait de vieillir qui cause la baisse globale de la production hormonale ?** En réalité, le vieillissement est lié à de nombreux mécanismes différents. Mais il est certain que les hormones participent à quelques-uns des aspects du vieillissement. Des spécialistes proposent donc qu'en restaurant le taux de ces hormones déclinantes on pourra améliorer le bien-être, la force musculaire, les défenses immunitaires, les performances intellectuelles et physiques…

Pourquoi pas ? Ces hormones sont des substances bio-identiques comme celles qui sont sécrétées par l'organisme et non des médicaments. Comme le THS, ce sont des « produits de substitution ». Ils ne présentent donc pas de contre-indications (tant qu'ils sont utilisés aux doses normales) et ont peu d'effets secondaires.

Pourtant, il est difficile de savoir **qui croire** : ceux qui s'enthousiasment ou ceux qui invitent à la prudence ? Les premiers se fondent sur des études réalisées sur des animaux (les essais sur les humains sont encore trop rares) et sur des impressions positives subjectives, alors que les seconds manifestent une méfiance qui va parfois jusqu'à la demande d'interdiction. Dans ce contexte, vaut-il mieux adopter le comportement des médecins américains qui tentent de rendre la vieillesse plus productive et plus heureuse ? Ou bien faut-il mieux se ranger à l'avis des chercheurs français, pour qui on doit s'abstenir d'utiliser toute thérapeutique tant qu'elle n'a pas été validée par des études portant sur des populations nombreuses, soumises en partie à un placebo et en partie à la molécule concernée ?

Le vrai problème est que ces produits intéressent peu les laboratoires, car les hormones ne sont pas brevetables. Les entreprises pharmaceutiques n'ont rien à gagner à investir des sommes très importantes pour vérifier le bien-fondé de produits qui sont déjà librement commercialisés. Nous n'avons aucun éclaircissement à attendre de ce côté-là !

Pour ma part, je continue à prescrire ces hormones lorsque mes patientes me le demandent, mais je le fais avec prudence. Je leur demande aussi d'interrompre leur traitement pendant deux mois de temps en temps, afin qu'elles puissent vérifier si elles ressentent une différence.

➤ *La DHEA : hormone anti-âge ?*

Longtemps présentée dans le monde entier comme une pilule de jouvence, la DHEA (déhydroépiandrostérone) a suscité l'engouement de millions de personnes en quête de jeunesse éternelle, qui l'utilisent de façon régulière et y trouvent une amélioration de leur état général.

Depuis la publication de l'étude des Prs E. Beaulieu et F. Forette, trop peu d'essais ont été effectués. Rien ne permet d'apporter des arguments décisifs sur l'efficacité de la DHEA prise par voie orale (comprimés) ni sur ses éventuels effets nocifs à long terme. À ce jour, les résultats ont été, pour la plupart, décevants.

La DHEA est une hormone produite par les glandes surrénales. À 30 ans, le taux de DHEA atteint son maximum. Puis il décroît régulièrement, cette baisse s'accélérant après 40 ans. À 70 ans, son taux dans le sang n'est plus que de 10 % de sa valeur maximale. Vue sous cet angle, cette hormone apparaît donc bien comme un marqueur de l'âge. Cependant, son taux varie beaucoup d'une personne à une autre, et même, au cours d'une journée, d'un moment à l'autre. Cela incite à considérer avec prudence la valeur des dosages. La DHEA est une hormone mâle faible, plus efficace semble-t-il chez la femme que chez l'homme, du moins avant 70 ans.

Dans les premiers mois de traitement, elle est supposée augmenter la masse musculaire, diminuer la masse grasse, créer une sensation de bien-être, augmenter la libido (surtout chez les femmes de plus de 70 ans), favoriser une bonne qualité de la peau (moins que le THS) et diminuer les douleurs articulaires. Par ailleurs, elle rendrait plus efficace l'action de l'hormone de croissance IGF1. Mais elle n'a aucun effet sur la prévention de l'ostéoporose.

En revanche, elle entraîne parfois, chez les femmes prédisposées, des poussées d'acné, une peau grasse, la pousse de poils disgracieux, voire une chute de cheveux à doses élevées… À long terme, certains l'accusent de favoriser la croissance des cancers hormono-dépendants. Enfin, ses effets bénéfiques s'épuisent assez rapidement.

Cette molécule n'est reconnue ni par l'Afssaps ni par l'Agence européenne du médicament. Le médecin qui la prescrit doit en prendre le risque, sous sa responsabilité personnelle. Elle est contre-indiquée en cas de cancer du sein ou de l'utérus.

La DHEA constitue toujours une piste intéressante, mais ses résultats se montrent encore décevants. Il faudrait initier de nouvelles explorations scientifiques, s'appuyant sur des protocoles de recherche sérieux. Pour l'instant, en France, beaucoup de prescripteurs spécialisés (gérontologues, endocrinologues…) l'ont abandonnée. Si elle est en vente libre dans les drugstores aux États-Unis, elle ne peut être délivrée que sur ordonnance en France. Entre ses détracteurs et ses défenseurs, on reste sur sa réserve.

➤ *La mélatonine : hormone du sommeil ?*

La mélatonine a longtemps fait rêver[5]. Elle a suscité beaucoup d'espoirs dans la lutte contre le vieillissement, notamment en ce qui concerne la sexualité et la protection des artères. Mais ces espoirs ont souvent été déçus.

C'est une hormone produite par la glande pinéale (épiphyse), située à la base du cerveau. Cette glande est stimulée pendant la nuit, de manière d'autant plus intense que l'on séjourne longtemps dans l'obscurité. La concentration en mélatonine est donc élevée la nuit. Elle varie pourtant d'une personne à l'autre et diminue avec l'âge.

On peine à croire à toutes les vertus que certains lui attribuent, surtout lorsqu'on sait que les études sur ses effets réels (positifs ou négatifs) manquent cruellement. Ces études risquent de tarder, car la mélatonine est en vente libre aux États-Unis, où elle est considérée non comme un médicament mais comme un simple supplément. En France, nous sommes toujours plus prudents et méfiants.

Cependant, elle mérite tout de même qu'on s'y intéresse. En premier lieu elle semble améliorer le sommeil. **Elle permettrait notamment de lutter contre les troubles du sommeil dus au décalage horaire** lors des vols long-courriers. Elle agirait de la même manière sur les insomnies affectant les personnes âgées. Des médecins l'utilisent également pour accompagner le sevrage des somnifères et des tranquillisants. Toujours est-il qu'elle induit une somnolence et une baisse de température similaire à celle que provoque l'endormissement (– 1 °C), à condition que la personne soit dans l'obscurité car la lumière inhibe sa sécrétion. En améliorant la qualité du sommeil, elle diminuerait la sensation de fatigue.

---

5. Pierpaoli W. et Regelson W., *Le Miracle de la mélatonine*, Paris, Robert Laffont, 1995.

Certains chercheurs américains la considèrent aussi comme un puissant stimulant de l'activité sexuelle. Mais cet effet, bien que démontré chez la souris, n'a pas été prouvé chez l'homme. D'autres lui attribuent une action stimulante du système immunitaire. Si cela s'avérait justifié, ce serait très intéressant car l'efficacité des défenses s'altère avec l'âge. De récents travaux sur la musaraigne semblent indiquer que la mélatonine agit également sur les radicaux libres, ce qui aiderait à lutter contre le vieillissement.

La prudence est de mise là encore avec la mélatonine, sans pour autant l'éliminer et ne pas pratiquer d'automédication, car les comprimés que l'on trouve en vente libre aux États-Unis, et que l'on peut se procurer par Internet en France, ont une teneur en mélatonine très supérieure aux quantités sanguines relevées dans les conditions de vie normale. On conseille donc de réserver son usage aux longs voyages afin d'atténuer les désagréments du décalage horaire (jet-lag).

Il faut éviter de prendre de la mélatonine régulièrement, sans avis médical ni surveillance sérieuse. Seul un spécialiste est capable de définir la posologie et le choix des produits qui ne sont pas toujours de bonne qualité. Cependant, dans la mesure où cette hormone présente peu de contre-indications et produit peu d'effets secondaires, nous ne savons pas très bien sur quels critères organiser la surveillance médicale. Peut-être en saurons-nous davantage dans les années à venir et pourrons-nous ainsi l'utiliser à meilleur escient ?

Enfin, un nouvel antidépresseur, l'Agomélatine, vient d'être autorisé en Europe. Il agit à la fois sur la mélatonine et sur la sérotonine.

➤ *La prégnénolone : l'hormone de la mémoire ?*

La prégnénolone est synthétisée par les glandes surrénales et le cerveau. Sa concentration cérébrale serait dix fois plus élevée que celle des autres hormones stéroïdes. Cette teneur diminue régulièrement à partir de 35 ans.

La prégnénolone jouerait un rôle important sur le fonctionnement du cerveau. Chez la souris, c'est la substance la plus efficace pour améliorer la mémoire et l'attention. Certains affirment même qu'elle serait cent fois plus active sur les processus de mémorisation que les autres hormones stéroïdes. Elle neutraliserait les effets négatifs du cortisol produit en excès dans les situations de stress, améliorerait la sensation de bien-être (elle aussi !) et diminuerait la fatigue.

Aux États-Unis, on la trouve en vente libre, sous forme de comprimés différemment dosés. Absorbée en quantité normale par une personne en bonne santé, elle n'aurait pas d'effets secondaires. Mais il faut rester prudent car elle présente des contre-indications : sur les seins, pendant la grossesse, en cas d'épilepsie…

➤ *L'IGF1 : l'hormone de l'avenir ?*

Dans la prévention du vieillissement, cette hormone de croissance[6] est l'une des plus tentantes. Elle est fabriquée par notre cerveau et son taux baisse au fil des années. Celui-ci est variable selon les personnes, et aussi (cela mérite d'être souligné deux fois !) selon l'activité puisqu'elle augmente lorsqu'on pratique un exercice physique.

Elle est supposée améliorer l'humeur, la qualité de la peau, l'état des os, des muscles et des artères. Ses effets semblent comparables à ceux de l'exercice physique prolongé : elle aug-

6. Attention à ne pas faire d'amalgame avec l'hormone de croissance prescrite pour faire grandir les enfants, responsable de la maladie de Creutzfeldt-Jakob en raison d'une contamination virale car elle était fabriquée à partir d'hypophyses de cadavres. Celle-ci est fabriquée par génie génétique et elle est *a priori* sans risque.

mente la masse musculaire, diminue la masse grasse, abaisse la glycémie, les triglycérides et le mauvais cholestérol (LDL). Elle exercerait également une action euphorisante. Par ailleurs, elle améliorerait la vision et la mémoire. Elle a été utilisée comme dopant par les sportifs.

Mais elle **entraîne des effets secondaires** sérieux. Elle risque notamment d'augmenter la tension artérielle et la glycémie, d'accélérer la fréquence cardiaque, de favoriser la rétention d'eau (gonflement des extrémités) et de provoquer des douleurs articulaires.

Nous ignorons encore la manière dont elle agit, et surtout à quelles doses elle pourrait être utilisée sans causer de dégâts. Car ses effets anaboliques[7] peuvent faire craindre l'apparition d'un cancer. Jusqu'à présent, elle était administrée par voie injectable sous-cutanée. Elle vient d'être commercialisée sous forme de comprimés, ce qui permet de moduler les doses et de mettre en place des traitements progressifs.

En France, cette hormone est difficile à obtenir et sa prescription reste très limitée, d'autant que son coût reste prohibitif. Toute réflexion faite, **pratiquer régulièrement une activité physique assure plus de bienfaits, sans risque !**

Aucune de ces hormones ne peut donc remplacer vraiment le THS, même si certaines peuvent avoir une action sur les troubles liés à la ménopause. La pilule antivieillissement n'existe toujours pas. Et quand bien même les chercheurs la mettraient au point, elle ne dispenserait pas de prendre en main, jour après jour, sa santé physique et surtout morale. Comme l'explique le Pr François Piette[8] : « Pour prendre un

7. L'anabolisme est la fonction métabolique de « construction cellulaire », par opposition au catabolisme qui est la fonction de « destruction des cellules vieilles ou endommagées ».

8. Piette F., Weill-Engerer S., *Le Guide santé des seniors*, Paris, Odile Jacob, 2003.

traitement visant à préserver sa santé pendant des années, il faut avoir *a priori* une envie de vivre, une confiance dans l'avenir, une confiance dans la médecine, croire que l'on peut agir sur les événements et pas seulement les subir... Beaucoup d'éléments laissent penser que ces facteurs psychologiques pourraient être protecteurs vis-à-vis des maladies vasculaires, voire de la maladie d'Alzheimer. »

Les traitements hormonaux ciblés sur la protection contre le cancer du sein

Parallèlement à ces traitements hormonaux antivieillissement, il existe des produits ayant un effet prioritairement ciblé sur les seins[9] agissant également sur d'autres sphères touchées par la carence hormonale de la ménopause.

➤ *Le raloxifène ou Evista*

Modulateur spécifique de l'activité des récepteurs des œstrogènes (SERM), il agit à la manière des œstrogènes sur certains organes comme les artères et les os, et comme un anti-œstrogène sur d'autres comme le sein et l'utérus. Ce qui en fait un produit intéressant, utilisé plutôt en deuxième intention. Parfaitement toléré, il peut être pris tous les jours, à n'importe quel moment, sans adaptation particulière de la posologie et sur une longue durée.

---

9. Voir les détails dans les chapitres « Cancer du sein et THS » et « Les bienfaits du THS » (sur l'ostéoporose).

Grâce à son action anti-œstrogène, il protège la muqueuse utérine et **diminue le risque de cancer de l'endomètre**. Pour les mêmes raisons, il réduit le risque de cancer du sein. Selon deux études importantes (MORE et CORE), il exerce sur cette zone du corps un effet protecteur[10] que l'on estime environ à 60 %. Aux États-Unis, ce médicament possède d'ailleurs une indication de prévention du cancer du sein.

Comme les œstrogènes, **il protège les os et surtout les vertèbres**[11].

Avantage supplémentaire : il fait baisser à la fois le cholestérol total et le mauvais cholestérol (LDL). **Il réduit ainsi le risque cardio-vasculaire d'environ 40 %.** En revanche, et c'est dommage, il n'a aucun effet sur les troubles gênants de la ménopause. Il majore même les bouffées de chaleur, ce qui n'est guère apprécié de celles qui s'en plaignent déjà ! Par ailleurs, comme le THS par voie orale, il augmente le risque de phlébite et d'embolie (7 cas par an pour 10 000 femmes traitées).

➤ *Le tamoxifène*

Cet anti-œstrogène de synthèse exerce des effets protecteurs sur les risques de métastases et de récidive en cas de cancer du sein. C'est sa principale indication en France[12]. L'Académie de médecine suggère son utilisation en **prévention du cancer du sein** chez les femmes à très haut risque.

---

10. Selon l'étude MORE, au bout de quatre ans de traitement, le risque relatif de cancer du sein tombe à 0,38 (c'est donc un effet protecteur). Selon l'étude CORE, au bout de huit ans de traitement, ce risque relatif tombe à 0,59 (réduction de 59 %). Cette réduction atteint 79 % pour les cancers du sein à récepteurs œstrogéniques positifs. De surcroît, les cancers qui apparaissent tout de même sous raloxifène ne sont pas plus virulents qu'en l'absence de traitement.
11. Voir la partie sur l'ostéoporose, p. 163, dans « Les bienfaits du THS ».
12. Voir chapitre sur le cancer du sein.

Il exerce également un effet bénéfique sur la solidité osseuse et sur la qualité des muqueuses génitales. Cependant, il n'est pas dénué d'effets secondaires désagréables comme les bouffées de chaleur qu'il intensifie. Il serait susceptible d'augmenter un peu le risque de cancer de l'endomètre et d'embolie veineuse et artérielle. C'est pourquoi une surveillance sérieuse est nécessaire (échographie pelvienne et examens cardio-vasculaires réguliers).

➤ *Les anti-aromatases*

Ces substances ont, elles aussi, un effet anti-œstrogénique majeur. Elles sont réservées aux femmes porteuses d'un cancer du sein hormono-dépendant. En aucun cas, elles ne sont indiquées pour les troubles de la ménopause[13], au contraire !

Les traitements non hormonaux de la ménopause

➤ *Contre les bouffées de chaleur*

Nous l'avons écrit : trois femmes sur quatre souffrent de bouffées de chaleur au moment de la ménopause ; et pour un quart d'entre elles, ces bouffées seront envahissantes, insupportables, invalidantes. Près d'une femme sur cinq aura encore des bouffées de chaleur après 75 ans.

Il faut éviter de prolonger leur durée et diminuer leur intensité. C'est pourquoi je fais en sorte de les atténuer malgré mon sentiment d'impuissance. Car mis à part le THS et Livial, aucun produit n'est vraiment efficace pour faire cesser les bouffées de chaleur. Toutefois, dans les cas rebelles, je m'efforce de propo-

---

13. Voir pour plus de détail le chapitre sur le cancer du sein.

ser aux femmes des solutions de remplacement. Non dénuées d'effets secondaires, ces produits sont à manier avec précaution et doivent parfois être limités à de courtes durées.

• La bêta-lactamine[14] atténue les phénomènes de vasodilatation impliqués dans les bouffées de chaleur.

• Le nomégestrol[15], un dérivé de la progestérone, peut également s'avérer efficace. Mais pris vingt jours par mois, il risque d'assécher les muqueuses génitales et de faire prendre quelques kilos surtout lorsqu'il n'est pas associé à des œstrogènes.

• Certains médecins prescrivent également des bêta-bloquants, comme la clonidine, à petites doses. Ils sont efficaces mais on évite de les prescrire aux femmes hypotendues.

• C'est le cas également de certains antidépresseurs, notamment ceux appartenant à la classe des inhibiteurs de recapture de la sérotonine[16]. Ces médicaments atténuent la fréquence et la durée des bouffées de chaleur, mais ils altèrent l'humeur et ne sont pas toujours bien tolérés (nausées, maux de tête...).

• La vitamine E peut s'avérer efficace à condition d'être administrée à fortes doses (800 mg). Mais cette vitamine, antioxydante à l'origine, devient oxydante à de telles doses et fait courir un risque aux artères.

• La gabapentine, une substance de la classe des antiépileptiques, soulage à la fois les migraines et les bouffées de chaleur. Mais elle provoque des vertiges et des nausées, assèche la bouche et induit une somnolence. Tout comme un autre antimigraineux, le bellargal, qui entraîne les mêmes effets secondaires, ainsi que de la constipation.

14. Ce principe actif est commercialisé sous le nom d'Abufène.

15. Ce produit est commercialisé sous le nom de Lutényl.

16. C'est le cas de la Venlafaxine.

• Il n'est plus possible de prescrire le véralipride[17], un neuroleptique léger, du fait de ses réels effets secondaires.

➤ *Contre la sécheresse vaginale*

La poursuite d'une activité sexuelle régulière constitue, pour celles qui sont en couple, un excellent moyen de conserver des muqueuses en bon état. Pour les autres, il existe en pharmacie et en parapharmacie des produits tout à fait efficaces, sous forme de crème, d'ovules ou de gel avant rapports. Certains contiennent des substances hormonales, d'autres pas. Ces derniers sont à base d'eau ou d'acide hyaluronique. La vaseline est à éviter car elle irrite les muqueuses.

➤ *Les compléments alimentaires*

En 2004 en France, les ventes de compléments alimentaires consacrés à la ménopause s'élevaient à 759 millions d'euros. Entre 2003 et 2004, ce marché a connu une croissance de 16 %. Cette augmentation s'est progressivement calmée, puis les chiffres ont lentement régressé. Aujourd'hui, la vente des compléments alimentaires ciblés sur les problèmes de la ménopause représente 5,2 % du marché global, soit une baisse de près de 20 % par rapport à 2005-2006.

Outre-Atlantique, les compléments alimentaires « spécial ménopause » ont également connu un immense succès. Ces dernières années, les Américaines ont dépensé environ 27 milliards de dollars pour ces produits qu'elles jugent plus sûrs et plus naturels que les médicaments prescrits par leur médecin.

---

17. Commercialisé sous le nom d'Agréal.

Pourtant, si certaines y puisent un soulagement suffisant, d'autres sont déçues et ne renouvellent pas leurs achats au-delà de quelques mois. Par ailleurs, le choix de ces produits est une source de confusion. Leur nombre est très important et leur formule est très variée, au point qu'il est difficile de s'y retrouver. Dans ce domaine, le pharmacien joue un rôle important, car il peut fournir des informations et des conseils utiles.

Nous disposons de peu d'informations sérieuses sur la sécurité de ces produits, leurs effets secondaires et leurs interactions avec les médicaments. Certaines plantes comme le soja ou le ginseng ont des propriétés œstrogéniques connues. Les femmes qui présentent une contre-indication aux œstrogènes doivent donc les utiliser avec prudence. L'Agence française de sécurité sanitaire a d'ailleurs publié un communiqué à ce sujet. En outre, il existe des interactions entre plantes et médicaments. C'est pourquoi il serait utile d'organiser un contrôle international qui permettrait d'utiliser ces produits avec des garanties de sécurité.

Pendant des années, les laboratoires pharmaceutiques ont présenté les phyto-œstrogènes comme une alternative au THS. Aujourd'hui, ils cherchent plutôt à mettre en avant les avantages précis de chaque formule : minceur, rétention d'eau, bouffées de chaleur, ballonnements, troubles de l'humeur, sommeil... Cette présentation est plus juste. Car **les phyto-œstrogènes (soja, houblon, sauge...) et les compléments alimentaires (associant plantes, vitamines, antioxydants...) ne constituent en aucun cas une alternative au THS**. Et ce, même si ces produits ont d'ardents défenseurs qui prétendent le contraire !

Ils peuvent tout de même **avoir un intérêt pendant la périménopause**, cette période d'anarchie hormonale pénible que traversent les femmes juste avant la ménopause et qui peut durer jusqu'à deux ans, voire davantage. Tant que la production hormonale n'est pas complètement tarie, il est prématuré de commencer un THS. Pendant cette période intermédiaire, des compléments alimentaires ciblés sur le trouble le plus gênant peuvent apporter un soulagement. Certains, notamment, agissent positivement sur les troubles du climatère (bouffées de chaleur).

À celles qui ont pris du poids et restreignent leur alimentation, les compléments peuvent apporter les nutriments essentiels qui leur manquent.

Ces compléments, bien qu'ayant des formules variées, sont toujours des associations de nutriments (vitamines, minéraux, oligo-éléments, oméga-3...), parfois additionnées de plantes (soja, plantes apaisantes ou drainantes...). Il n'est pas facile de se repérer dans cet éventail de produits. Le plus simple est de demander conseil au pharmacien, puis d'essayer et de prendre le temps d'évaluer les effets sur soi.

N'oublions pas, enfin, que ces effets se feront sentir avec plus d'intensité si l'on y croit. Et pour croire à l'efficacité d'un produit, il doit être assorti d'une recommandation sérieuse : celle d'un médecin, d'un pharmacien, d'une amie qui est satisfaite de son usage... C'est une question d'« effet placebo », lequel est actif pour 30 % des sujets !

Dans tous les cas, ces traitements, qu'il s'agisse de véritables alternatives ou de solutions annexes, seront d'autant plus efficaces qu'ils seront assortis d'une hygiène de vie saine. Que l'on soit ou non sous THS, l'équilibre diététique, l'harmonie psycho-émotionnelle et l'exercice physique constituent un socle essentiel dont il serait dommage de se passer !

➤ *Conseils pour mieux supporter les bouffées de chaleur, en l'absence de traitement médical*

En prévention générale

• Arrêter de fumer.

• Limiter l'alcool à deux verres de vin par jour car il produit, entre autres, un effet dilatateur sur les vaisseaux sanguins.

• Ne pas boire plus de trois tasses de café par jour.

• Limiter les aliments très salés ou épicés.

• Éviter les grandes variations de température et les sources de chaleur et ne pas rester longtemps exposée au soleil. Rester dans un environnement frais.

• Perdre les kilos en trop ; le surpoids expose à davantage de troubles vasomoteurs.

• Faire tous les jours de l'exercice ; il fait circuler le sang des artères et des veines, contribue à évacuer le stress et ainsi diminue les bouffées de chaleur.

• En parler à son médecin ; il pourra vous proposer soit un traitement hormonal, le plus efficace sur les bouffées de chaleur, soit une association de plantes ou de compléments alimentaires, soit encore, en cas de bouffées de chaleur rebelles un traitement médical non hormonal.

Quand la bouffée de chaleur survient

• Rester calme, ne pas s'énerver, faire comme si de rien n'était. En réalité, elle passe souvent inaperçue aux yeux des autres. Votre gène et votre anxiété ne feront que l'aggraver.

• Ne pas porter de vêtements serrés. Préférer les plus amples, superposables pour pouvoir les enlever facilement et en fibres naturelles. Éviter les cols montants.

• S'organiser pour la nuit avec une serviette sur le drap de dessous et une tenue de rechange sous la main.

• Boire régulièrement de l'eau.

• Avoir toujours un éventail dans son sac, surtout l'été, c'est petit, efficace et très féminin.

Il n'existe en réalité qu'une seule véritable alternative médicale au THS classique, la tibolone (Livial) qui permet aux femmes motivées de soulager leurs troubles sans aggraver une pathologie mammaire ou utérine. Les autres thérapies sont plus ciblées sur un symptôme précis.

CHAPITRE 2

Pour une aide à la décision : cas particuliers

Dans ma pratique médicale, avant de proposer un éventuel traitement à une patiente ménopausée, je suis confrontée tous les jours à des questions, des hésitations, des résistances, des angoisses… Après avoir évalué les facteurs de risques de chacune, je m'efforce de répondre à ses questions de manière simple, afin de l'aider à faire son choix dans de bonnes conditions, et pour de vraies raisons.

Voici donc quelques cas qui me semblent représentatifs des principales situations que je rencontre. Même s'ils sont fictifs, ils m'ont été directement inspirés par mes patientes, chacun réunissant des éléments convergents que je perçois souvent dans les consultations.

■ Marianne a 46 ans. Après deux ans de cycles irréguliers, ses règles se sont arrêtées depuis six mois. Elle n'a aucun antécédent particulier, s'accommode des bouffées de chaleur et ne souffre de rien. Elle vient pour une consultation de routine.

Marianne fait partie de ces femmes chez qui, sans être vraiment précoce, la ménopause intervient de bonne heure. Elle ne ressent pas beaucoup d'effets pénibles (à part un début de sécheresse vaginale), ne s'est jamais préoccupée d'un traitement hormonal et ne voit pas l'intérêt d'en commencer un.

C'est donc à moi de la tenir au courant de ce qui se passe silencieusement dans son organisme, et des effets réels de la carence hormonale sur ses organes, son système cardio-vasculaire, son cerveau et son squelette.

Marianne ne bénéficie plus de la même protection hormonale naturelle que les femmes ménopausées plus tard (50 ans en moyenne et au-delà). C'est un désavantage pour le vieillissement des tissus et des organes sensibles aux hormones comme les os et les artères. Celles qui sont ménopausées de bonne heure développent plus tôt et davantage d'accidents cardio-vasculaires que les autres. Aussi je m'enquiers de ses antécédents personnels et familiaux et je l'informe donc sur ses risques potentiels, et sur la prévention efficace que constitue le traitement hormonal.

Chez une femme si jeune, la dimension sexuelle a toute son importance. Le tarissement hormonal entraîne une baisse de la libido et une diminution des sécrétions vaginales qui rendent la relation sexuelle moins satisfaisante. L'utilisation de gels vaginaux ou de crèmes lubrifiantes peut compenser la sécheresse vaginale, mais leur utilisation est souvent perçue comme fastidieuse et ils n'agissent en aucune façon sur la baisse du désir.

Afin de maintenir son capital osseux, je l'encourage à faire de l'exercice tous les jours et lui prescris de la vitamine D, essentielle dès que l'on n'a plus d'hormones.

Mon conseil

Il est dommage que Marianne soit ainsi pénalisée. Si elle est tentée par mes arguments, je lui proposerai donc d'essayer le THS, et de le poursuivre au moins pendant quatre ou cinq ans. Cela lui permettra d'être protégée de la même manière que les femmes ménopausées à 50 ans. Ensuite, elle pourra prolonger le traitement si elle le désire et si aucun événement indésirable ne survient.

■ Françoise, 58 ans, ménopausée depuis un an vit sa ménopause comme un soulagement, car elle a toujours eu des règles abondantes et douloureuses ! « Enfin ménopausée ! Je n'ai pas envie de recommencer ! » En même temps, elle se sent un peu morose et fatiguée.

Contrairement à Marianne, Françoise a bénéficié d'une protection hormonale plus longue que la moyenne – chez elle, on parle même de ménopause tardive – ce qui constitue un avantage incontestable. Le problème se pose donc davantage en termes de confort.

Françoise se sent soulagée car ses règles ont toujours été longues, abondantes et douloureuses. Le fait que la ménopause soit survenue assez tard renforce encore ce sentiment de libération. Les symptômes dont elle a souffert témoignent à la fois d'une forte imprégnation œstrogénique et d'anomalies utérines comme des fibromes ou une adénomyose[1]. Le traitement hormonal classique n'est pas une bonne solution pour elle car il risque de relancer ce processus qui a disparu avec l'arrêt des règles.

Si Françoise supporte bien sa ménopause, je ne chercherai pas à la convaincre d'adopter le traitement hormonal. D'autant qu'une femme ménopausée à 57 ans est dans la même situation hormonale qu'une femme ménopausée à 50 ans qui aurait pris un traitement hormonal pendant sept ans.

En revanche, si elle souffre de bouffées de chaleur, de fatigue et d'irritabilité, à condition qu'elle n'ait pas de facteurs de

1. Colonisation du muscle utérin par de la muqueuse (endomètre). Affection bénigne mais parfois pénalisante en raison des hémorragies qu'elle peut provoquer.

risque vasculaire et de surcharge pondérale, je lui conseillerai d'emblée la tibolone[2]. Cette hormone de synthèse qui mime à la fois les effets de la progestérone, des œstrogènes et de certaines hormones mâles a les mêmes avantages que ceux du THS, mais elle n'a aucune incidence sur les seins ni sur la muqueuse utérine (sauf dans environ 5 % des cas). Le tout sous forme d'un comprimé unique à prendre une fois par jour par la bouche.

Il arrive de ne pas tolérer la tibolone. Dans ce cas, on peut limiter ses inconvénients avec un demi-comprimé par jour et l'arrêter de préférence avant 65 ans du fait d'un risque augmenté d'accident vasculaire cérébral au-delà de cet âge.

> **Mon conseil**
>
> Avec la tibolone (Livial) Françoise se sentira nettement mieux sur le plan physique et psychique, et retrouvera une certaine joie de vivre et sa libido. Elle devra toutefois faire attention à ne pas prendre de poids et se soumettre aux examens habituels et réguliers de surveillance.

▪ Christine, 53 ans, ménopausée depuis deux ans considère sa ménopause comme une phase normale de son existence. Comme sa mère et sa grand-mère, elle préfère supporter ses symptômes qui, pour l'instant, ne sont pas très intenses : troubles de l'humeur et du sommeil, baisse de son énergie mais pas de bouffées de chaleur.

Certaines patientes comme Christine considèrent le THS en tant que phénomène de mode auquel elles refusent d'adhérer, préférant suivre l'exemple des générations précédentes et

---

2. Voir le chapitre « Les alternatives au THS », p. 213.

laisser faire la nature. Elles oublient qu'autrefois à cet âge, les femmes avaient une espérance de vie plus courte et une existence moins active.

Aujourd'hui, à 50 ans, beaucoup de femmes travaillent encore à plein temps et subissent des stress professionnels parfois intenses, ajoutés à des transports fatigants. Certaines, épuisées, aspirent à la retraite… Par ailleurs, l'âge maternel au premier enfant ne cessant de reculer (30 ans en France, 32-33 ans à Paris), elles ont encore des enfants ou des adolescents à la maison qui nécessitent une vigilance constante et une patience illimitée… Au moment où l'organisme montre des signes de faiblesses, il faut mobiliser un surcroît d'énergie. Elles ont en moyenne devant elles plus de trente ans à vivre. Il est rare à cet âge d'être grand-mère, état hautement gratifiant et plus reposant.

Je m'efforce donc d'expliquer à Christine que sa vie n'a rien de comparable à celle de sa grand-mère, et que le THS peut améliorer sa vie quotidienne dans de nombreux domaines en lui faisant valoir ses avantages.

> **Mon conseil**
>
> Avec Christine, je mets l'accent sur sa fatigue, sa moindre résistance au stress et la baisse globale de son désir. C'est à elle de choisir, au moins est-elle informée. Il n'y a aucune obligation à prendre un THS.

■ France, 49 ans, ménopausée depuis quelques mois, souffre de bouffées de chaleur intenses et fréquentes que rien ne calme, elle dort mal, se sent irritable et fatiguée. Mais, malgré ses symptômes, elle refuse le traitement hormonal car elle craint par-dessus tout de développer un cancer du sein.

Comme beaucoup d'autres, France est perturbée par les informations qu'elle a reçues à propos du traitement hormonal :

elle a lu des articles de presse, elle en a parlé avec des amies... Elle a conservé de tout cela l'idée obsédante que le THS donne le cancer du sein. Malgré les symptômes qui perturbent sa vie quotidienne, cette angoisse latente la rend très réticente.

Sa peur est d'autant plus intense et obsessionnelle qu'elle s'ancre sur une expérience bien réelle : sa meilleure amie a développé la maladie à un jeune âge... et elle ne va pas bien.

Dans ces situations émotionnelles, l'irrationnel domine et il n'est pas facile d'intervenir sinon pour dédramatiser, expliquer sans relâche, informer, donner des arguments objectifs et rationnels avec empathie, d'autant plus que ses bouffées de chaleur sont invalidantes. Nous parlons de ses propres risques à elle, de sa famille, de l'histoire de ses seins. Je regarde sa mammographie, ses autres examens. Si ses seins n'appartiennent pas à une « catégorie à risque », j'essaie de la rassurer et de dédramatiser le cancer du sein en lui exposant les arguments développés dans le chapitre consacré à cette maladie. Mon but n'est pas de nier le risque, mais de le relativiser et le ramener à sa vraie valeur. Et puis je m'efforce aussi de la mettre en confiance car sans celle-ci, aucun traitement ne sera efficace.

Il arrive que je ne puisse rien faire pour l'aider à surmonter cette angoisse. Je me contente alors de lui donner des produits ponctuels qui vont un peu soulager ses bouffées de chaleur et ses autres maux ou de lui recommander des séances d'acupuncture ou de relaxation.

Si elle accepte tout de même un essai, « pour voir », je l'encourage à prendre de **faibles doses** de THS par voie cutanée et pour une période courte de façon à la sécuriser. Si ces doses ne suffisent pas, ce qui arrive, elle est informée qu'elle **peut les moduler** à volonté (avec des limites bien entendu). Une fois qu'elle a bien compris comment suivre son traitement, elle sait que c'est elle qui contrôle sa prise médicamenteuse. Cela seul suffit parfois à rasséréner. Il va sans dire que des femmes comme France, si elles osent acheter les hormones, n'en prendront qu'à la dose la plus faible possible ! Une prescription de 1 à 2 pressions d'un gel par jour se transforme dans le meilleur des cas en pratique par 1 pression tous les deux jours ! Pourquoi pas si cela lui confère un certain soulagement ?

À d'autres, selon les cas, je proposerai la tibolone compte tenu de ses effets neutres sur les seins[3]. Cependant, la méfiance est telle à l'égard des hormones, même si celle-là en particulier a fait ses preuves, que bien souvent, ces propositions ne suscitent aucun enthousiasme !

Mon conseil

Les minidoses de traitement hormonal (que ce soit le THS ou la tibolone) sont la meilleure solution dans ces cas-là. Elles atténuent les signes désagréables de la ménopause, ce qui est appréciable et diminuent les inquiétudes. Elles permettent de mettre en confiance la femme qui peut agir elle-même sur son corps plutôt que de fantasmer sur un cancer imaginaire. Ainsi, peu à peu, sa peur diminue au fur et à mesure que son confort et son bien-être augmentent.

■ Nicole, 50 ans, récemment ménopausée présente des seins très denses, à tendance nodulaire et mastosique, qui l'ont fait souffrir depuis la puberté. La ménopause a mis fin à ces tensions mammaires et elle en est très satisfaite. Mais elle aussi souffre de bouffées de chaleur et de sueurs qui la réveillent la nuit et l'obligent à se lever et à se changer. Elle cherche une solution et m'interroge.

Ses seins sont fermes, douloureux, porteurs de nodules et de kystes. Elle a souffert toute sa vie de tensions mammaires source d'inconfort, de douleurs et d'angoisse.

---

3. Voir le chapitre « Les alternatives au THS », p. 215.

L'idée du cancer du sein ne la quitte plus depuis l'âge de 35 ans. Depuis des années, elle entend des discours de prévention qui n'ont fait qu'amplifier ses craintes latentes : « Vous devez surveiller vos seins », « Vous avez des seins à risque », « Oh, là, là ! je vois ici une image bizarre, il va falloir faire d'autres explorations ».

Lorsqu'elles passent une mammographie, toutes les femmes disent ressentir de l'anxiété entre l'examen et l'annonce des résultats. Chez les patientes présentant des seins durs et nodulaires, cette anxiété peut tourner à l'angoisse, d'autant plus que, pour elles, l'examen peut être très douloureux. Il est vrai que la douleur des seins dérange et inquiète même si l'on sait qu'un cancer du sein est exceptionnellement douloureux. Mais si la douleur s'accompagne de nodules ou d'images dérangeantes, on frôle la panique.

Ces femmes affichent donc, et on les comprend, une extrême réticence vis-à-vis du THS, d'autant qu'après l'arrêt définitif de leurs règles, l'état de leurs seins s'est amélioré spontanément : ils sont devenus souples et indolores.

Pour certaines femmes, ce soulagement est suffisamment intense pour compenser les symptômes désagréables liés au tarissement hormonal, et ce à plus forte raison que ces derniers sont légers et que la ménopause est tardive. Mais pour d'autres, comme Nicole, les effets désagréables sont importants et le soulagement au niveau des seins ne suffit pas à les contrebalancer.

Avec elle, je n'hésite pas. Il est hors de question de faire repartir les douleurs – et elles vont presque à coup sûr revenir – et avec elles tout le cortège des mastoses, kystes, nodules ou autres. Je n'envisage même pas de THS, sauf sous une contrainte forte en cas d'échec et d'insistance de sa part. Il arrive que des ultrapetites doses d'œstrogènes associées à de la progestérone naturelle permettent de soulager les symptômes de la ménopause sans pour autant faire réapparaître les tensions et les douleurs mammaires.

D'emblée, je vais lui proposer la tibolone qui, nous l'avons dit et répété, exerce un effet totalement neutre sur les seins qui restent souples et indolores, tout en soulageant les bouffées de chaleur.

> **Mon conseil**
> Je lui donne les mêmes recommandations qu'à France et la préviens des inconvénients de Livial. Mais elle sera tellement soulagée qu'elle l'adoptera en dépit de cela.

■ Isabelle, 54 ans, ménopausée depuis un an et demi. Sa ménopause s'est déroulée calmement, avec des symptômes restés tout à fait supportables. Mais, depuis six mois, elle se sent de plus en plus fatiguée et déprimée sans raison apparente.

Les femmes comme Isabelle ne ressentent pas la ménopause comme un passage très pénible. Puis, au fil des mois, leurs sensations changent : elles se sentent ralenties, la vie devient pesante, les contrariétés prennent des proportions démesurées et la fatigue rend pénibles les tâches banales de la vie quotidienne. Elles ont moins envie de sortir, de bouger, de se lancer dans des activités ou d'entretenir des relations amicales. Isabelle est probablement un peu dépressive et la ménopause n'a rien arrangé.

Le traitement hormonal ne résout pas tous ces problèmes. Pour une femme confrontée à une vraie dépression, il ne suffit pas à régler la question. Mais, dans tous les cas, il a un effet bénéfique car le tarissement hormonal participe toujours, dans des proportions variables, à ces altérations du tonus et de l'humeur.

Dans de nombreux cas, le THS est suffisant pour que la femme retrouve un rythme de vie compatible avec celui d'une femme de son âge. Et même lorsque cela s'avère insuffisant, une compensation hormonale apporte un « coup de démarreur », une stimulation qui aide à s'engager dans des solutions mieux adaptées. La prise d'hormones réveille l'envie. Je ne parle pas seulement ici de désir sexuel, mais plus largement de désir de vie. C'est toute la force vitale qui se trouve stimulée.

Souvent, et à tort, ces fatigues physiques et morales ne sont pas attribuées à la carence hormonale et incitent certains médecins à prescrire des antidépresseurs. D'autant plus que se greffent souvent des raisons objectives à la tristesse.

Mon conseil

L'envie est un élément essentiel du bien-être et du confort quotidien. Un traitement qui stimule l'envie retentit sur toutes les sphères de l'existence. J'essaie de faire entrevoir à Isabelle un autre état psychique, une embellie de son moral, un réveil de sa force vitale et lui explique à quel point il est facile de le faire tout en y gagnant en plus beaucoup d'autres bienfaits.

▪ Corinne, 50 ans, ménopausée depuis un peu plus d'un an est effrayée par le discours alarmiste sur les risques du traitement hormonal, mais son mari la pousse à essayer car il la trouve de moins en moins tonique et joyeuse…

Il y a une demande sexuelle derrière ce conseil et je ne suis pas sûre que Corinne l'ait compris. Son mari perçoit les signes de vieillissement et de lassitude dus à la carence hormonale. Il la trouve moins dynamique, plus irritable. Elle ne se montre plus coquette, sa peau est moins éclatante et ferme. Elle est souvent déprimée. Elle n'a envie de rien… surtout pas de rapports sexuels qu'elle évite le plus souvent possible. Pour elle, il s'agit là des effets normaux de l'âge et elle s'y est résignée. Mais lui y voit le reflet de son propre vieillissement contre lequel il s'efforce de lutter. Corinne se sent instrumentalisée par son mari et trouve sa démarche égoïste…

Nous voilà confrontées à la dimension relationnelle de la ménopause. Les modifications liées à la baisse de la libido, au sens global du désir, peuvent peser lourdement sur la vie des couples. La diminution du désir sexuel vient s'ajouter à ce ralentissement global de l'activité et de l'envie, entraînant parfois des conflits si l'autre ne les partage pas. Il se crée un déphasage.

Il me faut alors poser davantage de questions à Corinne sur sa vie actuelle et remodeler mon discours en l'adaptant à la vie de couple. Je parle de l'effet du traitement hormonal sur l'envie et le tonus, en insistant sur l'impact positif de ce réveil.

> **Mon conseil**
> J'insiste aussi sur le fait qu'elle sera la première à tirer avantage du traitement. En faisant l'effort de s'occuper d'elle, elle se fera du bien, améliorera son état de santé, retrouvera entrain et désir… Au-delà de sa vie de couple, c'est sa vie personnelle qui s'en trouvera améliorée.

■ Fabienne, 53 ans, ménopausée depuis presque trois ans a bien supporté sa ménopause et n'a pas voulu suivre de traitement, jusqu'à ce qu'on lui découvre un début d'ostéoporose à l'ostéodensitométrie.

La déperdition osseuse est une indication majeure du traitement hormonal à un si jeune âge pour avoir de l'ostéoporose au point que les rhumatologues eux-mêmes le recommandent vivement à leurs patientes. Fabienne est une ancienne anorexique ; elle a retrouvé un poids presque normal, mais, entre 18 et 21 ans, elle est restée plus de deux ans sans règles et sans pilule ni traitement hormonal susceptible de limiter la perte osseuse.

L'effet des hormones est rapide, souvent spectaculaire. Le THS stabilise rapidement l'usure osseuse et peut même stimuler une légère repousse. Les résultats sont visibles dès trois mois de traitement.

Cependant, dans le cas de Fabienne, le mal est fait et il est déjà tard. L'os ne récupère pas comme cela ce qu'il a perdu. Je la mesure pour vérifier que sa taille n'a pas diminué et lui prescris un dosage du CTX, un marqueur sanguin de la déminéralisation osseuse, pour évaluer la vitesse de cette dégradation.

Si ces paramètres ne sont pas trop menaçants, elle doit dans un premier temps, outre le THS si elle accepte de le prendre, ou le raloxifène[4] (Evista) très protecteur sur les vertèbres, ajouter de bonnes doses de vitamine D et du calcium. Si la dégradation est majeure, il n'y a pas d'autres solutions que les biphosphonates de préférence ou le ranélate de strontium[5]. Les premiers sont rapidement efficaces, mais ils peuvent avoir des effets secondaires et leur prescription est limitée à quatre ou cinq ans. Il faudra donc revoir le problème à ce moment-là…

Le THS a l'avantage d'éviter la résorption osseuse et de densifier un peu l'os, sans compter tous ses autres bienfaits décrits dans ce livre.

> **Mon conseil**
>
> Le traitement hormonal a, en plus, un effet « boule de neige ». Le fait d'avoir davantage de tonus va inciter Nicole à bouger davantage, à faire un peu plus d'exercice physique, à se nourrir mieux, ce qui contribuera à entretenir sa masse musculaire et osseuse.

---

4. Voir le chapitre sur « Les alternatives au THS », p. 228, et le passage sur l'ostéoporose, p. 179, dans « Les bienfaits du THS ».
5. Voir le passage sur l'ostéoporose, p. 180.

▪ Maria, 49 ans, est ménopausée depuis peu. Elle vit avec un homme de 41 ans et craint que la ménopause ne rende cette différence d'âge plus apparente.

Elle a raison d'y penser.

De plus en plus de femmes actuellement vivent avec un homme nettement plus jeune qu'elles. Entre 30 et 50 ans, cette différence d'âge n'est pas un handicap. Mais lorsque la ménopause arrive, certains problèmes peuvent apparaître. Depuis quelques mois, Christine se sent plus fatiguée, moins motivée, sexuellement moins disponible. Elle craint que son compagnon en pleine forme, dans la force de l'âge, prenne brusquement conscience des années qui le séparent de sa compagne et commence à se lasser de son manque d'entrain.

Ce ne sont pas les rides ou les signes extérieurs du vieillissement de leurs compagnes qui dérangent le plus les hommes, mais leur irritabilité, leurs sautes d'humeur imprévisibles, et aussi… leur manque de disponibilité sexuelle. La baisse de libido est là et sans un petit effort de la part de la femme, la situation peut se dégrader. Pour éviter que le fossé se creuse, et éviter aussi de se contraindre tout le temps, il faut en parler à un médecin et avoir une longue conversation… Les solutions provisoires sont toujours valables : gels lubrifiants, crèmes locales avec ou sans hormones et surtout la poursuite des rapports. Mais elles ne régleront pas tous les problèmes.

Dans le cas de Maria, en l'absence de contre-indications médicales, je lui explique et lui propose un THM qui peut être aussi bien la tibolone (**Livial**) que le THS. Cela dépend essentiellement de ses seins et de l'état de son utérus. Elle peut choisir celui qui lui paraît le plus adapté. Elle se sentira nettement mieux après, c'est certain, retrouvant son état antérieur, et plus proche de son compagnon quarantenaire. Au fil des années, l'homme vieillira à son tour et le fossé se comblera entre eux. Le THS aura alors permis d'atténuer la différence au moment où elle risquait d'être la plus pénalisante.

Mon conseil

Le traitement hormonal n'empêche pas le vieillissement, mais il ralentit son rythme et masque ses premiers signes. Sans compter, bien sûr, le mieux-être réel que Maria en tirera, et la protection dont elle bénéficiera au niveau cérébral, osseux et cardio-vasculaire.

■ Catherine, 54 ans, est maintenant ménopausée. Son mari a douze ans de plus qu'elle ; il est à la retraite, elle aussi. Ils ont peu de rapports sexuels mais beaucoup de tendresse l'un envers l'autre. Elle sent que la ménopause les rapproche et gomme leur différence d'âge.

Catherine vit une situation inverse de celle de Christine : au moment où sa ménopause s'installe, son compagnon a déjà commencé à vieillir. Les signes associés au tarissement hormonal ont alors tendance à aplanir les différences.

Si leurs symptômes ne sont pas trop violents, ces femmes acceptent mieux que les précédentes les premiers signes de l'âge et le ralentissement global dû à la carence hormonale. Cet état les rapproche de leur compagnon, les mettant au même niveau. Le rythme du couple s'apaise, sur le plan sexuel comme dans la vie de tous les jours. Ils peuvent même profiter de cette période pour trouver une complicité nouvelle.

Dans ce cas, si les symptômes ne sont pas importants, la ménopause peut avoir un effet positif sur la vie relationnelle. Le recours au THS n'est donc pas indispensable.

Mon conseil

Catherine n'est pas soumise à un stress professionnel trop intense, elle ne présente pas de risque particulier au niveau cardio-vasculaire et osseux, elle ne souffre pas trop de ses bouffées de chaleur. Elle peut donc, si elle le désire, se passer de traitement hormonal. D'autant que sa ménopause n'intervient pas trop tôt et qu'elle a bénéficié de la protection hormonale un peu plus longtemps que la moyenne.

▪ Florence, 55 ans, ménopausée depuis deux ans vit seule et un peu triste depuis son divorce et aimerait pouvoir profiter pleinement de cette liberté retrouvée. Est-ce que les hormones pourraient l'aider ?

De nombreuses femmes se retrouvent seules à l'âge de la ménopause. Le couple a divorcé, les enfants ont grandi et sont moins présents, une nouvelle vie s'ouvre : plus libre, moins chargée de contraintes, de responsabilités et d'obligations.

Florence aimerait vivre pleinement ces années, mais la ménopause la freine. Elle a du temps, mais plus assez d'énergie pour en profiter. Dans cette situation, d'autres comme elle évoquent souvent leur peur de la solitude : moins elles se sentent dynamiques, moins elles ont envie de sortir, de se lancer dans des activités, de faire de nouvelles rencontres. Elles risquent alors de s'isoler et de s'enfermer.

Le THS ne peut pas résoudre ce problème à lui tout seul. Mais il peut réveiller l'envie et le tonus, ce qui rend cette nouvelle vie plus agréable et plus féconde. Si elle fait une rencontre, il peut lui redonner confiance en elle et en ses capacités de séduction qu'elle craint d'avoir perdues.

Mon conseil

Si elle ne présente pas de contre-indications, je lui conseillerai donc un traitement hormonal, d'abord à très petites doses pour que son organisme se réhabitue progressivement. Puis j'adapterai les quantités jusqu'à trouver l'équilibre qui lui convient.

■ Aline, 60 ans, a jusque-là bien supporté les inconvénients de la ménopause. Mais une récente rencontre amoureuse lui fait craindre de ne pas être à la hauteur… elle est ménopausée depuis dix ans. Peut-elle bénéficier d'un traitement hormonal ?

Aujourd'hui, la vie amoureuse se poursuit parfois bien après la ménopause. Le simple fait d'être amoureux stimule le désir sexuel et pallie certains des inconvénients de la ménopause, mais pas tous. Le sentiment et l'envie de partager sa vie avec un homme ne parviennent pas toujours à compenser la carence hormonale qui rend la sexualité insatisfaisante, voire douloureuse.

Aline a raison de vouloir se préparer à une nouvelle aventure. Pour qu'elle soit réussie, elle doit avoir suffisamment confiance en elle et des muqueuses bien préparées… Elle trouvera dans cet ouvrage des solutions locales.

Le problème d'Aline, c'est qu'elle n'a plus d'hormones depuis dix ans et que cette carence a peut-être altéré ses artères. Vous avez dû le comprendre au fil de ces pages : il n'est pas conseillé de commencer un traitement après un tel écart sous peine de provoquer un accident cardio-vasculaire si elle souffre par exemple d'un excès de cholestérol. Toutefois, selon sa situation, si rien ne l'interdit, cela peut se « négocier ». Après avoir effectué un point complet de tous ses facteurs de risque en l'interrogeant et en analysant ses différents examens, après l'avoir avertie des risques, on peut, à doses minimes et très progressives débuter un traitement hormonal classique par voie cutanée, mais pas la tibolone dans ce contexte.

Lorsque la ménopause est installée depuis plusieurs années, le traitement peut avoir des effets néfastes. Il faut donc vérifier les risques avec beaucoup d'attention avant de se lancer. Si Aline souffre d'un excès de cholestérol depuis sa ménopause, le risque d'accident cardio-vasculaire peut être augmenté. Mais si rien ne l'interdit, je lui donnerai de très petites quantités d'hormones pendant quelques mois, puis j'augmenterai très progressivement les doses, plus lentement encore que pour Florence.

Mon conseil

Parallèlement au traitement, Aline pourra utiliser des gels lubrifiants qui l'aideront pendant quelques mois, le temps nécessaire pour ajuster le traitement et atteindre des doses suffisamment actives.

Vivre longtemps
en restant jeune est
un art qui se cultive

Il existe d'autres solutions

Le traitement hormonal reste pour celles qui le souhaitent et le peuvent le moyen le plus simple et le plus efficace de soulager les symptômes désagréables de la ménopause, et cela surtout les six ou sept premières années, mais il existe d'autres solutions.

Être traitée médicalement n'est ni une obligation ni une nécessité absolue. C'est un choix personnel que chacune doit pouvoir faire librement. Certaines ne pourront jamais le prendre. D'autres y resteront toujours hostiles par principe. C'est à ces dernières que ce chapitre est plus particulièrement destiné. Si le THS apporte une sensation réelle de bien-être, il ne remplace pas l'effort à fournir pour rester en forme le plus tard possible.

Les femmes vivent plus longtemps que les hommes (84 ans en moyenne), six ans de plus environ, grâce à leurs gènes plus performants qui les rendent biologiquement plus solides et grâce aussi à leur attitude vis-à-vis de leur santé. Elles prennent moins de risques et sont globalement plus soucieuses de leur hygiène de vie. Elles veillent davantage à leur équilibre alimentaire, consultent et écoutent plus régulièrement leur médecin et suivent les conseils de prévention. La ménopause est un bon moment pour intensifier cette démarche ou corriger certaines habitudes quotidiennes.

Peu à peu avec l'âge, nous réalisons que tout devient un peu plus difficile et requiert davantage de temps ne serait-ce que pour sauvegarder les apparences : rester mince et… musclée, conserver une belle peau, dompter sa chevelure, maintenir sa silhouette, s'habiller avec soin, rester agréable pour les autres. Et puis, il faut davantage prendre sur soi pour accomplir toute une série de gestes et d'actions jusque-là réalisés sans même y penser, le temps passant de plus en plus vite. C'est en étant grand-mère qu'on réalise à quel point la vie de mère de famille est épuisante, le nombre de fois où il faut se baisser, se pencher, déposer, porter…

Par ailleurs, le « ressenti » n'est plus tout à fait le même. Nos articulations manifestent les signes de l'arthrose, notre appareil digestif tolère moins bien certains aliments, la fatigue nous surprend à des moments inattendus… Bref, le fait est là, nous vieillissons. Et nous prenons subitement conscience que notre corps a ses limites.

Et pourtant, nous avons de la chance, nous nous sentons plus jeunes que nos aînées au même âge, beaucoup plus jeunes en tout cas que notre âge civil, environ dix ans de moins sinon plus, et donc plus libres aussi. Nous avons la chance de pouvoir profiter du présent tout en faisant encore des projets, la chance aussi de savoir maintenant comment reculer les limites pour rester en forme de plus en plus longtemps. Toutefois, à condition de vigilance et de discipline. La manière dont nous vivons et traitons notre corps va influencer notre façon de vieillir. Trois points constituent l'essentiel : l'alimentation, les activités physiques et mentales régulières et enfin l'acquisition d'une certaine philosophie…

Je ne vais rien vous apprendre, ni rien inventer, mais confirmer les données scientifiques. Je veux surtout vous convaincre et vous donner le goût de faire ce qui va suivre…

Opter résolument pour une alimentation équilibrée et saine

Depuis quelques décennies, nous sommes submergés de messages nutritionnels et de conseils qui, parfois, semblent contradictoires. À tel point que l'on ne sait plus ce qui est juste et ce qui ne l'est pas. On a vanté tour à tour les mérites de la viande, des laitages, des céréales…, puis on leur a trouvé des défauts tout aussi importants que l'étaient leurs vertus. Aujourd'hui, c'est le tour des aliments industrialisés, que l'on accuse d'être trop gras, trop salés, trop sucrés, alors que les fruits et légumes sont parés de toutes les qualités.

En réalité, chacun de ces messages porte une part de vérité qui demande à être relativisée au regard des situations particulières.

Prenons les œufs. Accusés de contenir un fort taux de cholestérol, on les a longtemps interdits aux personnes sujettes à l'hypercholestérolémie. Or on sait aujourd'hui que le cholestérol d'origine alimentaire n'intervient que très peu (moins de 30 %) dans notre taux de cholestérol total, le reste étant synthétisé par le foie à partir des graisses que nous absorbons. Il est donc plus important de manger des bonnes graisses (végétales ou issues des poissons gras) que de se priver d'œufs. Par ailleurs, le cholestérol contenu dans les œufs augmente plutôt notre taux de « bon cholestérol », l'essentiel étant de veiller à faire baisser le « mauvais ».

Rien n'est donc simple lorsqu'on parle d'alimentation. Loin de moi l'idée d'écrire ici un traité d'alimentation. D'autres l'ont fait et continuent à le faire, certains avec beaucoup de talent. Sans entrer trop précisément dans les détails, les règles à observer sont simples quand notre éducation nous a donné de bonnes habitudes. Elles deviennent beaucoup plus difficiles à établir quand on en a adopté d'autres. **On sait aussi que plus on avance en âge, plus il convient de diminuer les quantités alimentaires si l'on veut ralentir le processus de vieillissement**. Sans que cela ne devienne une obsession, il faut manger un peu moins, de façon diversifiée et équilibrée.

Trois règles d'or

1. Ne fumez pas, ou faites-vous aider pour arrêter.
2. Restez le plus mince possible, car le surpoids et l'obésité sont des facteurs de risque connus de cancer et de maladies cardio-vasculaires.
3. Bougez à la moindre occasion et faites de l'exercice.

➤ *Quelques règles alimentaires...*

Ces conseils généraux sont aisément applicables et modulables en fonction des circonstances particulières (hypercholestérolémie, diabète...) :

• *Mangez un peu de tout*

Des protéines (viande, poisson, œufs), des fruits et des légumes, laitages, huiles végétales... C'est la meilleure façon de ne manquer d'aucun micronutriment (vitamines, minéraux, oligo-éléments...). Avec l'âge, diminuez la quantité, privilégiez la qualité des aliments. Il est maintenant formellement démontré que l'espérance de vie est liée à une faible consommation calorique.

• Même s'il ne faut pas abuser de viande (elle contient beaucoup de graisses saturées néfastes pour les artères), nous avons besoin de ses protéines complètes et de son fer. Il est conseillé d'en manger deux fois par semaine (agneau, bœuf...). Le reste du temps, on peut opter pour les poissons (dont les poissons gras) et les volailles ou la viande blanche.

• Ajoutez à cela, chaque jour, des fruits, des légumes, des céréales et quelques laitages. Et pour les assaisonnements, des huiles végétales crues (olive, sésame, colza...) et des vinaigres (vin, cidre, balsamique...).

• Les fruits et légumes frais sont excellents à plus d'un titre. Outre leurs vitamines, minéraux et oligo-éléments, ils fournissent de nombreux antioxydants qui protègent les cellules contre certains effets du vieillissement. Leurs fibres nous assurent une bonne santé intestinale et leurs antioxydants combattent les radicaux libres en excès qui nuisent aux neurones. Ils sont bons pour le cerveau !

• Variez chaque jour la couleur des fruits et légumes que l'on met au menu (orange, vert, violet, blanc, rouge...) afin d'élargir l'éventail de nutriments. Cette couleur est liée à la présence de certains nutriments : le bêta-carotène dans les végétaux orange, les anthocyanes dans les violets, le lycopène dans les rouges, les flavonoïdes dans les jaunes... On peut ainsi, facilement, avoir une couverture nutritionnelle variée.

• *Ne mangez pas trop salé, ni trop gras ni trop sucré, et limitez la consommation d'aliments industrialisés*

Sauf pour de rares occasions, évitez les viennoiseries trop riches en graisses et en sucres, les biscuits salés, l'excès de charcuterie...

• *Pensez à boire suffisamment*

L'eau aide l'organisme à éliminer ses déchets. Mais cela ne signifie pas qu'il faille boire à longueur de journée. La quantité le plus souvent indiquée (au moins un litre par jour) constitue une moyenne, et non une norme. Elle varie selon les métabolismes de chacune, l'exercice physique et la météo.

– L'essentiel est de boire plusieurs fois par jour (quatre à six fois), en petites quantités (un verre à la fois). Et surtout, il faut boire avant d'avoir soif car la sensation de soif est déjà un signal de souffrance de l'organisme. Plus on avance en âge, plus ce conseil est important. Avec les années, la sensation de soif s'atténue et le risque de déshydratation augmente.

– La boisson idéale est l'eau (attention au sucre des sodas et des jus de fruits industriels). On peut aussi prendre des tisanes froides ou chaudes (dont le thé), des jus de fruits frais (orange ou citron) largement coupés d'eau, et du café (pas plus de trois tasses par jour).

• *Surveillez votre poids, surtout après 50 ans*

Sans vous transformer pour autant en obsessionnelle de la balance. Certaines patientes me disent se peser uniquement à mon cabinet. Il leur arrive alors de prendre cinq kilos entre deux rendez-vous (six à douze mois) sans s'en rendre compte ! Cela ne signifie pas qu'il faille absolument se « mettre au régime » (sauf nécessité médicale). Les restrictions alimentaires sévères sont sources de frustrations qui entraînent des rechutes à plus ou moins long terme. Contentez-vous de vous limiter un peu ; par exemple : évitez de vous resservir. Mieux vaut adopter une alimentation saine et variée, et diminuer un peu les rations quotidiennes.

Déterminez une fourchette de poids de plus ou moins deux kilos qui vous permet de vous accepter, même avec une petite variation. Je donne ce conseil à mes patientes pour que le poids ne devienne pas une hantise. Cependant, lorsque l'aiguille de la balance dépasse la limite supérieure, il vaut mieux réagir rapidement afin de ne pas laisser le mécanisme « déraper ». Comment ? En « se mettant au vert » dès le lendemain d'un repas de fête, afin de ne pas laisser aux kilos le temps de s'installer. Il est beaucoup plus facile de perdre deux kilos récemment installés que les mêmes incrustés depuis des mois. Il n'est pas question de s'interdire les écarts, mais plutôt d'apprendre à bien les gérer ! Pour faciliter cette gestion de l'équilibre alimentaire, il vaut mieux comptabiliser ce que l'on absorbe par semaine, plutôt que par jour ou par repas : s'autoriser par exemple trois à sept verres de vin par semaine, répartis comme on le souhaite.

• *Ne mangez pas entre les repas*

Le grignotage est très mauvais pour le poids et pour la santé, d'autant que la plupart du temps, on grignote entre les repas des aliments gras (cacahuètes, chips, rondelles de saucisson…) et/ou sucrés (bonbons, gâteaux secs…). Ces aliments contiennent des graisses saturées qui favorisent l'excès de cholestérol. Et, surtout, leur teneur en sucre provoque une sécrétion d'insuline par le pancréas, laquelle favorise le stockage dans les cellules graisseuses. Cette sécrétion d'insuline est suivie d'une baisse du sucre dans le sang, laquelle provoque rapidement une nouvelle sensation de faim. Un vrai cercle vicieux ! Réservez les aliments sucrés à la fin du repas. À jeun, un aliment sucré compte comme un sucre rapide ; à la fin du repas, comme un sucre lent qui sera absorbé lentement.

• *Ne sautez pas de repas*

Cela n'a jamais fait maigrir personne ! Efforcez-vous de sortir de table avec une (très légère) sensation de faim. Mais attention, une envie de grignoter signale que le repas précédent n'a pas été équilibré. En fait, la solution est simple : il suffit de manger suffisamment (mais pas trop) aux trois repas (matin, midi et soir) pour ne pas avoir faim.

• *Réservez les apéritifs*
aux situations exceptionnelles

Rencontres amicales, repas de famille ou de fête… D'une manière générale, il convient de s'abstenir de l'alcool ou de grignoter avant de passer à table. Ce que l'on grignote dans ces moments-là est souvent très calorique (hormis les crevettes, crudités, tomates cerises...). En outre, après un apéritif copieux, on mange sans faim et sans plaisir.

• *Cultivez le plaisir de manger*

Je fais partie de ceux qui pensent qu'on ne grossit pas lorsqu'on mange avec plaisir. Toutes proportions gardées, bien sûr, et sans dépasser les limites du raisonnable ! La sensation de plaisir se traduit dans l'organisme par la sécrétion de substances (notamment les endorphines) qui influencent le métabolisme, ce qui pourrait expliquer scientifiquement cette affirmation. En outre, plus le plaisir apporté par un mets est intense, moins on a tendance à se resservir.

• *Évitez de manger machinalement en faisant autre chose*

Regarder la télévision, lire, parler..., ou en vitesse sur le pouce. Installez-vous à table de manière à rester concentré sur le repas et à l'apprécier. Idéalement, chaque repas devrait être une fête même s'il est très simple.

• *Servez les plats en portion sur des assiettes individuelles*

Cela permet de mieux contrôler les quantités. Et ne vous resservez pas. Lorsqu'on est convié à un buffet, il vaut mieux se servir sur une assiette que picorer sans avoir conscience de ce que l'on avale.

• *Mangez lentement et mastiquez bien*

Ces deux habitudes permettent de manger moins. On absorbe des quantités d'autant plus importantes que l'on mange vite.

• *Ne faites pas de régime amaigrissant à terme voué à l'échec ou capable d'entraîner des carences alimentaires*

Si vous devez adopter un régime : choisissez le régime méditerranéen ou crétois qui a fait ses preuves sur la longévité : forte consommation de légumes et fruits (frais ou secs), à chaque repas, de pain et céréales, de poisson. Des viandes blanches (veau ou volaille) de préférence aux viandes rouges (bœuf et agneau) et du porc (une seule fois par semaine). Ni beurre, ni crème, ni margarine, exclusivement de l'huile d'olive ou de colza ; fromages, chèvre surtout, en quantité modérée ; un verre de vin pendant les repas. Et, si vous voulez avoir à peu près tous les nutriments nécessaires, je vous conseille de prendre en prime environ une fois par semaine, c'est un peu cher malheureusement mais c'est bon, du saumon fumé, du foie gras, des huîtres et des crustacés ! Vous aurez ainsi suffisamment de vitamines B6 et B9, de zinc, sélénium et chrome.

➤ *Quelques aliments « amis »*

Pour compléter ces règles de base, sachez profiter de ces aliments spécifiques qui fournissent un petit « coup de pouce » supplémentaire, notamment pour se protéger contre le risque de cancer ou de maladie cardio-vasculaire, selon les recommandations actuelles.

• **Certaines épices** (safran, curry et surtout curcuma) ont des vertus anticancéreuses. Il ne faut pas hésiter à les utiliser pour relever les plats.

C'est le cas aussi de l'*ail* et de l'*oignon*.

• De nombreux légumes, comme **les choux (et notamment le brocoli), les betteraves et les épinards**, ont des vertus protectrices dans diverses formes de cancer. Ils contiennent des substances qui inhibent la croissance de certaines cellules cancéreuses.

• **Les fruits secs** (noix, amandes, pruneaux...), que l'on a tendance à éviter car ils sont très caloriques, contiennent beaucoup de minéraux, d'acides gras essentiels (oméga-3) et de fibres alimentaires. Ils ont leur place dans une alimentation saine et variée, à condition de tenir compte de leur richesse énergétique.

• **Le thé vert** très antioxydant.

• **Les champignons**, mais certains seulement (une variété asiatique).

• **Le vin rouge de bonne qualité** contient des flavonoïdes et du resvératrol. Fortement antioxydantes, ces substances protègent contre le vieillissement vasculaire et stimulent les défenses immunitaires, mais on les accuse d'être carcinogènes... et le débat est loin d'être terminé !

• **Le chocolat noir à 70 % de cacao** est, lui aussi, excellent pour la santé. Outre le plaisir gustatif intense qu'il procure, il a d'innombrables qualités nutritionnelles. Il contient notamment du magnésium (antistress), de la vitamine E (qui a un bel effet sur la peau), des fibres (pour la santé intestinale), du calcium (pour la solidité osseuse), de la théobromine (stimulant du système nerveux), de la sérotonine (à l'effet antidépresseur), de la caféine (stimulante)... Il apporte également beaucoup de polyphénols qui ont une action antioxydante majeure, et de la phynyléthylalamine qui stimule la production des endorphines (opiacés naturels du cerveau). Le chocolat possède des vertus protectrices du système cardio-vasculaire, il contribuerait à baisser la tension artérielle. Il améliore aussi le moral et contribue à lutter contre le vieillissement cérébral. Même si certaines personnes se disent « accro » au chocolat, sachez que cet aliment ne crée ni accoutumance ni dépendance. Plusieurs centaines de publications scientifiques confirment que le chocolat n'a aucun effet négatif ! À condition toutefois de ne pas en abuser. C'est un aliment très calorique : entre 500 et 600 calories pour une tablette de 100 g. Les « chocomaniaques » ont intérêt à le déguster en quantités raisonnables (une ou deux barres) en fin de repas, comme un dessert. Il se mêlera alors aux autres ingrédients du repas dans le bol alimentaire et le sucre qu'il contient ne provoquera pas de pic d'insuline important.

Pardon pour cette digression sur un de mes points faibles ! Ces données sont vérifiées !

• **Les pruneaux** sont riches en antioxydants. Ils apportent magnésium, potassium, bêta-carotène, vitamine E, fer, zinc et flavonoïdes, ainsi que du bore important pour la formation de l'os. Ils améliorent le transit intestinal et diminuent la rétention d'eau. Quatre gros pruneaux représentent 100 calories. Par ailleurs, malgré leur goût sucré, leur index glycémique est faible.

Les ennemis du bien vieillir qui diminuent l'espérance de vie

– Le tabac fait l'unanimité contre lui ; il est mauvais pour tout. On gagne dix ans d'espérance de vie à ne pas fumer.
– L'alcool en excès : au-delà de 3 verres par jour, le vin favorise, surtout chez la femme, la prise de poids, les maladies cardio-vasculaires, certains cancers (notamment du sein), la cirrhose du foie et les troubles du caractère.
– Un surpoids : à partir d'un indice de masse corporelle (IMC) de 25 pour une femme : augmentation du risque de cancer du sein, de diabète, d'hypertension, d'accidents cardio-vasculaires, de troubles des articulations et de sentiments dépressifs.
– Une sous-alimentation ou des amaigrissements sévères entraînent une baisse d'énergie physique et mentale et vieillissent prématurément.

➤ *Que retenir des livres et des articles sur l'alimentation récemment publiés ?*

Il n'y a pas véritablement de régime anticancer. Aucun régime ne protège de la survenue d'un cancer ni ne peut en être l'origine. Il faut au moins vingt ans pour qu'une habitude alimentaire modifie le métabolisme d'un individu.

Les végétariens ont autant de cancers que les omnivores. Mais il existe des aliments plus protecteurs que d'autres. Rien ne sert d'accorder trop d'importance à un aliment particulier. Le plus sûr est de varier.

Un aliment à lui tout seul, les fruits par exemple, ne peut compenser de mauvaises habitudes alimentaires. Et puis, tous les fruits et légumes n'ont pas la même efficacité, de même qu'une bonne alimentation ne corrige pas les dégâts du tabac.

L'effet direct de l'alimentation reste difficile à quantifier, mais son rôle a été estimé de 20 à 30 %. Il dépend des réactions de chacun à tel ou tel aliment. Face à l'alimentation, nous sommes inégaux par rapport aux risques. Les besoins varient. Ce qui est bon pour l'un ne l'est pas forcément pour l'autre. L'effet dépend aussi des modes de cuisson et de conservation des produits. Compterait aussi beaucoup l'alimentation pendant la petite enfance.

On accuse beaucoup en ce moment les additifs alimentaires, les métaux lourds dans certains poissons, comme le saumon, le thon rouge et l'espadon, mais les études ne sont pas concluantes.

« S'il existait un régime anticancer efficace, cela se saurait… et quand la maladie est là, il n'y a pas de recette miracle. Aucun aliment ne peut se substituer aux traitements. Bien au contraire, il faut éviter qu'un régime inapproprié vienne affaiblir la patiente et augmenter sa résistance aux soins », témoigne le Pr Claude Maylin[1] dans *Le Nouvel Observateur*.

Il y a d'autres maladies que le cancer, notamment celles qui touchent le cœur et les vaisseaux, très sensibles à l'alimentation. Un régime trop calorique entraîne surpoids voire obésité, qui augmentent les risques de cancer et aussi de maladies cardio-vasculaires.

Les recommandations restent les mêmes : une alimentation équilibrée, diversifiée, en évitant le tabac et peut-être l'alcool (dans ce contexte), en privilégiant les fruits et les légumes et en effectuant une activité physique adaptée à l'âge. Il ne faut suivre aucun régime à la lettre et surtout rester mince.

➤ *Le point sur les compléments alimentaires*

En suivant ces grands principes alimentaires, il n'y a aucune raison de souffrir de carence nutritionnelle. La prise systématique de compléments alimentaires n'est donc pas nécessaire. N'oublions pas que si ces produits ont leur utilité dans certaines situations, **leur consommation excessive entraîne parfois des effets inverses de ceux recherchés** : ils peuvent augmenter la production de radicaux libres, favorisant ainsi l'oxydation cellulaire et accélérant les processus de vieillissement. Attention aux excès de vitamine E, de bêta-carotène ou de fer. Seules les personnes végétariennes ou contraintes de suivre un régime strict ont besoin d'une complémentation régulière.

Cependant, sur une période limitée, ils peuvent apporter une aide soit aux femmes dont la ménopause n'est pas encore complètement installée et qui souffrent de ses désagréments, soit à celles pour qui le THS est contre-indiqué. Dans ce cas, le produit doit contenir, outre les vitamines et les minéraux

1. Chef du pôle imagerie-cancérologie de l'hôpital Saint-Louis de Paris, mai 2010.

couramment donnés au moment de la ménopause (magnésium, calcium, vitamines A, C et E, sélénium...), des plantes à visée plus précise comme la sauge pour contrer les bouffées de chaleur ; l'aubépine pour favoriser le sommeil ; le ginseng pour lutter contre la fatigue ; le fenouil pour améliorer le confort intestinal... et s'il n'existe pas de facteur de risque de cancer du sein, du soja riche en phytohormones.

Pour les femmes qui souffrent déjà de fragilité osseuse, il convient de mettre l'accent sur les produits associant calcium, potassium et vitamine D.

Pris en cures de deux à trois mois, ces compléments aident à passer les périodes délicates. Les femmes qui prendront un THS une fois leur ménopause avérée arrêteront la cure à ce moment-là. Celles qui ne peuvent bénéficier des bienfaits du traitement hormonal pourront continuer le temps que les symptômes les plus importants disparaissent.

Garder une activité physique pour vivre en forme et plus longtemps

Au fil de mes consultations, mes patientes me font part de leurs efforts pour maigrir ou pour tenter de maintenir leur poids et se plaignent parfois de ne pas se voir récompensées comme elles devraient. Mais l'essentiel de leurs efforts porte plus souvent sur l'alimentation. Or plus les années passent, plus nous devons lutter contre la sédentarité !

Une activité physique régulière est indispensable surtout après 50 ans. Faire de l'exercice, cela se résume en un mot : bouger ! Mais je ne fais pas forcément référence à un sport intense ou aux cours de gym tonique. Les femmes qui ont pris l'habitude de pratiquer un sport peuvent continuer, bien sûr, mais les autres ne sont pas obligées de s'astreindre coûte que coûte à ce type de pratique. Seulement, les incitations à rester assise ou allongée sont telles qu'il ne faut pas perdre une seule occasion de bouger. Ce n'est pas une heure de gymnastique par semaine qui va régler le problème, c'est de faire soi-même les courses plutôt que de les commander *via* Internet, de faire le plus de trajets possibles à pied, de monter les escaliers plutôt que de prendre l'ascenseur, c'est éviter de regarder la télévision dans la journée et limiter la station assise devant l'ordinateur à l'indispensable. Il faut même se trouver d'autres possibilités de s'activer, le plus possible, quelles qu'elles soient. Le simple fait de marcher à un rythme régulier et assez soutenu une demi-heure par jour constitue un réel exercice physique[2].

➤ *La sédentarité est notre pire ennemie !*

Au fil des années, chacun de nos organes vieillit à son rythme, selon l'hérédité, le « terrain » ou le style de vie. Et l'immobilité ne fait qu'accélérer les processus déjà en cours…

En l'absence d'exercice, la masse musculaire fond (surtout au niveau des jambes), ce qui retentit rapidement sur la force physique. Si l'on n'y prend garde, cela peut finir par entraîner

---

2. C'est la même chose pour les enfants. S'ils sont plus gros actuellement, ce n'est pas tant à cause de leur nourriture, que de leurs habitudes alimentaires et leur mode de vie : grignotage en dehors des repas, ouvertures du Frigidaire à n'importe quelle heure, boissons sucrées, etc. La solution n'est pas de leur faire faire de l'exercice tant d'heures par semaine, cela a d'ailleurs toujours existé heureusement, mais ce n'est pas suffisant. C'est tous les jours qu'ils devraient bouger et courir ! Il y a trente-quarante ans, les enfants allaient à pied à l'école, bien souvent située à quinze ou vingt minutes du domicile ; et ils revenaient déjeuner à la maison. Au total, ils marchaient déjà une heure par jour entre leur domicile et leur école. Ensuite, après les classes, ils repartaient jouer dans la rue avec leurs copains ou copines, car, à l'époque, on jouait dans la rue sans crainte ! Ensuite, ils commençaient leurs devoirs. Et ils restaient minces !

des difficultés pour rester debout, des troubles de l'équilibre, voire des problèmes de marche. Lorsque les muscles ne sont pas suffisamment sollicités, ils s'atrophient et l'os en pâtit : le calcium ne s'y fixe plus et fuit dans les urines, l'os se déminéralise… arrivé à un certain seuil, c'est l'ostéoporose et le risque de fracture. **On estime qu'une semaine d'immobilisation totale équivaut à une année entière de perte osseuse** dans des conditions de vie normale !

Quand le cœur n'est pas suffisamment sollicité, curieusement il se fatigue. Une vie trop sédentaire entraîne une diminution du débit sanguin, ce qui induit une moins bonne irrigation des tissus qui manquent rapidement d'oxygène et de nutriments, avec toutes les conséquences qui s'ensuivent sur le cerveau. La circulation sanguine veineuse de retour se ralentit également, favorisant les œdèmes, les varices et les phlébites.

Les défenses immunitaires baissent, le transit intestinal ralentit (constipation), le sommeil devient fragile, l'humeur s'altère, la mémoire devient capricieuse. L'exercice physique a la vertu de ralentir l'apparition de ces troubles liés au vieillissement des tissus, et de compenser les effets de la carence hormonale, notamment aux niveaux osseux, circulatoire et cérébral. Plus on vieillit, plus il faudrait bouger !

Enfin, les personnes qui font du sport s'alimentent généralement mieux, grignotent moins, fument moins et boivent moins d'alcool, grossissent moins vite et font plus jeunes.

➤ *Les bienfaits de l'exercice physique*

Il protège le cœur, les artères et les veines

L'exercice physique diminue les mauvaises graisses et les utilise comme combustibles énergétiques. Il fait baisser le mauvais cholestérol (LDL) qui augmente après la ménopause (surtout chez les femmes qui ne prennent pas de traitement hormonal). Bouger permet de stimuler la production de « bon cholestérol » (HDL).

L'activité physique stimule également la circulation sanguine veineuse de retour, évite la stagnation sanguine, la dilatation veineuse et l'œdème. Il abaisse la tension artérielle. Marcher est un excellent exercice pour les femmes hypertendues.

Avec les années, nombre de femmes perdent leur sensibilité à l'insuline. Pour stabiliser le taux de sucre dans le sang, le pancréas est obligé de produire davantage de cette hormone, ce qui provoque des déséquilibres (hypoglycémies réactionnelles, prise de poids...). L'activité physique améliore la sensibilité à l'insuline, freine sa production dans le sang. **En favorisant une meilleure tolérance aux sucres, il diminue le risque d'insulino-résistance et de diabète**, tout en évitant la prise de poids. Par ailleurs, elle favorise le développement de la masse maigre (muscles et os) au détriment de la masse grasse. Même si la pratique d'un sport ne fait pas directement mincir, elle évite la prise de poids (à conditions alimentaires égales).

Enfin, en régulant le métabolisme du glucose et des graisses, l'exercice physique stabilise l'appétit. On peut avoir l'appétit coupé après un effort intense, mais cette sensation ne dure pas et la faim revient rapidement, légèrement stimulée par l'activité.

L'exercice physique diminue le risque de cancer du sein

De nombreuses études ont récemment mis en évidence la relation de cause à effet qui existe entre la pratique régulière d'une activité physique et l'apparition d'un cancer du sein[3].

---

3. Parmi lesquelles l'étude américaine WHI, l'étude française E3N et l'étude de cohorte EPIC. Voir chapitre 1, « Scénario de la polémique » et chapitre 4, « Cancer du sein et THS », p. 112.

Cet effet s'applique également aux femmes à risque. La protection contre le cancer du sein est proportionnelle à l'intensité de l'activité. Celles qui additionnent les activités sportives aux activités physiques habituelles (ménage, cuisine, jardinage...) sont encore mieux protégées.

En outre, on sait qu'en cas de cancer déclaré, l'exercice physique effectué pendant l'année qui précède la maladie améliore le pronostic, de même que sa pratique régulière après le traitement préviendrait les récidives. L'activité physique ne doit donc pas être conditionnée à l'apparition de la maladie. Les bénéfices s'engrangent et fructifient avant l'apparition des troubles. En prévention !

Des effets spectaculaires sur le cerveau, scientifiquement démontrés

Le cerveau est notre organe le plus important. La science a accompli des progrès considérables dans sa connaissance ces dernières années et elle avance rapidement.

L'activité physique, même modérée, pour peu qu'elle soit régulière, le protège. En stimulant la circulation sanguine de retour : des jambes vers le cœur, puis du cœur vers le cerveau, celui-ci se trouve mieux irrigué, nourri, oxygéné.

Probablement par le biais de la circulation, mais aussi d'autres facteurs, **elle limite la fréquence et l'intensité des bouffées de chaleur**. Elle permet une meilleure résistance aux brusques variations de température et aux climats extrêmes. J'ai constaté que mes patientes sportives se plaignent rarement de bouffées de chaleur et sont d'humeur plus égale. La production d'adrénaline (considérée comme l'hormone du stress) diminue pendant les efforts, ce qui contribue à l'équilibre du système nerveux central et agit favorablement sur la tension nerveuse.

L'exercice physique régulier **diminue le risque de dépression nerveuse**[4]. L'imagerie médicale a formellement montré que le cerveau se modifiait au cours d'une dépression : le volume de l'hippocampe[5] et celui de certaines zones du cortex préfrontal diminuent de façon proportionnelle à la sévérité et à la durée de l'épisode dépressif. Par ailleurs, dans certaines régions, son activité est anormalement élevée et, dans d'autres, anormalement basse. Cela se constate sur l'image, de même que, sous l'effet d'un antidépresseur, les anomalies constatées régressent. Il importe de traiter la dépression pour éviter son effet toxique sur les neurones et les récidives.

« Le sport change aussi la tête », écrivent les auteurs[6] d'un passionnant article des *Dossiers de la recherche*. Il améliore l'humeur, la qualité du sommeil, la tolérance au stress et diminue l'anxiété. C'est par l'intermédiaire de plusieurs neuromédiateurs dont certains sont bien connus comme la sérotonine, la dopamine et la noradrénaline qu'il intervient sur le psychisme, à travers plusieurs voies neurochimiques et non une seule comme on le croyait. Nous savons tous que le jogging rend ceux qui le pratiquent euphoriques, à condition de ne pas dépasser certaines limites, car un excès d'entraînement peut provoquer des troubles psychiques ! Tout est question de dosage.

Durant l'effort sportif, on constate une augmentation du taux de l'hormone de croissance IGF1[7] à l'origine d'une réelle sensation de bien-être, pour peu que l'exercice soit suffisamment soutenu. Le sport fait également grimper le taux de DHEA[8].

---

4. Démontré pour la première fois par l'étude américaine NHANES en 1982.
5. C'est une zone du cerveau située sous le lobe temporal de chaque côté.
6. C. Y. Guezennec et M. Duclos, juin 2010.
7. Voir chapitre « Les alternatives au THS », p. 226.
8. *Idem*.

De plus, l'activité physique renforce la plasticité cérébrale et la création de nouveaux neurones, la neurogenèse. Elle participe ainsi « au maintien de certaines capacités cognitives comme la mémoire et l'apprentissage, et prévient le vieillissement cérébral », poursuivent les auteurs des *Dossiers de la Recherche*. Les travaux effectués sur des personnes âgées qui pratiquent régulièrement un exercice révèlent une densité cérébrale plus élevée que les autres, une meilleure vascularisation du cerveau et la synthèse de nouveaux vaisseaux. On peut observer la formation d'une plus grande quantité de nouveaux neurones dans les cerveaux de rats actifs par rapport aux sédentaires. Certains sports qui nécessitent davantage la coordination des gestes, le maintien de l'équilibre ou le calcul stratégique, (je pense, par exemple, à l'équitation, à la voile…) sont encore plus stimulants pour le cerveau !

De nombreuses études montrent qu'une activité physique régulière constitue **un facteur de protection contre la maladie d'Alzheimer et les autres démences vasculaires associées au vieillissement**. Plus l'activité physique est élevée, plus elle protège les neurones et a d'effet sur leur plasticité.

Autre avantage appréciable, l'exercice physique **diminue les sensations de douleur** et de fatigue physique (appelée fatigue centrale).

J'espère vous avoir convaincue, avec ces arguments, de l'effet bénéfique protecteur de l'activité physique sur le cerveau.

L'exercice physique renforce la solidité osseuse et protège le cartilage

C'est un autre des bénéfices majeurs de l'activité physique après la ménopause : **il protège contre l'ostéoporose**. Les femmes qui font régulièrement de l'exercice ont des os plus denses et plus solides, et ce à tout âge.

Cependant, **tous les sports n'ont pas la même efficacité sur le squelette**. Ainsi, la natation et le vélo, très recommandés pour les articulations et le cœur, n'ont que peu d'effet sur l'os. Mieux vaut pratiquer la marche ou le jogging, sans trop forcer, surtout si vous n'avez pas l'habitude de faire des efforts. Il n'est pas conseillé de s'adonner à une activité physique trop intense après 60 ans, à moins d'être régulièrement entraînée depuis plusieurs années, car cela risque de provoquer des « fractures de fatigue » sur des os déjà fragilisés.

Certains exercices solidifient les vertèbres, d'autres les hanches ou les épaules... Ce sont les « sports de charge » que les spécialistes de médecine sportive recommandent de pratiquer, c'est-à-dire des activités au cours desquelles le pied est amené à toucher le sol en supportant tout le poids du corps (marche rapide, jogging, tennis...).

Les femmes grandes ou corpulentes y gagnent davantage que les femmes très menues, car elles mobilisent une plus grande masse de muscles. Or ce sont justement les tractions du muscle sur l'os qui stimulent la production de nouvelles cellules et améliorent la densité osseuse. C'est la raison pour laquelle il faut veiller à conserver le plus possible sa masse musculaire en s'entraînant régulièrement.

Les sports plus modérés comme la marche sont aussi efficaces pour soulager les douleurs dues à l'arthrose du genou ou du dos car **ils protègent le cartilage**. Pendant des décennies, les médecins ont conseillé aux femmes souffrant de lombalgies de rester immobiles, allongées sur une planche. Aujourd'hui, sauf exception, nous leur recommandons l'inverse : bouger prudemment, mais surtout bouger... Les pires ennemis de l'arthrose sont la sédentarité et le sport à haute dose. La solution se trouve entre ces deux extrêmes...

Enfin, il ne faut pas oublier que **la pratique sportive au grand air favorise la synthèse de la vitamine D**, essentielle pour la solidité osseuse. La peau produit en grande partie cette précieuse vitamine lorsqu'elle est en contact avec les rayons du soleil (même voilés).

Tout bien considéré, vous pouvez constater que l'exercice et le sport apportent à peu près les mêmes bienfaits que le THS !

CONSEILS POUR FAIRE DE L'EXERCICE PHYSIQUE

Pour les femmes habituées à pratiquer un sport, les conseils sont simples : il suffit de continuer, sans trop forcer, en essayant de modérer les efforts intenses. Pour les autres, voici quelques conseils quotidiens qui permettent d'intensifier l'activité physique sans y penser.

- Veillez à avoir une activité physique quotidienne : ménage, jardinage, marche à pied, éventuellement un peu de vélo sur terrain plat ou de natation si l'on habite près de la mer ou d'une piscine.
- Consacrez une demi-heure quotidienne à votre activité, à condition qu'elle soit bien régulière. Il vaut mieux s'activer vingt minutes tous les jours que quatre-vingt-dix minutes en une seule fois dans la semaine. Ajoutez deux ou trois fois par semaine une activité un peu plus intense ou fatigante (et même si possible stimulante) qui doit vous faire transpirer (jogging, marche rapide, danse, tennis, sports d'équipe...). C'est le signe que vous avez suffisamment sollicité votre organisme.
- Pour les plus réfractaires, toutes les formes d'exercices sont bonnes à prendre : monter les escaliers à pied, laisser sa voiture au garage et surtout, à la moindre occasion, marcher !
- Les activités physiques issues de la médecine chinoise sont de plus en plus répandues. Elles sont parfaitement adaptées aux organismes vieillissants. Tai-chi-chuan et qi gong reposent sur des enchaînements de gestes et de postures qui, sans demander d'effort physique intense, contribuent à améliorer la circulation sanguine, à favoriser la sécrétion hormonale, à

dérouiller les articulations, à stimuler l'élimination des déchets métaboliques... Ces enchaînements sont censés agir à la fois sur le corps et sur la circulation de l'énergie vitale. Les personnes pratiquant ces disciplines disent se sentir beaucoup plus joyeuses, toniques et dynamiques.

• L'important est de trouver une activité qui procure du plaisir. L'exercice sera d'autant plus bénéfique qu'il sera effectué comme une source de satisfaction immédiate et non comme une contrainte. C'est aussi une garantie de régularité car il est plus difficile d'être assidu dans la pratique d'une obligation que d'un plaisir.

• Soyez attentives aux contre-indications. Les personnes souffrant du dos doivent éviter les sports qui sollicitent un côté du corps davantage que l'autre (tennis, golf...). Avant de commencer une nouvelle activité, demandez conseil à votre médecin.

POUR PROTÉGER LE CERVEAU ET LE STIMULER, MULTIPLIER LES ACTIVITÉS INTELLECTUELLES ET CULTIVER UNE ATTITUDE POSITIVE

Le nombre de centenaires ne cesse d'augmenter dans les pays occidentaux. En France, on en comptait une centaine en 1900, un peu plus de 1 000 en 1970, près de 20 000 en 2010. Leur nombre augmentera probablement, entre 60 000 et 100 000 en 2050[9]. De nombreux chercheurs se sont penchés sur les caractéristiques de ces grands vieillards. **Au-delà de leur patrimoine génétique, les centenaires présentent des points communs qui tiennent à leur comportement et à leur attitude face à la vie.**

Le Dr Michel Allard[10] explique : « Au-delà des règles de vie saine (alimentation, exercice physique...), les personnes qui

9. Ces chiffres sont publiés par l'Institut national d'études démographiques.

10. Ce médecin gérontologue a publié, entre autres, *À la recherche du secret des centenaires*, Paris, Le Cherche midi, 1991.

vieillissent le mieux sont celles qui aiment la vie, qui savent faire face, qui réagissent de manière active, qui sont plutôt gaies et optimistes. Elles préfèrent considérer aujourd'hui comme la veille de demain, plutôt que comme le lendemain d'hier. Finalement, bien vieillir, c'est arriver à se situer dans un espace étroit entre le manque et l'excès de stimulation. » Accepter son âge et conserver une attitude positive par rapport à la vie constitue donc, dès 50 ans, un atout de poids pour s'assurer que les années (et même les décennies) à venir seront de bonne qualité.

On peut citer aussi le Pr François Piette : « La maîtrise de notre vieillissement reste encore un vœu pieux [...]. Il existe une dernière solution, c'est de s'accepter en tant qu'individu vieillissant. Qu'on ait fait ce qu'on estimait raisonnable en matière de prévention sans volonté d'en faire plus dans une fuite en avant, ou que l'on constate n'avoir suivi aucun des conseils courants, il reste un moyen de ressentir du bien-être : c'est d'être en accord avec soi-même. À défaut de maîtriser son vieillissement biologique, on peut souvent maîtriser sa sérénité personnelle[11]. »

Et s'imprégner du beau discours d'adieu du général MacArthur aux étudiants de l'école militaire de West Point en 1962 qui résume mieux que je ne pourrais le faire les conseils pour garder sa jeunesse d'esprit.

> « La jeunesse n'est pas une période de la vie,
> elle est un état d'esprit, un effet de la volonté,
> une qualité de l'imagination, une intensité émotive,
> une victoire du courage sur la timidité,
> du goût de l'aventure sur l'amour du confort.
> On ne devient pas vieux pour avoir vécu
> Un certain nombre d'années :

11. Auteur du *Guide santé des seniors*, Paris, Odile Jacob, 2003.

On devient vieux parce qu'on a déserté son idéal.
Les années rident la peau ; renoncer à son idéal
ride l'âme. Les préoccupations, les doutes,
les craintes et les désespoirs sont les ennemis qui,
lentement, nous font pencher vers la terre
et devenir poussière avant la mort.
Jeune est celui qui s'étonne et qui s'émerveille.
Il demande, comme l'enfant insatiable :
« Et après ? » il défie les événements
et trouve de la joie au jeu de la vie.
Vous êtes aussi jeune que votre foi
Aussi vieux que votre doute.
Aussi jeune que votre confiance en vous-même.
Aussi jeune que votre espoir,
Aussi vieux que votre abattement.
Vous resterez jeune
tant que vous resterez réceptif.
Réceptif à ce qui est bon beau et grand, réceptif aux messages de la nature,
de l'homme et de l'infini.
Si un jour votre cœur est mordu
par le pessimisme et rongé par le cynisme,
puisse Dieu avoir pitié de votre âme de vieillard. »

Comment rester en bonne santé après 60 ans

À partir de 60 ans et au-delà, il reste essentiel pour une femme de se sentir en harmonie avec elle-même et les autres. C'est la clé du bien-être, de la santé et de la longévité. Notre philosophie pour cette période pourrait se résumer par deux mouvements : ne pas renoncer à aller de l'avant et savoir se protéger. L'équilibre à créer entre une aspiration vers le monde extérieur et une attention à soi et à son couple sera certainement le meilleur garant d'un équilibre de vie plus général…

➤ *Restez active par tous les moyens*

• Faites des projets à long terme et donnez-leur un sens, les anticiper est déjà un plaisir. Plus on a de projets, plus on est dans une dynamique de créativité, et ainsi on reste jeune dans sa tête.

• Si vous le pouvez, travaillez le plus longtemps possible.

• Si vous ne travaillez plus, gardez l'esprit en éveil, intéressez-vous à des sujets nouveaux pour faire travailler différentes zones du cerveau. Les moyens de communication actuels élargissent presque à l'infini les possibilités d'apprendre, de découvrir. Lisez, faites des mots croisés, des jeux de société avec vos petits-enfants.

• Sortez, recevez, téléphonez, passez du temps avec vos proches. Renforcez vos liens familiaux et sociaux ; ils sont un des secrets du bonheur et du sentiment de sécurité.

• Diversifiez le plus possible les activités, rencontres, échanges, menus et tenues vestimentaires.

• Multipliez vos centres d'intérêt : c'est à la fois une stimulation pour l'esprit et une source de plaisir. Évitez la routine, même si elle a des avantages…

• Allez de l'avant et au-devant des choses ; n'attendez pas qu'elles vous tombent du ciel. Suscitez, cultivez et entretenez vos désirs et vos envies. Trouvez chaque jour une occasion de créer, même la plus simple : un nouveau maquillage, une jolie table, une nouvelle recette, un bouquet. Il y a un artiste en chacun de nous qui ne demande qu'à s'exprimer.

• Cultivez votre enthousiasme et les raisons d'espérer. Trouvez de vrais motifs de vivre et surtout de vibrer et de vous émerveiller. Restez réactive !

• Ayez des centres d'intérêt, cultivez une ou des passions.

• Écoutez vos envies maintenant que vous disposez de davantage de temps. Consacrez de l'énergie à votre propre bien-être ; relaxez-vous, accordez-vous des soins cosmétiques, des pauses massages. Au-delà de la détente et du plaisir immédiats, ces gestes vous permettent de conserver une image agréable pour ceux qui vous entourent.

• Restez attrayante pour les autres, aussi bien sur le plan physique que psychologique. Ne renoncez pas à plaire, cherchez à vous rendre intéressante. Avec l'âge, ce que les autres apprécient le plus en vous, au-delà de votre apparence, c'est l'intérêt que vous leur portez, l'enthousiasme que vous mettez à réaliser les choses, votre curiosité, votre vitalité.

• Apportez des soins constants à votre corps et à votre apparence sans que cela devienne une obsession et acceptez les compliments avec plaisir. Une femme dispose de nombreux atouts pour rester belle et séduisante, en jouant sur sa coiffure, son maquillage ou sa façon de s'habiller. Faites-vous plaisir et charmez votre entourage.

• Souriez, soyez aimable, même si cela vous coûte parfois !

• Gardez votre dignité en toute occasion.

• Ayez un regard positif sur les expériences de la journée, vos attitudes et vos propres réactions. Luttez contre la tentation de vous culpabiliser ou de vous déprécier.

• Faites-vous plaisir, non seulement en savourant les instants simples et agréables de la vie, mais également en stimulant votre cerveau avec l'apprentissage de choses nouvelles – une discussion entre amis, un travail, un bon livre, un voyage…

• Aimez-vous, estimez-vous, ne vous oubliez pas vous-même afin de rester en harmonie avec les autres.

➤ *Apprenez à vous protéger*

• Fuyez les stress inutiles qui provoquent une fatigue psychique et des sentiments d'angoisse ou de dépression, d'hostilité ou d'autodépréciation.

• Évitez de vous plaindre, car la plainte entretient le cercle vicieux de la douleur. Ou faites-le avec humour et légèreté !

• Balayez l'ennui, la routine, le repli sur soi, les pensées négatives et le contrôle obsessionnel.

• L'heure n'est plus à la culpabilité et aux grandes remises en question. Les choix majeurs de l'existence ont déjà été faits ; il n'est plus temps d'y revenir.

• Sélectionnez vos amis, ceux qui vous font du bien, qui vous enrichissent.

• Donnez sans rien attendre des autres ; donner c'est déjà une gratification, un cadeau que l'on se fait à soi-même ; trop attendre des autres expose aux déceptions.

• Faites des choix parmi les activités et les sollicitations ; ne retenez que celles qui vous intéressent vraiment. Il n'y a plus de temps à perdre !

• Tendez vers une certaine philosophie de la vie : fixez-vous des limites et des objectifs prioritaires, acceptez les altérations progressives de l'organisme, adaptez-vous aux modifications et aux nouvelles exigences de votre corps, prenez les autres tels qu'ils sont.

• Apprenez à dire non. Si cela n'est pas toujours facile, cela évite bien des frustrations.

• Sachez parfois lâcher prise sans jamais vous laisser aller.

• Entraînez-vous à doser : ne résistez pas à toutes vos envies, relâchez la surveillance par moments ; accordez-vous des moments de détente, par exemple en fin de semaine ou en vacances.

• Cherchez en vous vos propres remèdes contre la douleur, la souffrance morale et la maladie. Le cerveau est capable de s'adapter à toutes les situations et nous donne tous les moyens de nous en servir. Apprenez ou faites-vous apprendre comment les utiliser.

Les ennemis du bien vieillir qui gâchent la qualité du vieillissement

- La solitude et l'isolement sont des facteurs de risque de mortalité.
- Une infirmité physique.
- Les douleurs chroniques. Un humoriste disait : « À 60 ans, quand on se réveille sans ressentir de douleur, c'est qu'on est mort… » À cet âge, il faut impérativement trouver le moyen de soulager les douleurs ou bien faire en sorte de les oublier.
- Le repli sur soi. Voir la vie en noir, nourrir des sentiments d'hostilité, ressasser indéfiniment et se désintéresser des autres nuit à ses cellules nerveuses et accélère le vieillissement.
- L'absence d'exercice physique et, pire, l'immobilité : un corps immobile devient très vite un corps malade.
- La privation de plaisir, essentiel pour continuer à avoir envie de vivre.
- L'excès de calories, de sucre (surtout en dehors des repas), de sel (risque d'hypertension), de graisses, ou de café (plus de trois tasses par jour).
- Le manque de sommeil.
- La télévision à hautes doses : elle entretient la passivité, l'immobilité, la solitude.

Bien vieillir, c'est trouver un équilibre entre la discipline et l'hédonisme, entre une certaine dose de fatalisme et un volontarisme modéré. C'est un combat dont on sort souvent gagnant ; c'est choisir ses aliments, surveiller sa silhouette, soigner sa peau, sa chevelure et sa tenue, bouger alors qu'on aurait envie de rester tranquillement assise, et aussi se soucier du bien-être des autres.

➤ *Veillez à l'harmonie de votre couple si vous vivez en couple*

Si l'on vit en couple, portez une attention particulière à son harmonie ; vivre à deux est un des moyens les plus gratifiants d'avoir une longévité heureuse et épanouie. À deux, on a en permanence l'occasion de donner, de partager, de s'intéresser à quelqu'un d'autre que soi, de recevoir. À deux, on peut se stimuler mutuellement et s'encourager, se soutenir. Mais il faut y travailler un peu : éviter les conflits, ne pas blesser l'autre (au cours d'une dispute par exemple) car les mots peuvent tuer ; parler, exprimer ses émotions, partager ce qui peut l'intéresser, lui poser des questions sur sa journée (sans le harceler, les hommes sont moins doués que les femmes pour le langage de l'intime), en un mot rester positive avec lui. Cultiver son désir, car ce n'est jamais une chose définitivement acquise, il convient de l'entretenir et le réinventer chaque jour. Rester très attentive à ce qui peut rebuter physiquement : une attitude, une pose, un propos vulgaire. Multiplier les activités à deux ; et surtout rester physiquement proches : se toucher, se prendre la main, s'embrasser, se caresser et, si c'est encore possible, faire l'amour. Beaucoup de femmes ne ressentent plus de désir sexuel, faute d'hormones, et souvent parce qu'elles ont mal. Il existe des moyens simples d'y remédier et de ne pas obliger l'homme à renoncer à la sexualité. Ne pas oublier que « le sexe ne s'use que si l'on ne s'en sert pas ». Mais on peut tout aussi bien se passer de sexualité.

Tous ces plaisirs et cette intimité contribuent à libérer une hormone que l'on connaît bien maintenant, **l'ocytocine**. Elle contribue au sentiment de bien-être et d'attachement et joue un véritable rôle d'antistress. Cette intimité-là constitue une source sûre et quasi permanente de réconfort contre les aléas de l'existence.

➤ *Si l'on vit seule…*

L'isolement est à fuir par tous les moyens. Cela demande plus d'efforts et de courage. Il ne faut pas « oublier » de manger suffisamment et résister à la tentation de se laisser aller, s'arranger avec soin, et rendre agréable son logement, sortir, se tourner vers l'extérieur, entretenir son réseau affectif et social, se manifester, ne pas se laisser oublier, apporter quelque chose aux autres et rester très active et séduisante.

Quelle que soit votre situation, n'oubliez jamais trois choses :

- Nous ne sommes pas immortelles (on a parfois tendance à l'oublier).
- Nous n'avons jamais vécu aussi longtemps et aussi bien (avec une perte d'autonomie qui ne cesse de se réduire : neuf mois en moyenne aujourd'hui). **Chaque année, nous gagnons trois mois d'espérance de vie.** En un siècle, la longévité s'est accrue de trente ans ! En 2050, on prévoit 150 000 centenaires au lieu des 13 000 actuels si les modes de vie ne se dégradent pas.
- Nous ne vivons pas que pour vivre longtemps ! Ne versons pas dans l'obsession de l'alimentation et de la santé, ni dans le culte du jeunisme.

Conclusion

J'ai écrit ce livre pour vous, pour vos compagnons souvent tout aussi concernés par ce sujet et parfois inquiets comme vous.

En tant que femme et gynécologue médicale, je voulais apporter un témoignage le plus clair et le plus objectif possible, toutefois assez personnel, pour ne pas dire « engagé » sur l'histoire tourmentée du traitement hormonal de la ménopause et ses polémiques dévastatrices sans fin auxquelles j'ai assisté depuis trente ans. Il existe de véritables avantages du THS que l'on a eu tendance à gommer au profit des risques encourus largement amplifiés.

Animée par la volonté de réparer le mal causé et le désir de soulager les inquiétudes de celles qui souffrent, j'ai tenté de dédramatiser la menace du cancer du sein en m'appuyant sur les vrais chiffres, de donner des explications sur le fonctionnement des hormones et leurs effets et de fournir les derniers résultats encourageants concernant le THS, surtout quand il est appliqué « à la française ».

J'espère avoir éclairé les points qui demeuraient obscurs, répondu à toutes les interrogations, levé les doutes et redonné confiance.

Résumons la controverse. Les hormones fascinent et séduisent, mais elles font peur. En 2002, alors à son apogée, le traitement hormonal de la ménopause n'était suivi que par un peu moins de la moitié des femmes des pays occidentaux. Parmi les réticents, médecins et patientes, la plupart étaient indifférents ou prudents, d'autres, adversaires, polémiquaient à la moindre alerte… La crise de confiance couvait déjà.

Et puis quelques mois plus tard, la « grande » étude américaine, la WHI[1], fut brutalement interrompue en raison d'une augmentation des accidents cardio-vasculaires[2] chez les femmes traitées. Elle suffit à mettre le feu aux poudres et à faire abandonner le THS par plus de 60 % des Américaines qui ont eu le sentiment d'avoir été flouées. Le feu se propagea instantanément aux autres pays occidentaux…

Faute d'avoir réalisé en Europe des essais de grande ampleur, nous avons interprété les résultats des études américaines utilisant des produits et des méthodes de prescription complètement différents des nôtres.

Rappelons qu'aux États-Unis, ce n'est pas tant le principe du THS qui a été combattu que les molécules choisies (un œstrogène fabriqué à partir d'urines de juments enceintes et un progestatif très loin de la vraie progestérone), la posologie administrée et sa prescription. Les Américaines n'avaient guère d'autre choix que des comprimés en plaquettes, à doses standardisées non modulables. C'était à prendre ou à laisser. Les opposantes à ce traitement-là réclamaient des hormones naturelles comme celles prescrites en France et des doses plus faibles. La suite le confirmera, la pire des choses à faire était de commencer un THS dix ans après la ménopause, voire davantage, et d'absorber des doses relativement élevées par la bouche de produits hormonaux différents de ceux que sécrè-

1. Un essai contrôlé dans lequel les femmes étaient inscrites dans le groupe des traitées ou des non-traitées par tirages au sort.

2. En revanche, le nombre de cancers du sein constatés était identique à celui des études précédentes.

tent les ovaires. C'est pourtant ce qui fut fait pour la majeure partie des femmes incluses dans l'étude WHI !

Pourtant à l'époque, les Françaises avaient le choix entre différents produits hormonaux et deux voies d'administration : orale ou transcutanée. Une chance pour elles car la majorité de ces molécules, notamment les œstrogènes, sont identiques à celles que leurs ovaires produisaient quelques années plus tôt. Par ailleurs la voie cutanée, en court-circuitant le passage initial par le foie (en jargon médical, on parle du « premier passage hépatique »), permet d'éviter la transformation de ces hormones en d'autres hormones aux effets plus complexes ainsi que la modification des facteurs de la coagulation sanguine, à l'origine des embolies.

Cependant, d'une certaine façon, cette dernière controverse déclenchée par l'étude WHI il y a huit ans aura été salutaire. Depuis 2004, de nouvelles études se sont succédé, chacune apportant des précisions essentielles, ajoutant une lumière nouvelle sur les traitements hormonaux. On a moins parlé d'elles que de la précédente comme s'il était désormais impossible de rétablir la confiance. Et pourtant, les experts sont maintenant à peu près d'accord entre eux. **En réalité, la marge d'incertitude qui pesait sur les risques potentiels n'a cessé de diminuer.**

Nous avons appris à mieux sélectionner les patientes qui ont intérêt à bénéficier de ce traitement et celles chez qui il pourrait faire courir un risque et cela grâce à une meilleure connaissance des facteurs de risque de maladies comme le cancer du sein, l'infarctus, les accidents vasculaires, l'ostéoporose. Toutefois, comme toujours, rien ne permet de garantir l'absence absolue de risque.

Les progrès de l'imagerie médicale et ceux de la biologie permettent de détecter de plus en plus tôt les anomalies avec plus de chance de les guérir.

Vous savez maintenant après la lecture de cet ouvrage comment limiter au maximum les risques en appliquant les principes suivants :

– commencer le traitement le plus tôt possible après la ménopause pour maintenir un effet protecteur sur les artères et éviter de déstabiliser une artère déjà atteinte par l'athéromatose ;
– utiliser de préférence des hormones naturelles : c'est-à-dire un œstrogène, le bêta-éthinyl-œstradiol, et une progestérone naturelle ou son dérivé. Par « naturelle », on entend une molécule biologiquement identique à celle que produisent les ovaires, reconnaissable et assimilable par l'organisme ;
– choisir la voie transcutanée (par gel ou patch) de préférence à la voie orale en particulier après 55 ans ;
– sauf en l'absence d'utérus, le traitement doit toujours associer à l'œstrogène une dose et une durée suffisante de progestérone pour éviter la survenue d'un cancer de l'endomètre ;
– adopter un schéma adapté à chacune : avec ou sans pause, avec ou sans règles, et le modeler en fonction des effets ressentis sur les seins et l'utérus ;
– le poursuivre suffisamment longtemps pour éviter la déperdition osseuse. Se faire suivre et surveiller régulièrement.

Par ailleurs, **les bienfaits** du traitement hormonal substitutif sont réels et prouvés scientifiquement. Non seulement, il améliore indubitablement la qualité de vie des femmes, mais en plus, à condition de respecter ces principes, il exerce un effet protecteur à long terme sur les os, les artères, le cerveau, les muqueuses et le côlon et il ralentit le vieillissement de la peau.

Il est grand temps à mon avis de réhabiliter le THS. Compte tenu de tous ses atouts et de ses faibles risques potentiels, il peut être poursuivi pendant des années, à condition de moduler les doses après 60 ans. Personne n'ose s'aventurer à fournir un chiffre précis laissé à la libre appréciation du médecin ; on peut le situer raisonnablement autour de six à dix ans pour une femme ménopausée à 50 ans, et davantage si la ménopause est survenue plus tôt.

À 50-55 ans, vous êtes jeune, vous avez en moyenne encore plus de trente ans devant vous avec les capacités de réaliser de grands projets. En supposant que vous ne souffriez de rien, ni bouffées de chaleur, ni troubles de l'humeur, ni manifestations douloureuses, ni troubles du sommeil, certains de vos organes, je pense notamment aux os et aux artères, vont vieillir plus vite sans hormones, avec des conséquences qui risquent de vous obliger à prendre ultérieurement des traitements curatifs, efficaces certes, mais non dépourvus d'effets secondaires.

La cinquantaine, c'est le bon moment pour la prévention du vieillissement. Celle-ci passe par l'alimentation, l'exercice physique, la poursuite d'activités cérébrales mais aussi le THS. **Les hormones prises à doses raisonnables aident à vivre le présent et protègent l'avenir**. Somme toute, il y a moins de risques à suivre un THS bien adapté à votre cas qu'à ne rien prendre du tout. Vous êtes libre de l'arrêter quand vous voulez. En l'absence de contre-indications, la balance penche plus du côté des bénéfices que des risques.

Cependant, si ce traitement est conseillé, il n'est jamais obligatoire, et une majorité de femmes s'en passent actuellement. Mais si vous n'êtes ni séduite ni convaincue par les arguments développés dans ce livre, ni affectée en apparence par la carence hormonale, prenez tout de même le temps de mûrir votre décision avant de renoncer à ces petites doses d'hormones, qui vous apporteront un peu de douceur à un moment délicat de votre vie et vous protégeront en partie contre des maux plus redoutables. Quel que soit votre état de santé, un bon médecin saura toujours vous trouver une solution.

Pour suivre un traitement hormonal de la ménopause, il faut certes faire confiance à son médecin, mais aussi avoir confiance en vous et en la vie. Il faut avoir le sentiment que ces hormones vous seront bénéfiques sans vous faire courir de risque inconsidéré. En contrepartie, vous devrez accepter d'être régulièrement surveillée. Prescrit sur mesure, « à la carte », selon votre histoire et vos antécédents et ensuite modulé à votre gré, vous apprendrez ainsi à vous connaître et à ajuster les doses. Chaque femme est un cas particulier. Grâce à la possibilité des minidoses qui ont fait la preuve d'une certaine efficacité, vous pouvez le poursuivre au-delà de 60 ans si vous le souhaitez, toujours en accord avec votre médecin.

En revanche, celles qui souffrent de lésions mammaires ou utérines bénignes mais gênantes peuvent essayer et apprécier la tibolone dont les effets sont comparables à ceux du THS.

Je voudrais dire aussi à celles qui, pour des raisons médicales ne peuvent bénéficier d'un THM, de ne pas se désoler. Grâce à une alimentation équilibrée et surtout à un exercice physique soutenu et le plus ludique possible, elles pourront compenser en majeure partie les effets du manque d'hormones. Il leur faudra simplement peut-être davantage d'énergie et d'efforts mais surtout une vraie philosophie de la vie pour rester longtemps en forme et sereine.

En l'obligeant à remettre en question certaines de ses habitudes et de ses croyances, à prendre le temps d'instaurer un dialogue entre la femme et son médecin, la polémique sur le THS a renforcé le lien de confiance qui unit le médecin à sa patiente. Cependant nous devons tous garder une certaine humilité devant l'extrême complexité des mécanismes physiologiques qui régissent les effets des hormones.

Remerciements

À toutes celles qui n'ont cessé de m'encourager à poursuivre ce projet, y compris dans les moments… où j'en réalisais d'autres. Sans elles, ce livre n'aurait peut-être pas vu le jour.

Et notamment :

– Odile Jacob pour son pouvoir de conviction et le soutien sans faille qu'elle me manifeste ;
– Caroline Rolland pour sa patience et sa chaleureuse disponibilité ;
– Marie-France Nicolaj pour le temps qu'elle a consacré à me fournir toutes les revues de presse et pour son enthousiasme communicatif ;
– les chères patientes qui m'ont apporté leurs témoignages et leur confiance.

Aux médecins experts, cancérologues spécialistes du sein, connus pour leur immense compétence et leur grande humanité, qui m'ont fait l'amitié de lire attentivement en les annotant les chapitres concernant le cancer du sein :

– Jacques Rouëssé ;
– Krishna Clough.

À ceux et à celles qui ont lu le livre, apporté des corrections et fait des suggestions :

– Jean de K., le plus sévère de mes correcteurs… ;
– Monique Dagnaud ;
– Sophie Pflimlin ;
– Jacqueline Laufer ;
– Jean Belaïsch ;

et Caroline Rolland.

À Marie Borrel pour son aide efficace.

Qu'ils soient tous ici remerciés du fond du cœur.

Table

DEUXIÈME PARTIE

LE TRAITEMENT HORMONAL SUBSTITUTIF

TROISIÈME PARTIE

COMMENT PRENDRE LA BONNE DÉCISION

VIVRE LONGTEMPS EN RESTANT JEUNE EST UN ART QUI SE CULTIVE

DANS LA COLLECTION « POCHES ODILE JACOB »

N° 1 : Aldo Naouri, *Les Filles et leurs mères*
N° 2 : Boris Cyrulnik, *Les Nourritures affectives*
N° 3 : Jean-Didier Vincent, *La Chair et le Diable*
N° 4 : Jean François Deniau, *Le Bureau des secrets perdus*
N° 5 : Stephen Hawking, *Trous noirs et Bébés univers*
N° 6 : Claude Hagège, *Le Souffle de la langue*
N° 7 : Claude Olievenstein, *Naissance de la vieillesse*
N° 8 : Édouard Zarifian, *Les Jardiniers de la folie*
N° 9 : Caroline Eliacheff, *À corps et à cris*
N° 10 : François Lelord, Christophe André, *Comment gérer les personnalités difficiles*
N° 11 : Jean-Pierre Changeux, Alain Connes, *Matière à pensée*
N° 12 : Yves Coppens, *Le Genou de Lucy*
N° 13 : Jacques Ruffié, *Le Sexe et la Mort*
N° 14 : François Roustang, *Comment faire rire un paranoïaque ?*
N° 15 : Jean-Claude Duplessy, Pierre Morel, *Gros Temps sur la planète*
N° 16 : François Jacob, *La Souris, la Mouche et l'Homme*
N° 17 : Marie-Frédérique Bacqué, *Le Deuil à vivre*
N° 18 : Gerald M. Edelman, *Biologie de la conscience*
N° 19 : Samuel P. Huntington, *Le Choc des civilisations*
N° 20 : Dan Kiley, *Le Syndrome de Peter Pan*
N° 21 : Willy Pasini, *À quoi sert le couple ?*
N° 22 : Françoise Héritier, Boris Cyrulnik, Aldo Naouri, *De l'inceste*
N° 23 : Tobie Nathan, *Psychanalyse païenne*
N° 24 : Raymond Aubrac, *Où la mémoire s'attarde*
N° 25 : Georges Charpak, Richard L. Garwin, *Feux follets et Champignons nucléaires*
N° 26 : Henry de Lumley, *L'Homme premier*
N° 27 : Alain Ehrenberg, *La Fatigue d'être soi*
N° 28 : Jean-Pierre Changeux, Paul Ricœur, *Ce qui nous fait penser*
N° 29 : André Brahic, *Enfants du Soleil*
N° 30 : David Ruelle, *Hasard et Chaos*
N° 31 : Claude Olievenstein, *Le Non-dit des émotions*
N° 32 : Édouard Zarifian, *Des paradis plein la tête*
N° 33 : Michel Jouvet, *Le Sommeil et le Rêve*
N° 34 : Jean-Baptiste de Foucauld, Denis Piveteau, *Une société en quête de sens*
N° 35 : Jean-Marie Bourre, *La Diététique du cerveau*
N° 36 : François Lelord, *Les Contes d'un psychiatre ordinaire*
N° 37 : Alain Braconnier, *Le Sexe des émotions*

N° 38 : Temple Grandin, *Ma vie d'autiste*
N° 39 : Philippe Taquet, *L'Empreinte des dinosaures*
N° 40 : Antonio R. Damasio, *L'Erreur de Descartes*
N° 41 : Édouard Zarifian, *La Force de guérir*
N° 42 : Yves Coppens, *Pré-ambules*
N° 43 : Claude Fischler, *L'Homnivore*
N° 44 : Brigitte Thévenot, Aldo Naouri, *Questions d'enfants*
N° 45 : Geneviève Delaisi de Parseval, Suzanne Lallemand, *L'Art d'accommoder les bébés*
N° 46 : François Mitterrand, Elie Wiesel, *Mémoire à deux voix*
N° 47 : François Mitterrand, *Mémoires interrompus*
N° 48 : François Mitterrand, *De l'Allemagne, de la France*
N° 49 : Caroline Eliacheff, *Vies privées*
N° 50 : Tobie Nathan, *L'influence qui guérit*
N° 51 : Éric Albert, Alain Braconnier, *Tout est dans la tête*
N° 52 : Judith Rapoport, *Le garçon qui n'arrêtait pas de se laver*
N° 53 : Michel Cassé, *Du vide et de la création*
N° 54 : Ilya Prigogine, *La Fin des certitudes*
N° 55 : Ginette Raimbault, Caroline Eliacheff, *Les Indomptables*
N° 56 : Marc Abélès, *Un ethnologue à l'Assemblée*
N° 57 : Alicia Lieberman, *La Vie émotionnelle du tout-petit*
N° 58 : Robert Dantzer, *L'Illusion psychosomatique*
N° 59 : Marie-Jo Bonnet, *Les Relations amoureuses entre les femmes*
N° 60 : Irène Théry, *Le Démariage*
N° 61 : Claude Lévi-Strauss, Didier Éribon, *De près et de loin*
N° 62 : François Roustang, *La Fin de la plainte*
N° 63 : Luc Ferry, Jean-Didier Vincent, *Qu'est-ce que l'homme ?*
N° 64 : Aldo Naouri, *Parier sur l'enfant*
N° 65 : Robert Rochefort, *La Société des consommateurs*
N° 66 : John Cleese, Robin Skynner, *Comment être un névrosé heureux*
N° 67 : Boris Cyrulnik, *L'Ensorcellement du monde*
N° 68 : Darian Leader, *À quoi penses-tu ?*
N° 69 : Georges Duby, *L'Histoire continue*
N° 70 : David Lepoutre, *Cœur de banlieue*
N° 71 : Université de tous les savoirs 1, *La Géographie et la Démographie*
N° 72 : Université de tous les savoirs 2, *L'Histoire, la Sociologie et l'Anthropologie*
N° 73 : Université de tous les savoirs 3, *L'Économie, le Travail, l'Entreprise*
N° 74 : Christophe André, François Lelord, *L'Estime de soi*

N° 75 : Université de tous les savoirs 4, *La Vie*
N° 76 : Université de tous les savoirs 5, *Le Cerveau, le Langage, le Sens*
N° 77 : Université de tous les savoirs 6, *La Nature et les Risques*
N° 78 : Boris Cyrulnik, *Un merveilleux malheur*
N° 79 : Université de tous les savoirs 7, *Les Technologies*
N° 80 : Université de tous les savoirs 8, *L'Individu dans la société d'aujourd'hui*
N° 81 : Université de tous les savoirs 9, *Le Pouvoir, L'État, la Politique*
N° 82 : Jean-Didier Vincent, *Biologie des passions*
N° 83 : Université de tous les savoirs 10, *Les Maladies et la Médecine*
N° 84 : Université de tous les savoirs 11, *La Philosophie et l'Éthique*
N° 85 : Université de tous les savoirs 12, *La Société et les Relations sociales*
N° 86 : Roger-Pol Droit, *La Compagnie des philosophes*
N° 87 : Université de tous les savoirs 13, *Les Mathématiques*
N° 88 : Université de tous les savoirs 14, *L'Univers*
N° 89 : Université de tous les savoirs 15, *Le Globe*
N° 90 : Jean-Pierre Changeux, *Raison et Plaisir*
N° 91 : Antonio R. Damasio, *Le Sentiment même de soi*
N° 92 : Université de tous les savoirs 16, *La Physique et les Éléments*
N° 93 : Université de tous les savoirs 17, *Les États de la matière*
N° 94 : Université de tous les savoirs 18, *La Chimie*
N° 95 : Claude Olievenstein, *L'Homme parano*
N° 96 : Université de tous les savoirs 19, *Géopolitique et Mondialisation*
N° 97 : Université de tous les savoirs 20, *L'Art et la Culture*
N° 98 : Claude Hagège, *Halte à la mort des langues*
N° 99 : Jean-Denis Bredin, Thierry Lévy, *Convaincre*
N° 100 : Willy Pasini, *La Force du désir*
N° 101 : Jacques Fricker, *Maigrir en grande forme*
N° 102 : Nicolas Offenstadt, *Les Fusillés de la Grande Guerre*
N° 103 : Catherine Reverzy, *Femmes d'aventure*
N° 104 : Willy Pasini, *Les Casse-pieds*
N° 105 : Roger-Pol Droit, *101 Expériences de philosophie quotidienne*
N° 106 : Jean-Marie Bourre, *La Diététique de la performance*
N° 107 : Jean Cottraux, *La Répétition des scénarios de vie*
N° 108 : Christophe André, Patrice Légeron, *La Peur des autres*
N° 109 : Amartya Sen, *Un nouveau modèle économique*
N° 110 : John D. Barrow, *Pourquoi le monde est-il mathématique ?*

N° 111 : Richard Dawkins, *Le Gène égoïste*
N° 112 : Pierre Fédida, *Des bienfaits de la dépression*
N° 113 : Patrick Légeron, *Le Stress au travail*
N° 114 : François Lelord, Christophe André, *La Force des émotions*
N° 115 : Marc Ferro, *Histoire de France*
N° 116 : Stanislas Dehaene, *La Bosse des maths*
N° 117 : Willy Pasini, Donato Francescato, *Le Courage de changer*
N° 118 : François Heisbourg, *Hyperterrorisme : la nouvelle guerre*
N° 119 : Marc Ferro, *Le Choc de l'Islam*
N° 120 : Régis Debray, *Dieu, un itinéraire*
N° 121 : Georges Charpak, Henri Broch, *Devenez sorciers, devenez savants*
N° 122 : René Frydman, *Dieu, la Médecine et l'Embryon*
N° 123 : Philippe Brenot, *Inventer le couple*
N° 124 : Jean Le Camus, *Le Vrai Rôle du père*
N° 125 : Elisabeth Badinter, *XY*
N° 126 : Elisabeth Badinter, *L'Un est l'Autre*
N° 127 : Laurent Cohen-Tanugi, *L'Europe et l'Amérique au seuil du XXIe siècle*
N° 128 : Aldo Naouri, *Réponses de pédiatre*
N° 129 : Jean-Pierre Changeux, *L'Homme de vérité*
N° 130 : Nicole Jeammet, *Les Violences morales*
N° 131 : Robert Neuburger, *Nouveaux Couples*
N° 132 : Boris Cyrulnik, *Les Vilains Petits Canards*
N° 133 : Christophe André, *Vivre heureux*
N° 134 : François Lelord, *Le Voyage d'Hector*
N° 135 : Alain Braconnier, *Petit ou grand anxieux ?*
N° 136 : Juan Luis Arsuaga, *Le Collier de Néandertal*
N° 137 : Daniel Sibony, *Don de soi ou partage de soi*
N° 138 : Claude Hagège, *L'Enfant aux deux langues*
N° 139 : Roger-Pol Droit, *Dernières nouvelles des choses*
N° 140 : Willy Pasini, *Être sûr de soi*
N° 141 : Massimo Piattelli Palmarini, *Le Goût des études ou comment l'acquérir*
N° 142 : Michel Godet, *Le Choc de 2006*
N° 143 : Gérard Chaliand, Sophie Mousset, *2 000 ans de chrétientés*
N° 145 : Christian de Duve, *À l'écoute du vivant*
N° 146 : Aldo Naouri, *Le Couple et l'Enfant*
N° 147 : Robert Rochefort, *Vive le papy-boom*
N° 148 : Dominique Desanti, Jean-Toussaint Desanti, *La liberté nous aime encore*
N° 149 : François Roustang, *Il suffit d'un geste*
N° 150 : Howard Buten, *Il y a quelqu'un là-dedans*

N° 151 : Catherine Clément, Tobie Nathan, *Le Divan et le Grigri*
N° 152 : Antonio R. Damasio, *Spinoza avait raison*
N° 153 : Bénédicte de Boysson-Bardies, *Comment la parole vient aux enfants*
N° 154 : Michel Schneider, *Big Mother*
N° 155 : Willy Pasini, *Le Temps d'aimer*
N° 156 : Jean-François Amadieu, *Le Poids des apparences*
N° 157 : Jean Cottraux, *Les Ennemis intérieurs*
N° 158 : Bill Clinton, *Ma vie*
N° 159 : Marc Jeannerod, *Le Cerveau intime*
N° 160 : David Khayat, *Les Chemins de l'espoir*
N° 161 : Jean Daniel, *La Prison juive*
N° 162 : Marie-Christine Hardy-Baylé, Patrick Hardy, *Maniaco-dépressif*
N° 163 : Boris Cyrulnik, *Le Murmure des fantômes*
N° 164 : Georges Charpak, Roland Omnès, *Soyez savants, devenez prophètes*
N° 165 : Aldo Naouri, *Les Pères et les Mères*
N° 166 : Christophe André, *Psychologie de la peur*
N° 167 : Alain Peyrefitte, *La Société de confiance*
N° 168 : François Ladame, *Les Éternels Adolescents*
N° 169 : Didier Pleux, *De l'enfant roi à l'enfant tyran*
N° 170 : Robert Axelrod, *Comment réussir dans un monde d'égoïstes*
N° 171 : François Millet-Bartoli, *La Crise du milieu de la vie*
N° 172 : Hubert Montagner, *L'Attachement*
N° 173 : Jean-Marie Bourre, *La Nouvelle Diététique du cerveau*
N° 174 : Willy Pasini, *La Jalousie*
N° 175 : Frédéric Fanget, *Oser*
N° 176 : Lucy Vincent, *Comment devient-on amoureux ?*
N° 177 : Jacques Melher, Emmanuel Dupoux, *Naître humain*
N° 178 : Gérard Apfeldorfer, *Les Relations durables*
N° 179 : Bernard Lechevalier, *Le Cerveau de Mozart*
N° 180 : Stella Baruk, *Quelles mathématiques pour l'école ?*
N° 181 : Patrick Lemoine, *Le Mystère du placebo*
N° 182 : Boris Cyrulnik, *Parler d'amour au bord du gouffre*
N° 183 : Alain Braconnier, *Mère et Fils*
N° 184 : Jean-Claude Carrière, *Einstein, s'il vous plaît*
N° 185 : Aldo Naouri, Sylvie Angel, Philippe Gutton, *Les Mères juives*
N° 186 : Jean-Marie Bourre, *La Vérité sur les oméga-3*
N° 187 : Édouard Zarifian, *Le Goût de vivre*
N° 188 : Lucy Vincent, *Petits arrangements avec l'amour*
N° 189 : Jean-Claude Carrière, *Fragilité*
N° 190 : Luc Ferry, *Vaincre les peurs*

N° 191 : Henri Broch, *Gourous, sorciers et savants*
N° 192 : Aldo Naouri, *Adultères*
N° 193 : Violaine Guéritault, *La Fatigue émotionnelle et physique des mères*
N° 194 : Sylvie Angel et Stéphane Clerget, *La Deuxième Chance en amour*
N° 195 : Barbara Donville, *Vaincre l'autisme*
N° 196 : François Roustang, *Savoir attendre*
N° 197 : Alain Braconnier, *Les Filles et les Pères*
N° 198 : Lucy Vincent, *Où est passé l'amour ?*
N° 199 : Claude Hagège, *Combat pour le français*
N° 200 : Boris Cyrulnik, *De chair et d'âme*
N° 201 : Jeanne Siaud-Facchin, *Aider son enfant en difficulté scolaire*
N° 202 : Laurent Cohen, *L'Homme-thermomètre*
N° 203 : François Lelord, *Hector et les secrets de l'amour*
N° 204 : Willy Pasini, *Des hommes à aimer*
N° 205 : Jean-François Gayraud, *Le Monde des mafias*
N° 206 : Claude Béata, *La Psychologie du chien*
N° 207 : Denis Bertholet, *Claude Lévi-Strauss*
N° 208 : Alain Bentolila, *Le Verbe contre la barbarie*
N° 209 : François Lelord, *Le Nouveau Voyage d'Hector*
N° 210 : Pascal Picq, *Lucy et l'obscurantisme*
N° 211 : Marc Ferro, *Le Ressentiment dans l'histoire*
N° 212 : Willy Pasini, *Le Couple amoureux*
N° 213 : Christophe André, François Lelord, *L'Estime de soi*
N° 214 : Lionel Naccache, *Le Nouvel Inconscient*
N° 215 : Christophe André, *Imparfaits, libres et heureux*
N° 216 : Michel Godet, *Le Courage du bon sens*
N° 217 : Daniel Stern, Nadia Bruschweiler, *Naissance d'une mère*
N° 218 : Gérard Apfeldorfer, *Mangez en paix !*
N° 219 : Libby Purves, *Comment ne pas être une mère parfaite*
N° 220 : Gisèle George, *La Confiance en soi de votre enfant*
N° 221 : Libby Purves, *Comment ne pas élever des enfants parfaits*
N° 222 : Claudine Biland, *Psychologie du menteur*
N° 223 : Dr Hervé Grosgogeat, *La Méthode acide-base*
N° 224 : François-Xavier Poudat, *La Dépendance amoureuse*
N° 225 : Barack Obama, *Le Changement*
N° 226 : Aldo Naouri, *Éduquer ses enfants*
N° 227 : Dominique Servant, *Soigner le stress et l'anxiété par soi-même*
N° 228 : Anthony Rowley, *Une histoire mondiale de la table*
N° 229 : Jean-Didier Vincent, *Voyage extraordinaire au centre du cerveau*
N° 230 : Frédéric Fanget, *Affirmez-vous !*

N° 231 : Gisèle George, *Mon enfant s'oppose*
N° 232 : Sylvie Royant-Parola, *Comment retrouver le sommeil par soi-même*
N° 233 : Christian Zaczyck, *Comment avoir de bonnes relations avec les autres*
N° 234 : Jeanne Siaud-Facchin, *L'Enfant surdoué*
N° 235 : Bruno Koeltz, *Comment ne pas tout remettre au lendemain*
N° 236 : Henri Lôo et David Gourion, *Guérir de la dépression*
N° 237 : Henri Lumley, *La Grande Histoire des premiers hommes européens*
N° 238 : Boris Cyrulnik, *Autobiographie d'un épouvantail*
N° 239 : Monique Bydbowski, *Je rêve un enfant*
N° 240 : Willy Pasini, *Les Nouveaux Comportements sexuels*
N° 241 : Dr Jean-Philippe Zermati, *Maigrir sans regrossir. Est-ce possible ?*
N° 242 : Patrick Pageat, *L'Homme et le Chien*
N° 243 : Philippe Brenot, *Le Sexe et l'Amour*
N° 244 : Georges Charpak, *Mémoires d'un déraciné*
N° 245 : Yves Coppens, *L'Histoire de l'Homme*
N° 246 : Boris Cyrulnik, *Je me souviens*
N° 247 : Stéphanie Hahusseau, *Petit guide de l'amour heureux à l'usage des gens (un peu) compliqués*
N° 248 : Jean-Marie Bourre, *Bien manger : vrais et faux dangers*
N° 249 : Jean-Philippe Zermati, *Maigrir sans régime*
N° 250 : François-Xavier Poudat, *Bien vivre sa sexualité*
N° 251 : Stéphanie Hahusseau, *Comment ne pas se gâcher la vie*
N° 252 : Christine Mirabel-Sarron, *La Dépression*
N° 253 : Jean-Pierre Changeux, *Du vrai, du beau, du bien*
N° 254 : Philippe Jeammet, *Pour nos ados, soyons adultes*
N° 255 : Antoine Alaméda, *Les 7 Péchés familiaux*
N° 256 : Alain Renaut, *Découvrir la philosophie 1, le Sujet*
N° 257 : Alain Renaut, *Découvrir la philosophie 2, la Culture*
N° 258 : Alain Renaut, *Découvrir la philosophie 3, la Raison et le Réel*
N° 259 : Alain Renaut, *Découvrir la philosophie 4, la Politique*
N° 260 : Alain Renaut, *Découvrir la philosophie 5, la Morale*
N° 261 : Frédéric Fanget, *Toujours mieux !*
N° 262 : Robert Ladouceur, Lynda Bélanger, Éliane Léger, *Arrêtez de vous faire du souci pour tout et pour rien*
N° 263 : Marie Lion-Julin, *Mères : libérez vos filles*
N° 264 : Willy Pasini, *Les Amours infidèles*
N° 265 : Jean Cottraux, *La Force avec soi*

N° 266 : Olivier de Ladoucette, *Restez jeune, c'est dans la tête*
N° 267 : Jacques Lecomte, *Guérir de son enfance*
N° 268 : Béatrice Millêtre, *Prendre la vie du bon côté*
N° 269 : Francesco et Luca Cavalli-Sforza, *La Science du bonheur*
N° 270 : Marc-Louis Bourgeois, *Manie et dépression*
N° 271 : Thierry Lévy, *Éloge de la barbarie judiciare*
N° 272 : Gilles Godefroy, *L'Aventure des nombres*
N° 273 : Giacomo Rizzolatti, Corrado Sinigaglia, *Les Neurones miroirs*
N° 274 : Laurent Cohen, *Pourquoi les chimpanzés ne parlent pas*
N° 275 : Stéphanie Hahusseau, *Tristesse, peur, colère*
N° 276 : Élie Hantouche et Vincent Trybou, *Vivre heureux avec des hauts et des bas*
N° 277 : Jacques Fricker, *Être mince et en bonne santé*
N° 278 : Jacques Fricker, *101 conseils pour bien maigrir*
N° 279 : Hervé Grosgogeat, *Ma promesse anti-âge*
N° 280 : Ginette Raimbault, *Lorsque l'enfant disparaît*
N° 281 : François Ansermet, Pierre Magistretti, *À chacun son cerveau*
N° 282 : Yves Coppens, *Le Présent du passé*
N° 283 : Christian De Duve, *Singularités*
N° 284 : Edgar Gunzig, *Que faisiez-vous avant le Big Bang ?*
N° 285 : David Ruelle, *L'Étrange Beauté des mathématiques*
N° 286 : Thierry Lodé, *La Guerre des sexes chez les animaux*
N° 287 : Michel Desjoyeaux, *Coureur des océans*
N° 288 : Anthony Rowley, Fabrice d'Almeida, *Et si on refaisait l'histoire*
N° 289 : Pierre-Jean Rémy, *Karajan*
N° 290 : Jacques Delors, Michel Dollé, *Investir dans le social*
N° 291 : Jean-Didier Vincent, *Casanova, la contagion du plaisir*
N° 292 : Claude Crépault, *Les Fantasmes, l'Érotisme et la Sexualité*
N° 293 : Philippe Brenot, *Les Violences ordinaires des hommes envers les femmes*
N° 294 : Jean-Pierre Luminet, Élisa Brune, *Bonnes Nouvelles des étoiles*
N° 295 : Christophe André, *Les États d'âme*
N° 296 : Roland Coutanceau, *Amour et Violence. Le défi de l'intimité*
N° 297 : Philippe Brenot, *Le Génie et la Folie*
N° 298 : Alexandre Moatti, *Indispensables physiques et mathématiques pour tous*
N° 299 : Jean-Michel Severino et Olivier Ray, *Le Temps de l'Afrique*
N° 300 : François Roustang, *Le Secret de Socrate pour changer la vie*
N° 301 : Maurice Sachot, *L'Invention du Christ*

N° 302 : Vincent Courtillot, *Nouveau Voyage au centre de la Terre*
N° 303 : Peter Reichel, *La Fascination du nazisme*
N° 304 : Alain Braconnier, *Protéger son soi*
N° 305 : Daniel Stern, *Le journal d'un bébé*
N° 306 : Alain Ehrenberg, *La société du malaise*
N° 307 : Pascal Picq, *Le sexe, l'Homme et l'Évolution*
N° 308 : Roger Pol Droit, *Vivre aujourd'hui avec Socrate, Sénèque et tous les autres*
N° 309 : Dr Jacques Fricker, Pr Luc Cynober, *La Vérité sur les compléments alimentaires*
N° 310 : Michel Godet, *Bonnes nouvelles des Conspirateurs du futur*
N° 311 : Dr Jean-Marie Bourre, *Le Lait : vrais et faux dangers*
N° 312 : Didier Pleux, *Manuel d'éducation à l'usage des parents*
N° 313 : Lucy Vincent, *L'Amour de A à XY*
N° 314 : Yves Coppens, *Le Présent du passé au carré*
N° 315 : Pr David Khayat, *Le Vrai Régime anticancer*
N° 316 : Dr Jacques Fricker, *Maigrir vite et bien*
N° 317 : Élisa Brune, *Le Secret des femmes. Voyage a cœur du plaisir et de la jouissance*
N° 318 : Willy Pasini, *Les Armes de la séduction*
N° 319 : Boris Cyrulnik, *Mourir de dire. La honte*
N° 320 : Antonio Damasio, *L'Autre moi-même. Les nouvelles cartes du cerveau, de la conscience et des témoins*
N° 321 : Didier Pleux, *Un enfant heureux*
N° 322 : Françoise Héritier, *Masculin/Féminin I. La pensée de la différence*
N° 323 : Françoise Héritier, *Masculin/Féminin II. Dissoudre la hiérarchie*
N° 324 : Françoise Héritier, *Les Deux Sœurs et leur mère. Anthropologie de l'inceste*
N° 325 : François Lelord, *Petit Hector apprend la vie*
N° 326 : Laurent Cohen, *Pourquoi les filles sont si bonnes en maths et 40 autres histoires sur le cerveau de l'homme*
N° 327 : Jean-Didier Vincent et Pierre-Marie Lledo, *Le Cerveau sur mesure*
N° 328 : Jean-Philippe Lachaux, *Le Cerveau attentif. Contrôle, maîtrise et lâcher-prise*
N° 329 : Roland Jouvent, *Le Cerveau magicien. De la réalité au plaisir psychique*
N° 330 : Pierre Lemarquis, *Sérénade pour un cerveau musicien*
N° 331 : Alain Berthoz, *Le Sens du mouvement*
N° 332 : Alain Berthoz, *La Décision*
N° 333 : Pascal Picq, *L'homme est-il un grand singe politique ?*

N° 334 : Jacques Lecomte, *Donner un sens à sa vie*
N° 335 : Jean-Louis Monestès, *Faire la paix avec son passé*
N° 336 : Yasmine Liénard, *Pour une sagesse moderne. Les psychothérapies de 3e génération*
N° 337 : Christophe André (dir.), *Secrets de psys. Ce qu'il faut savoir pour aller bien*
N° 338 : Tobie Nathan, *La Nouvelle Interprétation des rêves*
N° 339 : Frédéric Fanget, *Oser la vie à deux*
N° 340 : Gérard Macqueron, *Psychologie de la solitude*
N° 341 : Dr Marc Sznajder, *Les Aînés et les Cadets*
N° 342 : Alain Bauer et Christophe Soullez, *Une histoire criminelle de la France*
N° 343 : Nathalie Hutter-Lardeau, *Mince alors !*
N° 344 : Dr Jean-Marie Bourre, *Chronodiététique*
N° 345 : Laurent Schmitt, *Du temps pour soi. Conquérir son temps intime*
N° 346 : Michel Jouvet, *Le Château des songes*
N° 347 : Laurent Keller et Élisabeth Gordon, *La Vie des fourmis*
N° 348 : Steven Pinker, *L'Instinct du langage*
N° 349 : Jean-Marc Jancovici, *Transition énergétique pour tous*
N° 350 : Nathalie Zajde, *Enfants de survivants*
N° 351 : André Green, *Illusion et désillusion du travail psychanalytique*
N° 352 : Françoise Héritier, *Une pensée en mouvement*
N° 353 : Christophe André (dir.), *Conseils de psys*
N° 354 : Pascal Picq, *Au commencement était l'homme*
N° 355 : Michel Godet, *La France des bonnes nouvelles*
N° 356 : Alain Braconnier, *Être parent aujourd'hui*
N° 357 : Claude Hagège, *Contre la pensée unique*
N° 358 : Dr Anne de Kervasdoué, *Au bonheur des femmes*

Cet ouvrage a été transcodé et mis en pages
chez NORD COMPO (Villeneuve-d'Ascq)
Impression réalisée par

CPI
BRODARD & TAUPIN

La Flèche (Sarthe), le 30-08-2013
N° d'impression : 3002008
N° d'édition : 7381-2999-X
Dépôt légal : septembre 2013
Imprimé en France